Öffentliche Wissenschaft und Neue Medien

Die Rolle der Web 2.0-Kultur in der Wissenschaftsvermittlung

ZAK | Zentrum für Angewandte Kulturwissenschaft und Studium Generale
Centre for Cultural and General Studies
Karlsruher Institut für Technologie (KIT)

Herausgeber: Caroline Y. Robertson-von Trotha
Jesús Muñoz Morcillo

Öffentliche Wissenschaft und Neue Medien

Die Rolle der Web 2.0-Kultur in der Wissenschaftsvermittlung

Caroline Y. Robertson-von Trotha, Jesús Muñoz Morcillo (Hg.)
unter Mitarbeit von Marco Ianniello

KIT Scientific Publishing

Redaktion:	Marco Ianniello, Christine Wölfle
Mitarbeit:	Silke Flörchinger, Janina Hecht, Marie Morlock, Sonja Seidel
Bildbearbeitung:	Tina Gerken
Satz:	Marco Ianniello
Layoutgestaltung:	Janina Hecht
Umschlaggestaltung:	Tina Gerken (Konzept und Illustration)

Impressum

Karlsruher Institut für Technologie (KIT)
KIT Scientific Publishing
Straße am Forum 2
D-76131 Karlsruhe
www.ksp.kit.edu

KIT – Universität des Landes Baden-Württemberg und nationales
Forschungszentrum in der Helmholtz-Gemeinschaft

KIT Scientific Publishing 2012
Print on Demand

ISBN 978-3-86644-844-5

Inhaltsverzeichnis

Vorwort der Herausgeber

Das Web 2.0 verändert die Vermittlung wissenschaftlicher Erkenntnisse tiefgreifend. Heutzutage hält das Internet ein ungefiltertes Angebot an wissenschaftlichen Informationen bereit, welches von jedem Individuum genutzt und beeinflusst werden kann. Noch vor knapp zwei Jahrzehnten stellten Wissenschaftsmagazine, Fernseh- und Radiosendungen die einzigen Kanäle für die informelle Bildung der Gesellschaft dar. Das war noch ein sehr einseitiges Verhältnis, da die Rezipienten nur über wenige Rücksendekanäle verfügten.

Auch das Internet enthielt in der Anfangszeit kaum interaktive oder kollaborative Elemente und funktionierte weitgehend wie ein klassisches Massenmedium. Durch die Verbreitung von Web 2.0-Technologien sind heute jedoch neue, partizipative Informationsstrukturen und Dialogformen möglich. Soziale Netzwerke, Blogs, Wikis, Foren und Podcasts haben in den letzten Jahren dazu beigetragen, dass sich im Internet eine eigene Informationskultur entwickelt, die die traditionelle Frontalsituation der Massenmedien aufbricht und offene Netzdialoge ermöglicht.

Mit dem Web 2.0 ist einerseits eine selbstorganisierte Wissenschaftskommunikation entstanden, die zum größten Teil in der Blogosphäre zu verorten ist, andererseits ist die institutionsgebundene Wissenschaftskommunikation, insbesondere die ‚Öffentliche Wissenschaft' (auch: *public science*) vielfältiger und attraktiver geworden. Sie steht nun vor der Herausforderung, einen offenen und kritischen Dialog weiter voranzubringen. Um im Internet sichtbar zu werden, muss die akademische Welt neue Formate präsentieren und eine verständliche Sprache entwickeln, die nicht nur Akzeptanz schafft und Faszination für die Forschung weckt, sondern vor allem die Grundlage für einen öffentlichen Diskurs bilden kann. Immer mehr Wissenschaftsinstitutionen machen daher in sozialen Netzwerken auf ihr eigenes Programm aufmerksam, richten Videoportale mit eigenem Content ein oder twittern ihren Veranstaltungskalender und weitere Informationen. Aber ist es damit getan? Welche Strategie eignet sich am besten, um Diskurse zu initiieren und zu fördern?

Diese Frage stellt sich auch für die Institution Museum. In der Anfangszeit des Web 2.0 war es nicht klar, welche Rolle das Museum als Hort und Autorität des Bewahrens und Tradierens zukünftig übernehmen würde. Das Web 2.0-Prinzip der uneingeschränkten Teilhabe kollidierte mit traditionellen Vorstellungen von Qualität und Kommunikation. Inzwischen greifen viele Museen auf Web 2.0-Konzepte zurück und entwickeln neue Kommunikationsstrategien, die partizipative Herangehensweisen berücksichtigen. Als informeller Lernort hat das Museum mit den ‚Neuen Medien' neue Möglichkeiten entdeckt und sich vielfältigen Fragen zugewandt: Welche Chancen von Partizipation werden ergriffen, wie hat eine echte Partizipation überhaupt auszusehen und wie wird Wissenschaft in diesem Rahmen vermittelt?

Um diesen Fragen auf den Grund zu gehen, organisierte das DFG-geförderte Projekt ‚Öffentliche Wissenschaft in Sonderforschungsbereichen: Inside Science' (im Folgenden kurz ‚InsideScience') eine interdisziplinäre Fachtagung am 2. und 3. Dezember 2011 mit dem Titel ‚Public Science und Neue Medien. Die Rolle der Web 2.0-Kultur in der Wissenschaftsvermittlung'. Die Beiträge und Ergebnisse der Tagung bilden die Grundlage des vorliegenden Sammelbandes.

Durchgeführt wurde das Projekt ‚InsideScience' von Juli 2010 bis Juni 2012 unter der wissenschaftlichen Leitung der Direktorin des ZAK | Zentrum für Angewandte Kulturwissenschaft und Studium Generale in enger Zusammenarbeit mit der Dienstleistungseinheit Presse, Kommunikation und Marketing (PKM) und den Sonderforschungsbereichen (SFB) 588 ‚Humanoide Roboter – Lernende und kooperierende multimodale Roboter' und Transregio 9 (TR9) ‚Computergestützte Theoretische Teilchenphysik' am Karlsruher Institut für Technologie (KIT). Ein besonderes Augenmerk richtete ‚InsideScience' auf die Erprobung neuartiger Formen der Wissensrepräsentation und der Wissensvermittlung durch Filme sowie auf die Frage, wie Wissen in sozialen Netzwerken über öffentliche Diskurse im Internet konstruiert wird. Neben der Erschließung des virtuellen Raumes (Internet) beschäftigte sich das Projekt mit Strategien, die produzierten Wissenschaftsfilme in öffentliche Räume wie beispielsweise den des Museums zu tragen. Hierzu wurden mehrere interaktive Exponate entwickelt und deren Eignung für die Zielsetzungen der Öffentlichen Wissenschaft untersucht. Das Projekt wurde zudem durch Schulprogramme ergänzt, in denen Schülerinnen und Schüler sich an ähnlichen Prozessen der Wissensvermittlung beteiligten.

Den vorliegenden Sammelband eröffnen die Grußworte der Geschäftsführerin des ZKM, *Christiane Riedel*, und der einführende Beitrag von *Caroline Y. Robertson-von Trotha*, in dem die Karlsruher Auffassung und Praxis der Öffentlichen Wissenschaft im Hinblick auf die Web 2.0-Kultur entfaltet werden.

In ihrem Grußwort blickt Christiane Riedel auf die Gründungszeit des ZKM in der Mitte der 80er-Jahre zurück. Von einer sich wortwörtlich herantastenden Beziehung zu den neuen technischen Medien bis zur heutigen Allgegenwärtigkeit der PCs und Smartphones ist die Akzeptanz von Interaktivität immens gewachsen. „Die sehr elaborierte Praxiserfahrung" der jüngeren Generationen mit den Neuen Medien treibt die Steigerung der Wissensgenerierung und der Qualitätssicherung an. Die InsideScience-Tagung nimmt Christiane Riedel als willkommenen Anlass für ein Update des Gründungsgedankens des ZKM unter dem Motto ‚Medien für die Bürger'.

Caroline Y. Robertson-von Trotha stellt in ihrem Einführungsaufsatz *Öffentliche Wissenschaft im Spiegel der Web 2.0-Kultur* die Geschichte des Begriffs und die Praxis der Karlsruher Öffentlichen Wissenschaft im Vergleich zu anderen Ansätzen der Wissenschaftsvermittlung heraus. Der traditionellen wird eine dialogorientierte Wissenschaftskommunikation unter Nutzung des Web 2.0 gegenübergestellt. Durch die Neuen Medien treten neue Situationen und Herausforderungen im Beziehungsgeflecht von Institution, Wissenschaftler und Bürger akut in Erscheinung und verschärfen sich noch. Es gilt, dieses präzise zu erfassen und die damit verbundenen Aufgaben und Verantwortungen wahrzunehmen. Symptomatisch für diese Umbruchsituation ist das Selbstverständnis einiger jüngerer Wissenschaftler, das sie im differenzierten Gebrauch der Bezeichnung ‚Öffentliche Wissenschaft' zum Ausdruck bringen. Mit diesem Beitrag soll der Boden für die anschließenden vielfältigen Beiträge bereitet und ein weiterer Schritt hin zu einer bewußten Praxis der Öffentlichen Wissenschaft gegangen werden.

Daraufhin folgen vier Beiträge zur Bedeutung der ‚digitalen' Kultur und des Kunstsystems für die Wissensvermittlung: Zunächst erläutern die sogenannten ‚Research Artists' *Monika Fleischmann* und *Wolfgang Strauss* ihre interdisziplinären Forschungen – insbesondere zwischen den Bereichen Kunst und Informatik – zur Entwicklung von Wissensnetzen. Anhand von exemplarischen Wissenskunstwerken schaffen sie ein Verständnis dafür, welche neuen Wissensformen mit einer ‚Daten-Performance', sprich einer Mensch-Maschinen-Kommunikation und -Interaktion entstehen.

Stephan Schwan untersucht eine Reihe experimenteller Projekte von naturwissenschaftlichen Museen, die den Möglichkeiten des Web 2.0 zum sozialen Austausch Rechnung tragen. Erste empirische Befunde, die prototypische Recommendersysteme und Meinungsterminals liefern, unterstützen die Annahme, dass der Einsatz dieser technischen Mittel zu einem reflektierteren Austausch von Museum und Besucher verhilft.

Jesús Muñoz Morcillo beleuchtet die museale Praxis der Wissenschaftskommunikation und die Vorreiterrolle von Medienkunstmuseen. Zwar sind erste Anzeichen einer erwachenden Nutzerkultur in Wissenschaftsmuseen zu erkennen, aber letztlich erfüllen die ‚Programmatik' und ihre einzelnen Installationen noch nicht den Anspruch eines freien Kommunikationsprozesses. Somit bleibt die Förderung kritischer Diskurse durch Wissenschaftsexponate eine der großen Herausforderungen für die Öffentliche Wissenschaft.

Alexander Herrmann und *Andreas Kapsner* nähern sich der Frage nach der Wissenschaftsvermittlung über die Methoden des transmedialen Geschichtenerzählens. Wer Wissen vermitteln möchte, „muss zum Geschichtenerzähler werden", betonen sie und plädieren für eine verstärkte Zusammenarbeit von akademischer und transmedialer Gemeinde, wie sie beispielhaft im Projekt ‚Pandemic' auf dem ‚Sundance Filmfestival 2011' verwirklicht wurde.

Als Nächstes stellen sich vier Beiträge den theoretischen und allgemeinen Fragestellungen der Wissenschaftskommunikation und des Wissenschaftsjournalismus: *Martin Warnke* ruft in seinem Beitrag *Vom Nutzen enger Kanäle – Diskursverknappung als Methode* zu mehr Kargheit, Freundlichkeit und Nachdenklichkeit im Umgang mit den Neuen Medien auf, insbesondere im didaktischen Rahmen von Lehr-

und Lernsituationen. Hierfür zieht er die Schichtentheorie des Lernens von Gregory Bateson sowie Heinz von Foersters Ausführungen zur ‚trivialen Maschine' zurate, woraufhin ein exemplarisches Computer-Lern-Kunststück namens ‚MOOssiggang' vorgeführt wird.

Im Zentrum des Beitrags von *Stephan Breuer* steht die Bedeutung von Authentizität und Inhalt beim Einsatz von Webvideos in der Wissenschaftsvermittlung. Mithilfe eines analytischen Vergleichs arbeitet er Mängel der deutschen Praxis gegenüber der deutlich erfolgreicheren angloamerikanischen heraus, um anschließend Anregungen zur Verbesserung im Sinne der Öffentlichen Wissenschaft zu geben.

Das Anliegen von *Corinna Lüthje* ist es, „den Einfluss des technologischen Medienwandels auf Wissenschaft und Wissenschaftskommunikation theoretisch zu rahmen." Der ‚traditionellen/normalen' Wissenschaft stellt sie die sogenannte ‚postnormale' Wissenschaft gegenüber. Während die erste zwar auf der medialisierten interpersonalen Ebene vom derzeitigen Wandlungsprozess betroffen ist, aber nicht im Hinblick auf eine medialisierte Massenkommunikation, ist für die zweite „der Gesamtprozess der Mediatisierung hingegen eine konstituierende Vorbedingung." Wie sich diese beiden Wissenschaftsformen nun definieren lassen und welche Aufgaben ihnen zufallen, sind die dringlichen Fragen, denen in diesem Beitrag nachgegangen wird.

Diese Gruppe theoretischer Ansätze vervollständigt *Matthias Kohring* mit seinem kritischen Blick auf die Forschung der Kommunikations- und Medienwissenschaft. Präzise hinterfragt er die Mechanismen der bisherigen Wissenschaftskommunikation an Hochschulen und verficht systemtheoretisch fundiert die Unabhängigkeit des Wissenschaftsjournalisten, der als notwendiger Beobachter gesellschaftlicher Interdependenzen zwischen dem Wissenschaftssystem und seinen Nachbarsystemen entworfen wird.

Im Anschluss setzt sich *Mina Kianfar* mit dem *Urheberrecht in digitalisierter Wissenschaft und Lehre* auseinander. Aus juristischer Perspektive werden die Entwicklungen und Reaktionen nach der ‚digitalen Wende' im Bereich des wissenschaftlichen Publizierens verfolgt. Es ergeben sich neue Fragestellungen und Zuständigkeiten, die anhand eines aktuellen Rechtsstreits um die digitale Zugänglichmachung von geschützten wissenschaftlichen Werken zu Bildungszwecken dargelegt werden. Auch wenn noch keine vollständige Klarheit geschaffen wurde, hat der Gesetzgeber zumindest ein Zeichen zugunsten des freien Zugangs zu Werken der Wissenschaft und Lehre und somit zugunsten der Öffentlichen Wissenschaft gesetzt.

In der Sektion der drei folgenden Beiträge wird die Rolle von neuen Akteuren und Weblogs in der aktuellen und zukünftigen Wissenschaftsvermittlung thematisiert: Zuerst führt *Klaus Rümmele* die neuartige Situation von Wissenschaftskommunikatoren an Hochschulen und Forschungseinrichtungen aus. Presseabteilungen passen sich langsam den neuen Kommunikationsverhältnissen im Internet an. Dabei müssen sie neue Aufgaben wahrnehmen, die bislang wenig beachtet wurden. Neben der Moderation des Dialogs in sozialen Netzwerken ist die Förderung einer offenen Kommunikationskultur mithilfe von Handlungsempfehlungen und Weiterbildungsangeboten von großer Wichtigkeit.

Anna Moosmüller macht in ihrem Beitrag auf die Konsequenzen durch das Aufkommen der Blogosphäre für die Wissenschaftskommunikation und den Wissenschaftsjournalismus aufmerksam. Mittels der zentralen Begriffe Transparenz und Partizipation zeigt sie Defizite und Potenziale bei der Nutzung partizipativer Web 2.0-Tools in der institutionalisierten Wissenschaftsvermittlung auf.

Auch bei *Merja Mahrt* und *Cornelius Puschmann* stehen wissenschaftliche Weblogs im Mittelpunkt. Es werden zwei Fallstudien präsentiert, die ein Licht auf die Leserschaft von wissenschaftlichen Blogs werfen. Im Gegensatz zu den Kommunikatoren fanden diese bislang so gut wie keine Beachtung. Über die Auswertung von Leserkommentaren wird so das Bild von der Funktionsweise der Wissensvermittlung in der Blogosphäre um einen entscheidenden Bereich erweitert. Im Zentrum dieses Beitrags steht die Frage, welche Motivationen das Verhalten von Bloggern und Lesern bestimmen.

Zum Abschluss widmen sich drei Beiträge der Evaluation von Mediennutzung durch Studierende und Wissenschaftler sowie der bislang dürftig angegangenen Evaluation partizipativer Bewegtbildkommunikation: *Michael Grosch* untersucht die Nutzung von Web 2.0-Diensten durch Studierende und Lehrende des KIT. Die Studie wurde von 2009 bis 2011 durchgeführt und zeigt, welche Web 2.0-Tools von welchen Typen zu welchen Zwecken genutzt werden. Es ergibt sich kein einheitliches Bild, doch es lassen sich zahlreiche Schlüsse ziehen, wie Web 2.0-Angebote in der Lehre, aber auch in anderen Feldern wie der Wissenschaftskommunikation wirksam eingesetzt werden können.

Eine weitere empirische Studie legt die Forschungsgruppe um *Hans Peter Peters* unter Mitarbeit von *Joachim Allgaier, Dominique Brossard, Sharon Dunwoody* und *Yin-Yueh Lo* vor. Sie führten bei Neurowissenschaftlern in Deutschland und den USA eine Online-Befragung zur Mediennutzung und Einschätzung von Medieneffekten durch, deren Ergebnisse hier vorgestellt werden.

Schließlich präsentieren *Heike Großmann* und *Jesús Muñoz Morcillo* die Evaluation partizipativer Bewegtbildkommunikation, die darauf abzielt, Diskurse mit der Beteiligung möglichst vieler gesellschaftlicher Gruppen anzuregen und nachhaltig zu begleiten.

Bei unserer Arbeit für eine Öffentliche Wissenschaft wurden wir in vielfältiger Weise unterstützt: Ganz besonders danken wir der Deutschen Forschungsgemeinschaft für die finanzielle Unterstützung des Projektes ‚InsideScience', den Wissenschaftlerinnen und Wissenschaftlern des Sonderforschungsbereichs (SFB) 588 ‚Humanoide Roboter – Lernende und kooperierende multimodale Roboter' und der Transregio 9

(TR9) ‚Computergestützte Theoretische Teilchenphysik'. Unser Dank gilt ferner dem ‚InsideScience'-Team, insbesondere Stephan Breuer, Dennis Frerichs, Jens Görisch, Thorsten Greiner, Heike Großmann, Sebastian Mang, Mareike Martini, Anna Moosmüller, Jonas Moosmüller, Willi Müller, Tu-Mai Pham-Huu, Klaus Rümmele, Katja Schwarz und Irina Sittek. Ein Dank gebührt ebenso unseren Partnern für die freundliche Mitwirkung an der InsideScience-Tagung und an unseren beiden Filmpremieren: dem ZKM | Zentrum für Kunst und Medientechnologie Karlsruhe sowie dem Filmtheater Schauburg.

Für das Zustandekommen des Bandes in dieser Form danken wir ganz herzlich dem Lektoratsteam am ZAK: Marco Ianniello und Christine Wölfle für die aufwendige Redigierungsarbeit und die vielen Hinweise zur Gestaltung und Strukturierung des Sammelbandes; Tina Gerken für die Bildbearbeitung und die Gestaltung des Covers; Janina Hecht für das Layout und die redaktionelle Begleitung des Projektes; sowie für ihre vielseitige Mithilfe Silke Flörchinger, Marie Morlock und Sonja Seidel.

Karlsruhe, im August 2012

Caroline Y. Robertson-von Trotha
Jesús Muñoz Morcillo

Grußworte zum Wissenschaftssymposium 2011[1] ‚Public Science und Neue Medien. Die Rolle der Web 2.0-Kultur in der Wissenschaftsvermittlung'

Christiane Riedel

Guten Morgen meine Damen und Herren, für unser Titelthema ist es zwar eine frühe Stunde, doch sind bei der Wissensvermittlung nicht gerade die Frühaufsteher gefragt? Ich sehe es als eine besondere Gelegenheit an, dass wir in diesem sehr exklusiven und intimen Kreis wichtige Fragen für unsere Gesellschaft vorstellen und diskutieren können. Als Geschäftsführerin des ZKM, dem Zentrum für Kunst- und Medientechnologie, habe ich die große Freude, Sie heute hier begrüßen zu dürfen. Es freut mich vor allem, weil wir diese Veranstaltung als ein Update unseres Gründungsgedankens verstehen, der Mitte der 80er-Jahre aufkam. Dies liegt nun schon fast drei Jahrzehnte zurück; gefühlt scheint es sogar noch länger her zu sein, denn in jenen Jahren war die Entwicklung rasant. Das ZKM ist aus einer offenen Diskussion entstanden, an der die Bürgerschaft Karlsruhes sowie Wissenschaftler und Professoren des heutigen KIT beteiligt waren und mit Galeristen, Künstlern und elektronischen Musikern besprachen, was der kulturelle Umgang und der künstlerische Ausdruck im Zeitalter der Kommunikations- und Speichermedien bzw. der ‚Neuen Medien' sein sollte. Dabei wurde die Idee zu einem ZKM geboren, einem Zentrum, in dem geforscht und entwickelt wird, und wo die neuesten Entwicklungen und Medien dem Bürger zugänglich gemacht werden.[2] Das entscheidende Schlagwort lautete ‚Medien für die Bürger'.

Aus heutiger Sicht erscheinen uns die damaligen didaktischen Vorstellungen naiv. Man träumte von einem begehbaren Computer, der über eine riesengroße Tastatur zu erklettern sein würde. Es war noch ein ausgesprochen haptischer Zugang, den man zu den ‚Neuen Technologien' hatte. Mitte der 80er-Jahre konnte sich niemand vorstellen, dass es bald schon Internet und Mobiltelefone für jeden geben würde, und dass bereits Kinder auf ihrem Schreibtisch einen PC stehen haben würden. Erst recht war von der Kulmination dieser Innovationen in den intelligenten Smartphones nicht zu träumen, wie sie nun jedermann mit sich herumträgt. Visionär hatte man sich auf den Weg gemacht, um diese Entwicklungen über die Kunst, also in ihrem künstlerischen und das heißt auch immer gesellschaftlichen Ausdruck dem Bürger darzubieten und näherzubringen. Diese Ambitionen hatten hier in Karlsruhe durchaus auch wirtschaftliche Hintergründe. Denn durch die Universität mit ihrem

1 Der vorliegende Text basiert auf einer Transkription der Rede, die Frau Riedel anlässlich der Tagungseröffnung am 3. Dezember 2011 gehalten hat. Die Tagung fand im ZKM | Zentrum für Kunst und Medientechnologie in Karlsruhe vom 3.-5. Dezember 2011 statt.

2 Gründungsdirektor des ZKM war Prof. Dr. Heinrich Klotz, der 1988 nach Karlsruhe berufen und zudem Rektor der angeschlossenen Staatlichen Hochschule für Gestaltung (HfG) wurde.

Schwerpunkt auf der Informationstechnologie und Informatik hatte sich auch die hiesige Wirtschaft in dieser Richtung aufgestellt. Man war politisch weitsichtig genug gewesen, die Kultur als ein wichtiges Feld in die Stadtpolitik miteinzubeziehen. Ich bin immer noch beeindruckt von dieser politischen Leistung und habe Zweifel, ob dies heute noch denkbar wäre. Der frühere Oberbürgermeister Herr Professor Seiler[3] sagte einmal sehr salopp: „Mir hän net gwisst, was des sei soll, aber wir hän gedacht, des isch wichtig." Dieses Gespür zu haben für Innovationen, und obwohl diese noch nicht antizipiert werden konnten, dennoch eine politische Haltung dazu einzunehmen, das finde ich bewundernswert. Und der Funke sprang über auf das Land Baden-Württemberg; gemeinsam mobilisierten die Kommunen und das Land Gelder, um den Bürgern der Region, aber auch in ganz Baden-Württemberg und Deutschland diese Möglichkeiten zu offerieren. Seitdem haben sich erdrutschartig neue Wege aufgetan und vielfältige Prozesse in Gang gesetzt.

Zur Struktur des ZKM möchte ich noch hinzufügen, dass es aus zwei Museen und mehreren Instituten für Forschung, Entwicklung und Produktion besteht. Zunächst lag ein Hauptgewicht auf der Entwicklung von ‚Human Interfaces' und der Interaktion mit den Besuchern, die zunehmend zu Akteuren wurden. Das hatte, wie es kürzlich jemand ausdrückte, einen ‚Wow-Effekt'. Die Kinder und Jugendlichen reagierten begeistert; nur die Erwachsenen waren zurückhaltend, weil es für sie ungewohnt war, von der Position im üblichen Frontalunterricht des musealen Bereichs in eine aktive Rolle überzuwechseln. Seit der Eröffnung des ZKM bzw. der permanenten Öffnung für die Öffentlichkeit mit dem Einzug in dieses Gebäude im Jahr 1997, war zu beobachten, wie sich die Akzeptanz von Interaktivität allgemein sehr stark erhöhte. Man kann sagen, dass diese mittlerweile absolut geboten ist und sich die Allgemeinheit eine bemerkenswerte Virtuosität in der Anwendung der neuen interaktiven Medien angeeignet hat. Auch übt die jüngere Generation aufgrund ihrer sehr elaborierten Praxiserfahrung einen enormen Druck auf uns aus. Sie erwartet ein avanciertes Angebot im Bereich Neue Medien. Allerdings wird es immer schwieriger, zu erkennen, was der eigentlich neueste Entwicklungsstand ist, da die große Community der User inzwischen mitbeteiligt ist und uns immer wieder vor überraschende Herausforderungen stellt. Doch das ist ein gutes Zeichen. Schließlich wurde das ZKM gegründet, um eben diese Ausweitung in die Besucherschaft hinein zu befördern und zu entfalten. In der Anfangszeit sind zum Beispiel Hör- und Sehplätze in der Mediathek eingerichtet worden, wo die Besucher mittels einer damals noch sehr teuren Technik auf unsere Video- und Audiosammlung direkten Zugriff haben. Es brauchte keinen Dokumentar mehr, der Videobänder einlegte, und auch kein dazwischengeschaltetes, schwerfällig bürokratisches Prozedere. Schon von Beginn an konnten sich die Besucher ihr Programm selbst zusammenstellen, es war also eine frühe Form von *user generated content.* Um den wachsenden Anforderungen zu entsprechen, haben wir unsere Angebote fortwährend weiterausgestaltet; inzwischen lässt sich vieles leicht und kabellos über das Netz bewerkstelligen. Der Archivgedanke spielt

3 Prof. Dr. Gerhard Seiler war von 1986 bis 1998 Oberbürgermeister der Stadt Karlsruhe.

hierbei eine wesentliche Rolle: Wie öffnet man der Gesellschaft die Schätze der Institution und wie geht man mit allen Rechts- bzw. Rechtefragen um? Als beispielhaft gelten die Werke der zwei Referenten, die anschließend auftreten werden: Monika Fleischmann und Wolfgang Strauss. Dafür kann man ihnen rückblickend nicht genug danken. Interessant ist, dass zeitgleich zu dieser Erprobung von Interaktivität die Speicherkapazität explodierte – eine Parallelentwicklung, die ganz wichtige Aspekte beförderte. Nun gab es nicht mehr diesen Selektionsdruck, was man zu vermitteln und was man zu bewahren habe. Es ist errechnet worden, dass sich über die letzten viertausend Jahre nur ungefähr 7 % der Kulturgüter erhalten haben. Heute verfügen wir über andere Möglichkeiten, Kulturgüter zu konservieren, zu veröffentlichen und in einen öffentlichen Diskurs zu bringen. Die Öffentlichkeit insgesamt oder auch spezielle Communitys können somit an der Wissensgenerierung und Qualitätssicherung teilhaben. Die Hoffnung, die sich damit verbindet, nicht nur für die Kultureinrichtungen, sondern auch für die Wissenschaft, ist, dass dadurch auch die Exzellenz gefördert wird. Die Gesellschaft eignet sich so mehr Bildung und Wissen an. Man kann auf diese Weise mit der Öffentlichkeit in einen Diskurs treten, wissenschaftliche Erkenntnisse fortlaufend präzisieren und fortschreiben sowie eine Qualitätskontrolle ermöglichen. Ich empfehle Ihnen, Peter Sloterdijks Artikel im Spiegel zu lesen[4] – eine treffende Analyse und ein amüsanter Kommentar zur ‚Guttenbergisierung' unserer Welt. Ohne das Internet und ohne den Wissensbeitrag der Öffentlichkeit wäre es weiterhin bei der Ignoranz von nicht-wissenschaftlichen Leistungen durch eine nicht vorhandene Leserschaft geblieben. Ich denke, zu dieser Angelegenheit muss nichts mehr hinzugefügt werden. Wir hoffen also, dass uns die sensibilisierte Öffentlichkeit weiterhin auf den Weg der guten Wissenschaft hilft. Vielen Dank, dass diese Veranstaltung hier stattfindet. Ich freue mich sehr auf die folgenden Beiträge. Vielen Dank!

4 Peter Sloterdijks Essay *Doktor Wenn und Doktor Aber* ist am 05.12.2011 im *Spiegel* erschienen; Onlinedokument http://www.spiegel.de/spiegel/print/d-82612703.html [12.07.2012].

Öffentliche Wissenschaft im Spiegel der Web 2.0-Kultur

Caroline Y. Robertson-von Trotha

Im Dezember 2011 fand im Rahmen des DFG-geförderten Projektes ‚InsideScience' eine Tagung mit dem Titel ‚Public Science und Neue Medien. Die Rolle der Web 2.0-Kultur in der Wissenschaftsvermittlung' statt. Hier wurde aus den Perspektiven einer methodischen Transdisziplinarität (vgl. Mittelstraß 2003; 2005; Spinner 1998; 2002; Lenk 1977-1984)[1] das zentrale Thema von ‚InsideScience' beleuchtet: Wie lässt sich die Praxis einer ‚Öffentlichen Wissenschaft' mit eben jenem Kontext verbinden, der sich in den letzten Jahren neu herausgebildet hat, sprich dem Kontext der Web 2.0-Kultur. Ganz bewusst wird in diesem Zusammenhang der Begriff der ‚Öffentlichen Wissenschaft' verwandt und nicht etwa auf den geläufigeren der ‚Wissenschaftskommunikation' zurückgegriffen. Dafür gibt es eine Reihe von Gründen, auf die im Folgenden näher eingegangen werden soll.

1. Eine Einführung in verschiedene Konzepte der Wissenschaftsvermittlung

Sowohl das Konzept der Öffentlichen Wissenschaft als auch das der Wissenschaftskommunikation kann im Grunde auf ein und denselben Ausgangspunkt zurückgeführt werden. Beide sind sie Erben der britischen Initiative *Public Understanding of Science* (PUS) von 1985: Es war der sogenannte Bodmer-Report der Royal Society, der in der Wissenschaftsvermittlung ein Umdenken einleitete und alle späteren Bemühungen um die Institutionalisierung einer verbesserten Kommunikation zwischen Wissenschaft und Gesellschaft beeinflusste.

Die Beweggründe für diesen Anstoß hingen zunächst sehr eng mit der schlechten ökonomischen Situation Großbritanniens in jener Zeit zusammen. Durch die drastische Reduzierung öffentlicher Mittel für Universitäten unter der Thatcher-Regierung drohte u.a. ein Schwund der Studierenden- sowie der Nachwuchswissenschaftlerzahlen und somit der Innovations- und Konkurrenzfähigkeit des Landes. Nach Einschätzung der Bodmer-Arbeitsgruppe waren negative bis indifferente Attitüden gegenüber der Wissenschaft in Großbritannien stärker verbreitet als bei den Hauptkonkurrenten USA, Deutschland und Japan (vgl. Robertson von Trotha 2009b). Bis

1 Ein Hauptunterschied zwischen Inter- und Transdisziplinarität besteht darin, dass Ersteres eine fächerübergreifende Arbeitsweise innerhalb des wissenschaftlichen Rahmens im Blick hat, während Letzteres über diesen Rahmen hinaus sich durch gesamtgesellschaftliche Fragestellungen definiert. Für Mittelstraß heißt das vor allem, dass eine fachliche und disziplinäre Engführung vermieden und ein wissenschaftliches Arbeits- und Organisationsprinzip konzipiert wird, das über ein bloßes Theorieprinzip hinausreicht. Grundlegendes hat hierbei auch Helmut F. Spinner mit seiner ‚differentiellen Wissenstheorie' geleistet, die „ein modularisiertes Wissenskonzept zur Erfassung von >Wissen aller Arten, in jeder Menge und Güte< nach Informations-, Erkenntnis- und Kenntnismodulen" entwirft; siehe http://www.rz.uni-karlsruhe.de/~Helmut.Spinner/3/A/2000.html [24.07.2012].

zum Ende der 1990er-Jahre sank das Ansehen der Wissenschaft noch weiter. Eng damit verbunden waren die öffentlichen Diskussionen um genmanipulierte Nahrungsmittel in Großbritannien und insbesondere die BSE-Krise.

Während nun die Wissenschaftskommunikation auf der Wissenschafts-PR und dem Wissenschaftsjournalismus fußt, versuchten die Ansätze einer Öffentlichen Wissenschaft einen anderen Weg einzuschlagen. Dezidiert postulierten sie die Prämisse, mit der Gesellschaft einen gemeinsamen und damit transdisziplinären Diskurs einzugehen. Das Hauptmotiv war, sich von den Ideen und Arbeitsweisen der Einwegberichterstattung abzuheben, die dominant und einseitig auf eine bloße Behebung von Informations- und Wissensdefiziten ausgerichtet ist.

Der Begriff ‚Öffentliche Wissenschaft' selbst tauchte bereits Ende der 60er-Jahre im deutschen Sprachraum auf. Der bekannte Wissenschaftspublizist Heinz Haber prägte ihn im Sinne einer Wissenschaftsvermittlung an Laien, um sich von den damaligen populärwissenschaftlichen Formaten abzugrenzen (vgl. Haber 1968; Möhn 2000). Zwar rief dieses neue Schlagwort keine große Resonanz hervor, doch wurden damit zwei entscheidende und stets kontrovers diskutierte Argumente in die seinerzeitigen Hochschul- und Technokratiedebatten eingeführt: Zum einen wurde auf die Notwendigkeit verwiesen, Informationen allgemein zugänglich zu machen. Denn grundsätzlich ist nur ein informierter Bürger in der Lage,[2] sein demokratisches Mitbestimmungsrecht wahrzunehmen und damit am Bestehen einer Demokratie mitzuwirken. Zum anderen steht die Wissenschaft hier in einer gewissen Pflicht, nicht zuletzt deshalb, weil ihre Finanzierung größtenteils durch öffentliche Mittel bestritten wird.[3]

Im Jahr 1999 knüpfte dann das PUSH-Memorandum[4] an die britische PUS-Initiative an und erweiterte diese um die Rolle der *humanities*, die für eine avancierte Kommunikationsstrategie Sorge tragen sollten. Der deutschen PUSH-Initiative lag, ähnlich wie dem Bodmer-Report, die Annahme zugrunde, dass ein institutionell gesteuerter Dialog zwischen Wissenschaft und Gesellschaft Ängste vor technischen Innovationen abbauen und in diesem Zuge beide Seiten einander näherbringen würde. Der Fokus wurde demnach auf das Schaffen von Akzeptanz und Wertschät-

2 Hier kann zwischen dem ‚informierten Bürger' und dem sogenannten *scientist citizen*, also dem wissenschaftlich ausgebildeten Bürger, unterschieden werden. Auf dieses Begriffspaar wird im Verlauf noch zurückzukommen sein.

3 Vgl. Kohring (2004, S. 162): „So meint 1968 der bekannte Wissenschaftspublizist und Physiker Heinz Haber: „Wenn die Öffentlichkeit durch einen falschen Bildungsbegriff, [sic!] die Welt, in der sie lebt, nicht begreift, dann kann sie auch ihr eigenes Schicksal nicht in echtem demokratischem Sinne in die Hand nehmen." Neben diesem Demokratie-Argument, wie ich es nenne, gibt es zum Zweiten noch das Sponsor-Argument: Die (Natur-)Wissenschaft soll öffentlich werden, um ihre Finanzierung aus Steuergeldern zu legitimieren. In diese Zeit fällt auch die Empfehlung der Westdeutschen Rektorenkonferenz, Informations- und Pressestellen an den Hochschulen einzurichten. Öffentlichkeitsarbeit wird als eine demokratische Informationspflicht, als „Bringeschuld" der Hochschulen verstanden."

4 Siehe Wissenschaft im Dialog (1999).

zung der Wissenschaft durch die Öffentlichkeit gesetzt. Von dieser Motivation war die Kultur der Wissenschaftsvermittlung ein knappes Jahrzehnt übermäßig stark geprägt. Zeitlich parallel dazu wurde in Karlsruhe ein anderer Schwerpunkt gelegt. Der Kern dieses Konzepts bestand in der Förderung eines Austauschs einerseits von Wissenschaftlern verschiedener Fachrichtungen untereinander. Andererseits sollten die Kommunikationswege zwischen Wissenschaft und Gesellschaft ausgebaut werden, sodass vom Ansatz her von einer Koevolution gesprochen werden kann, wie sie von Gibbons et al. (1994) schon Mitte der 90er-Jahre, d.h. vor der sogenannten ‚digitalen Wende' theoretisch entwickelt und vorausgesehen wurde.[5]

1.1. (*Scientific*) *Literacy*: Der Hintergrund für einen Mentalitätswandel

Angesichts der umfassenden – und vor allem an den rasanten technologischen Innovationen bis hin zur Web 2.0-Kultur abzulesenden – Wandlungsprozesse der Globalisierung gilt gerade für Universitäten, dass sie sich als lernende Organisationen begreifen müssen.[6] Mit ihren traditionellen Aufgaben – der Generierung und Weitergabe von fachlichem Wissen und Erkenntnissen sowie der Lehre der dazugehörigen Methoden – gingen in den letzten Jahrzehnten zunehmend die Fragen einher, was unter ‚verlässlichem' Wissen[7] noch zu verstehen ist und welche Haltung die einzelnen Disziplinen zueinander und als Gesamtheit gegenüber der Gesellschaft einzunehmen haben.

Die Unüberschaubarkeit des Spezial- und Expertenwissens auf der einen Seite und der gesamtgesellschaftlichen Zusammenhänge auf der anderen, die stetige Ausdifferenzierung innerhalb der Wissenschaft auf der einen und das Verschwimmen kultureller Grenzen auf der anderen Seite ziehen neue Bedürfnisse und konkrete Anpassungserfordernisse nach sich: Gefordert sind die Fähigkeiten eines ‚Übersetzers', nicht nur in der Begegnung von Experte und Laie, sondern auch zwischen den Vertretern der unterschiedlichen Fachrichtungen.

Eine langjährige empirische Studie von Karin Knorr-Cetina (2002), in der zwei Wissenschaftsfelder einander gegenübergestellt werden, führt eine sich vollziehende Wendung in der Wissensproduktion vor Augen.[8] War im Wissenschaftsbetrieb üblicherweise davon ausgegangen worden, dass kollektiv verfügbares und überprüfbares Wissen sich allein über Hypothesen sowie die Verifizierung oder Falsifizierung

5 Siehe auch Nowotny/Scott/Gibbons (2001; 2004).

6 Die vielfältigen Einflüsse auf die heutigen Gesellschaften reichen von den technologischen Entwicklungen über die enorme Generierung von Daten und Informationen bis hin zu den Auswirkungen instabiler Finanzsysteme und politischer Systeme.

7 Vgl. Nowotny (2006).

8 Anhand der Studie von Karin Knorr-Cetina lässt sich beobachten, wie unterschiedliche Wissenschaftsfelder sich differente epistemologische Kulturen zu eigen machen.

derselben bilden würde,[9] so gelang es insbesondere Gibbons et al. (1994) mit ihrer Publikation *The New Production of Knowledge*, ein weiteres Modell zu erfassen und zu profilieren.[10] Das erste, eher konventionelle Modell (Modus 1) zeichnet sich vor allem durch klare Eingrenzungen aus: Zum einen ist ein stabiler akademischer Rahmen vorgegeben, innerhalb dessen wiederum klare Trennungen zwischen den einzelnen Disziplinen und ihren jeweiligen Hoheitsgebieten existieren. Weiter sind es die hierarchisch und statisch angelegten Organisationen und Strukturen sowie eine auf die Peers beschränkte Qualitätskontrolle und Rechtfertigungspflicht, die für den Modus 1 charakteristisch sind. Im zweiten Modell (Modus 2) verschieben sich die Akzente deutlich und stehen meist im Kontrast zum ersten: Wissen entsteht diesem Modell zufolge nicht separat, sondern im Kontext der Anwendung;[11] außeruniversitäre Einrichtungen und Wissensproduktionsstätten gewinnen an Bedeutung, woraus sich die Notwendigkeit einer Rechtfertigung nach außen ergibt und die Einladung und Aufforderung zur transdisziplinären Zusammenarbeit.[12] Diese Veränderungen bedeuten Verschiebungen in den Mechanismen der Vertrauensbildung in und für die Wissenschaft und ihre Institutionen, deren Folgen noch nicht absehbar sind. Dieser Aspekt ist ein Leitmotiv nicht nur dieses Aufsatzes, sondern der Öffentlichen Wissenschaft überhaupt.

Die Konsequenz aus all dem ist offensichtlich: Jeder einzelne Bürger, sei er nun Teil des Wissenschaftsbetriebs oder nicht, ist konfrontiert mit einer Vielzahl von sich rapid ändernden, spannungsvollen Realitäten. Die schnellen Innovationszyklen der Globalisierungsprozesse,[13] die technologischen und naturwissenschaftlichen Neuerungen machen ein lebenslanges Lernen als Prinzip und eine Handlungsorientierung erforderlich. Als Voraussetzung für angemessene Entscheidungsfindungen nehmen unter diesen Umständen reflexiv-kommunikative Kompetenzen zwangsläufig einen immer höheren Stellenwert ein. Von der heutigen Unüberschaubarkeit von Informationen geht freilich die Versuchung aus, sich auf komplexe Zusammenhänge gar nicht mehr einzulassen oder sich vordergründige Argumentationen und Darstellungen unkritisch anzueignen. Hinsichtlich der (universitären) Bildung wird deshalb zu Recht gefordert, dass schon während des Studiums ein selbstreguliertes Lernen, das heißt ein auf eigenständiges Suchen und Lösen von Fragekomplexen angelegtes Studieren eingeübt wird. John W. Gardner verwendet dafür das schöne Bild, den

9 Hier ist auf Karl Popper (bspw. auf seine *Logik der Forschung* von 1934/1935) zu verweisen, der herausstellte, dass wissenschaftliche Erkenntnisse nicht nur beständig verifiziert oder falsifiziert werden müssen, sondern mehr noch, dass die Eigenheit der Falsifizierbarkeit eine ihrer Grundbedingungen darstellt.

10 Siehe auch Felt/Nowotny/Taschwer (1995).

11 Siehe zur Übersicht ebd.

12 Vgl. zur Thematik ‚Wissen/Wissensgenerierung' den Sammelband *Wissensarten, Wissensordnungen und Wissensregime: Beiträge zum Karlsruher Ansatz der integrierten Wissensforschung*, herausgegeben von Helmut F. Spinner gemeinsam mit Karsten Weber und Michael Nagenborg.

13 Vgl. Bromley (2000), der von *Multiglobalismen* spricht, einem Begriff, der auf Ulrich Beck zurückgeht und verdeutlicht, dass dieses Phänomen nicht zu fassen ist, indem man von einer Globalisierung ausgeht. Siehe auch Robertson-von Trotha (2009a) zur *Dialektik der Globalisierung*.

Lernenden keine Schnittblumen, sondern Fertigkeiten mitzugeben, die sie zum Ziehen eigener Pflanzen befähigen. So wird auch im deutschen Sprachraum zwar verstärkt eine forschungsnahe Lehre angestrebt, allerdings wird diese im Wesentlichen nicht interdisziplinär verstanden.[14]

Für einen angemessenen Umgang mit dem an Quantität und Einfluss wachsenden Expertenwissen bedarf es also nicht allein eines fähigen Übersetzers, sondern auch einer argumentativ überzeugenden Vermittlung. Das setzt, und zwar beidseitig, eine kognitive Basis der (Minimal-)Verständigung voraus, das heißt eine gewisse ‚Metaschlüsselkompetenz', die mit dem Schlüsselbegriff (*scientific*) *literacy* beschrieben wird. Dieser Begriff blickt im angloamerikanischen Sprachraum auf eine lange Tradition[15] zurück und wird in den National Science Education Standards folgendermaßen erläutert:

> „Scientific Literacy is the knowledge and understanding of scientific concepts and processes required for personal decision making, participation in civic and cultural affairs, and economic productivity." (National Research Council 1996, S. 22)[16]

Hiermit haben wir einen neuralgischen Punkt erreicht, der aus drei verschiedenen Blickwinkeln zu betrachten wäre. Zunächst ist vom Standpunkt des individuellen Bürgers auszugehen. Ihn einzubinden in wissenschaftliche Prozesse und Entscheidungsfindungen, soweit sie auf ihn, die Gesellschaft oder das demokratische System im Ganzen Auswirkungen haben, darin besteht eine zentrale Herausforderung. Wobei die Problematik der Ab- und Ausgrenzung evident ist und einer besonderen Aufmerksamkeit bedarf. Anders formuliert, das gemeinsame (zugegebenermaßen idealtypische) Paradigma müsste sein, jedes Individuum zu einem ‚informierten Bürger' werden zu lassen bzw. ihm einen unerlässlichen Baustein zur Basis für verantwortungsbewusstes Handeln zu bieten. Konkret verlangt dies, das Interesse für die Wissenschaft zu wecken und den Zugang zu Informationen und wissenschaftlichen Erkenntnissen niederschwellig zu halten, um jedem die Chance auf einen möglichst guten Bildungsstand einzuräumen. Dabei ist nicht zuletzt der einzelne Wissenschaftler gefordert, da er als *scientist citizen* eine verantwortungsvolle Rolle auszufüllen

---

14 Vgl. Robertson-von Trotha (2009b, S. 53): „Ein zusätzlicher Weg wird an zahlreichen britischen Universitäten, wie auch schon lange in den USA und zum Teil auch in Frankreich beschritten: Hier wurden zumeist vierjährige interdisziplinäre Studiengänge mit BA-Abschluss in ‚Science in Society' oder mit ähnlichen Schwerpunkten eingerichtet. […] Benötigt werden professionell ausgebildete Übersetzer, die als Vermittler zwischen den unterschiedlichen sozialen Welten der Wissenschaft, der Wirtschaft und der Öffentlichkeit tätig sind. Dafür können Studierende gewonnen werden, die sich für einen reinen natur- oder ingenieurwissenschaftlichen Studiengang ansonsten vielleicht nicht interessieren würden. Ein solches Angebot könnte unter Umständen besonders geeignet sein, um mehr Frauen für die sogenannten MINT-Fächer – Mathematik, Ingenieur-, Natur- und Technikwissenschaften – zu interessieren."

15 Zur Übersicht der Diskussion von ihren Anfängen bis zu aktuellen Interpretationen des Konzepts siehe Rüdiger C. Laugksch (2000).

16 *Scientific literacy* und *cultural literacy* sind komplementäre Teile eines transdisziplinären Wissenschaftsverständnisses, das die Kompetenzen vermitteln soll, die für eine gelingende Kommunikation zwischen den Disziplinen und zwischen Wissenschaft und Öffentlichkeit benötigt werden.

hat. Obwohl seine wissenschaftliche Qualifikation sich im Regelfall auf ein Fachgebiet beschränkt, besteht für ihn eine besondere Verpflichtung, aus der er weder als Laie in einem anderen Fachgebiet noch als Privatperson entlassen werden sollte – wenn man davon ausgeht, dass ein Wissenschaftler durch seine akademische Ausbildung über eine Grundausstattung verfügt, die folgende Kompetenzen in sich vereint: eine kritisch umsichtige Denkweise und eine methodische Herangehensweise an Problemstellungen. Diesen beiden Anforderungen ist ungeachtet ihrer individuellen Umsetzung auf institutioneller Ebene Rechnung zu tragen. Die (Vor-)Bedingungen für eine *(scientific) literacy* zu erfüllen, sollte auf verschiedenen Seiten ein Anliegen sein: Neben der individuellen Aneignung ist es insbesondere die institutionelle Bereitstellung von disziplinärem und transdisziplinärem Orientierungswissen und den dazugehörigen wissenschaftlichen Methoden.[17]

Als Anregung hierfür können drei Fragestellungen dienen: Zum einen ist nach den angemessenen Strukturen, Inhalten und Methoden für die Aneignung der erforderlichen Kompetenzen zu fragen. Eine zweite Leitfrage beschäftigt sich mit dem Verhältnis von individuell erfass- und verfügbarem und kollektiv vorhandenem Wissen: Wie lässt sich beides zusammenbringen, genauer, welches (kultur-)technische Wissen ist vonnöten, damit sich Netzwerkkompetenzen ausbilden? Und drittens ergibt sich daraus die Frage nach den Konsequenzen für die universitäre Lehre.

Dieser Gesamtkomplex wird von den technologischen Innovationen noch weiter verschärft. Wie durch ein Brennglas werden im Internet die generellen Prozesse der Enthierarchisierung, Dezentralisierung, transkulturellen und transdisziplinären Netzwerkbildung und die Delinearität der Erkenntnisprozesse sichtbar, gebündelt und verstärkt. Die Entgrenzungen und Fragmentierungen in den Belangen der Wissensgenerierung, -aneignung und -vermittlung treten im virtuellen Raum besonders dringlich in Erscheinung. In Anlehnung an die These von einer *next society*[18] scheint es in der Tat so zu sein, dass die Computergesellschaft eine ähnlich radikale Transformation durchläuft wie zuvor die Schriftgesellschaft der Antike oder die Buchdruckgesellschaft.

Bemerkenswert sind an dieser Stelle die Neuerungen, welche in den letzten 10 bis 15 Jahren die Etablierung des Web 2.0[19] mit sich gebracht hat: Es sind jetzt nicht nur die technischen Voraussetzungen für eine direkte, dialogische Kommunikation vorhanden, sondern auch eine Kultur, in der Dialog- und Partizipationsmöglichkeiten

---

17 Vgl. Mittelstraß (1998). Er macht darauf aufmerksam, dass durch das Verfügungswissen – hier verstanden als das positive, wissenschaftlich-technisch erworbene Wissen, das Handlungsoptionen eröffnet – der Bedarf nach Orientierungswissen entsteht. Außerdem insistiert er darauf, diese beiden Wissensarten nicht wie üblicherweise scharf getrennt den beiden Wissenschaftssphären Natur- und Geisteswissenschaft zuzuteilen, sondern sie als eine Einheit aufzufassen.

18 Vgl. Baecker (2007, S. 8). In seinen *Studien zur nächsten Gesellschaft* lehnt sich Baecker an Peter F. Drucker (2001) an, der von einer *next society* vor dem Hintergrund der Digitalisierung spricht.

19 In den öffentlichen Umlauf gelangte diese Bezeichnung durch ihre Verwendung in einer Sonderausgabe des *CIO Magazin* vom Dezember 2003; siehe Knorr (2003).

nachgefragt werden. In Zukunft wird es für eine ernsthafte Wissenschaftsvermittlung unumgänglich sein, angemessen auf diese Entwicklungen zu reagieren. Daraus ergibt sich aber auch die Ambition, auf ein Zusammenwirken der beiden als komplementär anzusehenden Herangehensweisen von Wissenschaftskommunikation und Öffentlicher Wissenschaft hinzuarbeiten.

2. Der Weg der Karlsruher Öffentlichen Wissenschaft

In meinen Eröffnungsreden der Karlsruher Gespräche von 1997 und 1998[20] sollte die Bezeichnung ‚Öffentliche Wissenschaft' erstmals in einem veränderten Verständnis und mit einem von Praxiserfahrung geprägtem Bewusstsein Erwähnung finden: Und zwar wurde damit das systematische Eintreten für die dialogbasierte Wissenschaftskommunikation auf einen Begriff gebracht.[21] In diesen Beiträgen wurde für die Entwicklung einer profilierten Öffentlichen Wissenschaft nach dem angelsächsischen Vorbild der *public science* votiert. Von ausschlaggebender Bedeutung waren hier die Impulse des bereits erwähnten Bodmer-Reports der Royal Society. Dieser verdeutlichte vor allem, dass eine quantitativ verbesserte Kommunikation nicht automatisch für mehr gesellschaftliche Akzeptanz sorgt. Es wurde in Karlsruhe konsequenterweise eine Öffentliche Wissenschaft konzipiert, die substanziell auf den Dialog ausgerichtet ist. Auf der Tagesordnung sollten Tagungen, Symposien und Vortragsreihen stehen, die als Voraussetzungen für eine Diskussionsplattform verstanden werden, auf der sich Wissenschaftler, Politiker und die interessierte Öffentlichkeit austauschen können (siehe zusf. Robertson-Wensauer 1999, S. 20-23). Im Unterschied zur frühen Auffassung von Öffentlicher Wissenschaft nach Heinz Haber liegt das Hauptaugenmerk der ‚Karlsruher Öffentlichen Wissenschaft' also auf der dialogbasierten Kommunikation zwischen Wissenschaft und Öffentlichkeit und mithin auf der Übernahme von institutioneller Verantwortung für diese Interaktion.[22]

---

20 Als wissenschaftliche Veranstaltung sind die Karlsruher Gespräche im deutschen Sprachraum ohne Vorbild: Zum einen wurde hier gezielt nach einem Veranstaltungsort außerhalb des universitären Sektors gesucht. Zum anderen wurden Kultur, Kunst und Film bewusst in den Vorgang der Wissenschaftsvermittlung einbezogen. Siehe auch Robertson-Wensauer: Problemkreise der Angewandten Kulturwissenschaft 1997 und 1998.

21 Im darauffolgenden Jahr 1999 wurde dies in einer Festschrift des Interfakultativen Instituts für Angewandte Kulturwissenschaft (IAK) noch einmal bekräftigt. Im Jahr 2002 ist aus dem Zusammenschluss des IAK mit dem Studium Generale das ZAK | Zentrum für Angewandte Kulturwissenschaft und Studium Generale hervorgegangen. Getragen wird das Zentrum von drei Säulen: der Angewandten Kulturwissenschaft, der Öffentlichen Wissenschaft und dem Studium Generale. Seine Zielsetzungen lauten: „1. Den Bildungsauftrag des Karlsruher Instituts für Technologie (KIT) durch fachübergreifende Forschung und Lehre, insbesondere Orientierungswissen, wahrzunehmen." Und: „2. Den Dialog und Austausch zwischen Universität und Gesellschaft anzuregen und in geeigneten Formen der Öffentlichen Wissenschaft zu fördern." Siehe http://www.zak.kit.edu/ueber_uns.php [24.07.2012]. Verfolgt werden diese Motive über verschiedene Initiativen wie bspw. die der Veranstaltungsreihe der Karlsruher Gespräche oder eben einem Projekt wie ‚Inside Science'.

22 Als ein wichtiger Wegbereiter in theoretischer Hinsicht ist ein weiteres Mal Helmut F. Spinner mit seinem *Karlsruher Ansatz der integrierten Wissensforschung* zu nennen.

Spätestens mit Peter Faulstichs Sammelband *Öffentliche Wissenschaft* von 2006 scheint sich dieser Terminus nun auch in der deutschen Fachliteratur etabliert zu haben. Zu seinen Grundpfeilern gehören: der Beitrag zur theoretischen Diskussion um die Beziehung von Wissenschaft und Öffentlichkeit, die wissenschaftliche Weiterbildung sowie die Partizipation der Bürger. Das Projekt schlägt einen historischen Bogen zurück bis zur Aufklärung und möchte in dieser Tradition gesehen werden. Durchaus werden, wie vom Autor angestrebt, „einige Anstöße" (Faulstich 2006, S. 7) in die Richtung gegeben, auf der es Kurs zu halten lohnt.[23]

Ebenso wirkt *Science in Society* (SiS), ein weiteres Programm der Royal Society, das bereits 2004 in England eingeführt wurde. Analog zu den Konzepten einer nachhaltigen Entwicklung in Wirtschaft und Gesellschaft hat dieses sich zum Ziel gesetzt, das Verantwortungsbewusstsein in den Bereichen „science, engineering and technology" zu fördern.[24] Zudem wird an das erwähnte Modell einer (*scientific/cultural*) *literacy* angeknüpft, um die Etablierung eines Dialogs noch gezielter voranzutreiben.[25]

Das sind vielversprechende Anzeichen dafür, dass die grundsätzlichen Problematiken von verschiedenen Positionen aus in den Blick genommen werden. Doch gerade nach der Internationalisierung der Debatte auf verschiedenen Symposien und Weltkonferenzen der OECD, der UNESCO und des International Council of Science (ICSU) stellt sich die Frage nach der Gesamtsituation, für den vorliegenden Sammelband insbesondere in Deutschland, sowie nach den anstehenden Herausforderungen.

2.1. Nach der ‚digitalen Wende'

Infolge der ‚digitalen Wende' Mitte der 90er-Jahre und namentlich der im Internet entstandenen Wissenskulturen ohne institutionelle Anbindung müssen sich die Wissenschaftsvermittlung und das *public understanding of science* mit ihren traditionellen Methoden und Formaten auf neue Umstände und Herausforderungen einstellen: Seien es öffentliche Vorträge, VHS- oder Seminarkurse, seien es populärwissenschaftliche Zeitschriften, Wissenschaftssendungen oder Museen und Science Center, immer besteht hierbei eine beträchtliche Gefahr, dass die großen etablierten Einrichtungen aktuellste Ereignisse nicht berücksichtigen, interessante Trends übersehen oder innovativen Bewegungen hinterherhinken. Dieser Fall muss nicht notwendigerweise eintreten, doch sollte ein Bewusstsein für diese Gefahren bestehen.

---

23 Faulstich (2006, S. 24) selbst formuliert es folgendermaßen: „Es geht um neue, intensivierte Kommunikationsstrategien zwischen Wissenschaft und Gesellschaft. [...] Prämisse aller [Wissenschafts-]Vermittlung ist gegenseitige Information über Probleme, Resultate und Strategien. Allerdings beschränkt sich dies oft auf eine bloße Erzeugung von Akzeptanz. Um diese gegenseitigen Aversionen aufzuheben, bedarf es eines kontinuierlichen Dialogs."

24 Siehe http://royalsocietypublishing.org [24.07.2012].

25 Unter den Programmpunkten finden sich etwa folgende Vorhaben: „to promote Science in Society learning between science institutions and civil society" oder „to enable dialogue skill acquisition within scientific community." (Siehe ebd.)

Es ist daher nicht erstaunlich, wenn mitunter kritische Stimmen laut werden, oftmals auch grundsätzlicher Natur. Beispielsweise macht Matthias Kohring (2004) ein Paradigma in den Kommunikations- und Medienwissenschaften aus. Sein Einwand zielt auf eine theoretisch fundierte und im Wissenschaftsbetrieb (noch) weitverbreitete Einstellung ab, nach der der (Wissenschafts-)Journalismus für die Zwecke einer Wissenschafts-PR eingespannt werde und parteiisch die Belange der Wissenschaft gegenüber der Gesellschaft zu vertreten habe. Dagegen argumentiert er systemtheoretisch und definiert den Wert des Journalisten über seine (unabhängige) Vermittlerrolle zwischen den einzelnen Gesellschaftssystemen.[26]

In der Tat scheint in den Institutionen des Wissenschaftsbetriebs insgesamt noch eine feste Überzeugung von der Durchschlagskraft der althergebrachten frontalen One-Way-Wissensvermittlung vorzuherrschen. Allerdings erweckt dieses Konzept den Eindruck, als ginge es ausschließlich darum, wissenschaftliche Forschung einem Laien oder ‚ungelehrten Nicht-Wissenschaftler' zu erklären und beizubringen. Nicht von ungefähr eilt den oben genannten Methoden und Formaten vermehrt der Ruf des Belehrenden voraus.

Es ist wohl unbestritten, dass die Allgemeinheit von den Erkenntnissen der Forscher profitiert sowie dass der Input der Wissenschaft einen elementaren Beitrag zur Entstehung einer kritischen Öffentlichkeit leistet.[27] Ebenso unbestritten besteht ein asymmetrisches Verhältnis zwischen den wissenschaftlichen Erkenntnissen der spezialisierten Wissenschaftler und dem Informationsstand der Laien in vielen Gebieten. Ambivalenter wird es dann bereits bei Fragen zu den Anwendungskonsequenzen und der transdisziplinären Interpretation und Behandlung eines Problems. Auf der anderen Seite könnten aber die unterschiedlichsten Wissenschaftler häufig auch aus den Wissenshintergründen fachfremder Experten oder sogar Laien Gewinn ziehen. Zwar erfährt die Fruchtbarkeit eines interdisziplinären Austauschs zunehmende Anerkennung, jene einer transdisziplinären Wechselbeziehung bleibt jedoch unentdeckt oder wird, mehr noch, abgelehnt. Letzteres ist vor allem in der Beziehung zwischen institutionalisierter Wissenschaft und interessierter Öffentlichkeit zu beobachten. Allzu selten nehmen Forschungseinrichtungen und Universitäten ihre Verantwortung für die Vermittlung der besagten (*scientific/cultural*) *literacy* als Bestandteil des lebenslangen Lernens wahr.[28]

---

26 Siehe Kohring (2004); oder auch seinen Beitrag im vorliegenden Band.

27 Dies belegt u.a. die Studie ‚Public Attitudes to Science (PAS) 2011' des Department for Business Innovation & Skills (BIS), S. 2: „PAS 2011 provides further evidence that the UK public values science and is interested in finding out about it, with two-thirds agreeing that knowing about science is important to them personally. Furthermore, the data indicate that public interest in science has increased since the first PAS study in 2000, with half the public wanting to hear and see more information about science than they currently do."

28 Am Karlsruher Institut für Technologie (KIT) wird das Bewusstsein für die Notwendigkeit einer Institutionellen Verantwortung verschiedentlich sichtbar: bspw. an der Formulierung von Leitlinien für ethische Grundsätze, siehe http://www.kit.edu/downloads/KIT_Ethische_Leitlinien.pdf [24.07.2012]; oder an der engen Verbindung von Grundlagenforschung und Angewandter Wissenschaft.

Kritische Worte findet in diesem Zusammenhang Michael Sonnabend, Leiter der Öffentlichkeitsarbeit für den Bereich Publikationen und Internet beim Stifterverband für die Deutsche Wissenschaft:

> „Sind die Bürger nun schlauer oder kritischer, sind wir wirklich ein Land der kleinen Forscher geworden, haben wir alle mehr Vertrauen in die Wissenschaft und ihre Protagonisten? Man kann das nicht messen, aber die Suche nach ehrlichen Antworten auf diese Fragen scheint nicht mit derselben Energie betrieben zu werden wie jene Daueroffensive, die den vermeintlich unwissenden Bürger endlich vom Segen wissenschaftlichen Strebens überzeugen will. Und deren subkutane Botschaft immer lautet, dass die Definitionshoheit über die wichtigen Fragen des Lebens eben doch beim Wissenschaftler liegt." (Sonnabend 2009, S. 47)

In diesem Kontext muss noch einmal auf die veränderten Verhältnisse und neuen Realitäten aufmerksam gemacht werden, welche durch die Web 2.0-Kultur entstanden sind. Diese erfordern nicht nur die Beherrschung der neuen Kommunikationsmedien, sondern wohl auch eine Anpassung in der Grundhaltung. Wo früher die Legitimierung und die Akzeptanz eines abgeschotteten Wissenschaftsbetriebs das Hauptziel war, ermöglichen heutzutage kollaborative Web 2.0-Anwendungen eine öffentliche Teilhabe an der Forschung.[29] Darin steckt ein unschätzbares Potenzial, es birgt aber eben auch die Gefahren der Unwägbarkeit. Für die Konzeption der erforderlichen Qualifizierungsmaßnahmen wäre an diesem kritischen Punkt anzusetzen. In erster Linie müsste die Aufmerksamkeit für diesen Antagonismus erhöht werden und in einem zweiten Schritt ein adäquater Umgang damit ausgebildet werden.

Eine markante Eigenheit des Internets ist die Anonymisierung, die sich mit der Phase des Web 1.0 etablierte. Da das (physische) Individuum zwangsläufig hinter seine online bereitgestellten Inhalte zurücktritt, gehen viele Anhaltspunkte zur Einordnung dieses Inhalts anhand der Autorität seines Verfassers verloren. Dieser Umstand untergräbt und verunsichert die üblichen Rollen- und Denkmuster. Wenn in der analogen Offline-Welt die Inhalte stets mit einem (gesellschaftlichen) Status (bspw. einem akademischen Grad) in Verbindung zu bringen sind und dies auch die Einschätzung entscheidend mitbestimmt, so ist der User im Web 2.0 nun stärker an das rein Inhaltliche gebunden. Ein Vorteil dabei ist, dass vorurteilslosere und sachdienlichere Diskussionen geführt werden können. Ein nicht zu unterschätzender Nachteil ist demgegenüber der Kontrollverlust. Die Seriosität einer Quelle oder die Qualität einer Aussage richtig einzuschätzen, fällt bisweilen äußerst schwer.

29 Ein Beispiel für eine solche Web 2.0-Anwendung wäre die Aktion *ARTigo*: Das Institut für Kunstgeschichte der LMU München ruft Freiwillige auf, sich bei der Auswertung von digitalem Bildmaterial zu beteiligen. Das *crowdsourcing* wird in diesem Fall genutzt, um die elektronisch bereitliegenden Reproduktionen von Kunstwerken zu verschlagworten. Im Gegenzug verspricht die Teilnahme eine unterhaltsame und lehrreiche Auseinandersetzung mit der Kunstgeschichte; siehe http://www.artigo.org [24.07.2012].

Ähnlich ambivalent verhält es sich mit der Thematik des *open access*. Als eine Reaktion auf die sogenannte ‚Zeitschriftenkrise' entstanden, fordert und fördert diese Bewegung den freien Zugang zu wissenschaftlichen Werken, rüttelt dabei jedoch an der traditionellen Ordnung des Verlagswesens.[30] Zahlreiche neue Fragestellungen zum Urheberrecht resultieren daraus.[31] Rund um die Urheberfrage und die Instrumentalisierung des Wissens ergeben sich Kontroversen zwischen Gegenpositionen, die zu überbrücken für alle gesellschaftlichen Bereiche von Belang ist.

2.2. Beispiele einer möglichen Kooperation hin zu einer Koevolution von Wissenschaft und Öffentlichkeit

Dass das Ideal des öffentlichen Dialogs kein reiner Idealismus ist, zeigen viele Beispiele. Mit Blick auf den ‚Netzgedanken' der Kommunikationstheorie nach Vilém Flusser (2005) scheint das Internet eine hierarchielose Ausweitung der Wissenschaftskommunikationspraxis in weite Teile der Gesellschaft nicht nur zu ermöglichen, sondern geradezu erzwingen zu wollen. Eine Antwort darauf ist die Konzeptualisierung von Diskussionsformaten, die von der bewussten Gegenüberstellung unterschiedlicher Perspektiven und Positionen leben. Erstrebt wird dabei, die Grenzziehungen der „normal science" (Kuhn 1962) sowie den paradigmatischen Transformationsprozess in der Beziehung von Wissenschaft und Gesellschaft in produktiver Weise zu hinterfragen. Die Begegnung von Experten aus Politik, Wirtschaft, Kultur und nicht staatlichen Organisationen führt zu einer Erweiterung des Spektrums, und diese wiederum erfahrungsgemäß zu einem Mehrwert an originärem Wissen, erfrischenden Argumenten und spezifizierten Aufgabenstellungen.

In diese Richtung denkt auch der Mathematiker Christian Spannagel:

> „Ich verwende Wikiversity als öffentlicher Wissenschaftler. Öffentliche Wissenschaft bedeutet für mich, dass man nicht nur seine „Wissenschaftsprodukte" veröffentlicht, sondern bereits im Prozess der wissenschaftlichen Wissensproduktion erste Konzepte, Ideen, brainstormingartige Stichpunkte usw. online stellt und mit anderen diskutiert."[32]

Interessant ist auch die Feststellung von Stefan Rahmstorf, Umweltforscher vom Potsdam-Institut für Klimafolgenforschung. In der Dokumentation des 3. Forums Wissenschaftskommunikation von Wissenschaft im Dialog berichtet er, wie er als Wissenschaftsblogger dubiose Desinformationskampagnen wie die der Leugnung der Erderwärmung widerlegen kann, ohne befürchten zu müssen, dass die eigene Aussage durch Medienvertreter verfälscht wiedergegeben oder aus dem Kontext

30 Generell wird zwischen dem ‚Grünen' und dem ‚Goldenen Weg' unterschieden. Während sich der Grüne Weg in die bisherige Verlagswelt eingliedert und sich neben dem traditionellen Publikationsmodell einordnet, positioniert sich der Goldene Weg in direkter Konkurrenz zu klassischen Verlagsprodukten und all ihren Funktionen (vgl. Peifer 2007).

31 Siehe hierzu auch den Beitrag von Mina Kianfar im vorliegenden Band.

32 Siehe http://de.wikiversity.org/wiki/Benutzer:Cspannagel [24.07.2012].

gerissen wird.[33] Zudem könnte sich hiermit eine Schneise für den von Matthias Kohring identifizierten Konflikt zwischen Wissenschaftskommunikation und Wissenschaftsjournalismus auftun. Denn mittlerweile ist eine Plattform vorhanden, auf der Wissenschaftsjournalisten und bloggende Wissenschaftler sich gegenseitig auf unredliche Absichten prüfen können.

Solche Fälle sind symptomatisch für die mögliche und nötige Umorientierung in der Praxis der Wissenschaftskommunikation.[34] Woran sich abermals die Frage nach dem Beitrag von institutioneller Seite anschließt: An Einzelbeispielen mangelt es zunächst nicht. Die Projekte ‚unibonn.TV' und ‚DFG-ScienceTV' sind durchaus gelungene Versuche, das Mittel des Webvideos in die Kommunikationsstrategie miteinzubeziehen.[35]

Auch bei ‚InsideScience',[36] dem Projekt des ZAK, stellte das Webvideo ein zentrales Element dar.[37] Durch die enge Zusammenarbeit mit der Dienstleistungseinheit Presse, Kommunikation und Marketing des KIT konnten die komplementären Ansätze der Öffentlichen Wissenschaft und der Wissenschaftskommunikation eine produktive Umsetzung erfahren. Das Anliegen war dabei, den Wissenschaftler als Person in den Mittelpunkt zu rücken. Mit der Ausbreitung der Web 2.0-Kultur und insbesondere der sozialen Netzwerke oder *social media* im Internet hat eine Gegenbewegung zur Anonymisierungstendenz des Web 1.0 eingesetzt. Der einladende Gedanke eines ‚Mitmach-Internets' für jedermann rief breite Zustimmung hervor, denn die einzelnen Beiträge und ihre subjektiven Perspektiven werden nun in all ihrer Unterschiedlichkeit als wertvoll begriffen.

Weitere Komponenten des Projektes waren die Einrichtung eines Weblogs sowie eine projektbegleitende Evaluation, für die es selbst Neuland zu betreten galt. Noch lange nicht erschlossen sind die Methoden und Möglichkeiten, um die (Aus-)Wirkungen, die Erfolge und Fehlgriffe von Onlineaktionen und -initiativen aussagekräftig zu eruieren.[38] Das Projekt beschränkte sich aber nicht auf die Betätigungen im Internet; alleine hinter der Produktion der Filme stand eine inter- wie transdisziplinäre, eine institutionelle wie individuelle und damit immer auch eine generationenübergreifende Auseinandersetzung. Als Beleg dafür kann das ‚InsideScience'-Schulprojekt angeführt werden: Von den Naturwissenschaftlern der Sonderforschungs-

33 Siehe Wissenschaft im Dialog (2010, S. 13).

34 Der über die Astronomen-Kreise hinaus bekannt gewordene Fall von Hanny van Arkel sei hier erwähnt. Sie beteiligte sich als Laie an einem Projekt des Heidelberger Hauses der Astronomie und entdeckte auf Galaxienbildern des Hubbleteleskops ein Objekt, das mittlerweile nach ihr als *Hannys Voorwerp* benannt ist. Zwei entscheidende Momente verbanden sich hier: Der neugierige Blick einer Außenstehenden sowie die Einladung und Hilfestellung einer innovativen Einrichtung. Für weitere Exempel ganz unterschiedlicher Art siehe die Beiträge von Monika Fleischmann und Wolfgang Strauss oder von Alexander Herrmann und Andreas Kapsner im vorliegenden Band.

35 Siehe http://www.uni-bonn.tv [06.07.2012]; und http://www.dfg-science-tv.de [06.07.2012].

36 Siehe http://www.zak.kit.edu/inside_science.php [24.07.2012].

37 Siehe auch den Beitrag von Stephan Breuer im vorliegenden Band.

38 Siehe den Beitrag von Heike Großmann und Jesús Muñoz Morcillo im vorliegenden Band.

bereiche 588 ‚Humanoide Roboter – Lernende und kooperierende multimodale Roboter' und TR 9 ‚Computergestützte Theoretische Teilchenphysik' über die Geisteswissenschaftler des ‚InsideScience'-Teams bis hin zu den Schülern und verschiedenen Vertretern der universitären Institute und städtischen Einrichtungen trugen alle dazu bei, lehrreiche, anregende und unterhaltsame Filme zu produzieren.

Die Erfahrungen der ‚InsideScience'-Beteiligten bestätigen, dass es ein Miteinander braucht. Sicherlich ist es abwegig, von jedem Wissenschaftler die Lust am Bloggen oder das Talent eines Entertainers zu erwarten. Doch daraus darf nicht abgeleitet werden, dass sich die Talentierten und Mitteilungsfreudigen von selbst zusammenfinden und nebenbei eine Kultur des offenen Austauschs hervorbringen würden. Unerlässlich bleibt das Schaffen von Infrastrukturen, die die Dialogbereitschaft begünstigen und honorieren, und in diesem Zuge das Bewusstsein für die Notwendigkeit einer Öffentlichen Wissenschaft im Bewusstsein jedes einzelnen, gleich welchen Hintergrunds, entfalten.[39] Konkret bedeutet dies, dass grundsätzliche Ziele und Programme gemeinschaftlich in den einzelnen Fachgebieten und Gesellschaftsbereichen entworfen werden müssen. Als eine wichtige Voraussetzung hierfür verdienen vielfältige Schlüsselqualifikationen und -kompetenzen Berücksichtigung, die nicht separat oder gar extern geschult werden, sondern in die Grundfeste einer jeden universitären Lehre eingebettet sein sollten (vgl. Robertson-von Trotha 2009b, S. 51-53).

3. Fazit

Auch wenn die Kultur des ausgeweiteten und hierarchiefreien Dialogs und seine Modi in den wissenschaftlichen Diskursen noch zu wenig gepflegt werden, gibt es gute Gründe zuversichtlich zu sein. Junge Wissenschaftler, ob sie die Web 2.0-Anwendungen für ihren Berufsalltag nutzen mögen oder nicht, werden zu einer konstruktiven Einstellung gegenüber diesen Innovationen und Möglichkeiten finden (müssen). Ihnen werden die Konventionen, Idiome und Techniken vertraut sein. Aber nicht nur das, auch die Freiheiten, die das World Wide Web bietet, werden zusammen mit den Potenzialen und Risiken Teil ihres Selbstverständnisses sein. Diese Entwicklung sollten auch die deutschen Forschungs- und Lehreinrichtungen mitvollziehen und verantwortungsvoll begleiten. Das Leitbild einer Öffentlichen Wissenschaft könnte dabei hilfreich – nämlich orientierend und dialogfördernd – sein.

Das (Sich-)Verflechten der ‚revolutionären' Strukturen infolge der ständigen technologischen Neuerungen und der – im Wesentlichen – konservativen Strukturen der Wissenschaftsorganisationen lässt einige Fragen offen: Wie werden sich einzelne Forscher oder die Gemeinschaft der Wissenschaftler im Spannungsverhältnis von traditionellem Universitäts- und nahezu schrankenlosem Onlinebetrieb verhalten?

39 Vgl. Sonnabend (2009, S. 49): „Sie [die Wissenschaftskommunikation im Internet] verlangt Dialogbereitschaft und ein echtes Interesse am Gegenüber. Sie braucht flache Hierarchien und medienkompetente Akteure."

Werden die *scientific communities* gezielt nach dialogisch ausgerichteten (trans-)disziplinären Fragestellungen und Deutungen suchen und sich den möglichen kontroversen Folgen ihres Tuns stellen?[40] Wird der Dialog zum Selbstverständnis in Prozessen der Produktion des neuen Wissens? Ebenso ungelöst ist die Frage nach den Usercommunitys: Werden breitere Bevölkerungsgruppen durch die Web 2.0-Kultur vermehrt für die Fragen und Erkenntnisse der Wissenschaft gewonnen werden können? Und schließlich: Welche Vermittlungsrolle spielen dabei *scientist citizens*, die häufig institutionell ungebunden sein werden?[41]

Um der Realität der Forschenden, Lehrenden und Studierenden gerecht zu werden, ist es ratsam, die Wechselbeziehungen von On- und Offline-Welt zu untersuchen. So könnten bereits stattfindende transdisziplinäre Austauschprozesse mitgetragen und mitgestaltet werden. Es könnte besser und differenzierter beurteilt werden, wie sich ein Wissenschaftler der Neuen Medien bedient: als Wissenschaftler, der die neuen Tools des Webs im Sinne einer dialogischen fachlichen Wissensvermittlung einsetzt; als (Nachwuchs-)Wissenschaftler, der die Verbreitungswege der Web-Kulturen auch für seine Karriere, Reputation und seinen Bekanntheitsgrad nutzt oder eben auch als *scientist citizen*, der sich der Verantwortung des Sich-Einbringens gerechter zu werden bemüht. Und schließlich könnte die transdisziplinäre Dialogfähigkeit selbst durch das Web gefördert werden, um den Austausch strukturierter und damit produktiver werden zu lassen. Denn: Im Verständnis der Öffentlichen Wissenschaft meint Transdisziplinarität die Kompetenz, moderierend einen kritischen Dialog zwischen Menschen mit unterschiedlichen Wissenshintergründen zu initiieren und vorwärtszubringen. Ein großer Fortschritt wäre es, wenn Institutionen und Wissenschaftler unter Öffentlicher Wissenschaft nicht das Erledigen einer lästigen Zusatzaufgabe verstünden, sondern ein attraktives und bereicherndes Abenteuer. Durch Projekte wie ‚InsideScience' werden viele der vorgestellten Aspekte vereint und konkret umgesetzt: in institutioneller und in individueller Hinsicht sowie in inter- und transdisziplinärer Absicht.

40 In Zukunft werden die Themen *dissemination* und *outreach* auf EU- bzw. *policy*-Ebene eher noch an Bedeutung zunehmen; vgl. European Commission (2012).

41 Vgl. BIS (2011a).

Literatur

Baecker, Dirk (Hg.) (2007): Studien zur nächsten Gesellschaft. Frankfurt am Main: Suhrkamp.

BIS (= Department for Business Innovation & Skills) (Hg.) (2011a): Science, Governance and Public Engagement. TNS-BMRB Report, November 2011; Onlinedokument http://www.sciencewise-erc.org.uk/cms/assets/Uploads/Project-files/Science-Governance-and-Public-Engagement-Nov11.pdf [24.07.2012].

BIS (= Department for Business Innovation & Skills) (Hg.) (2011b): Public Attitudes to Science. Summary Report, May 2011; Onlinedokument http://www.ipsos-mori.com/Assets/Docs/Polls/sri-pas-2011-summary-report.pdf [24.07.2012].

Bromley, Roger (2000): Multiglobalismen – Synkretismus und Vielfalt in der Populärkultur. In: Robertson-von Trotha, Caroline Y.; Winter, Carsten (Hg.): Kulturwandel und Globalisierung. Baden-Baden: Nomos, S. 189-206.

Drucker, Peter F. (2001): The Next Society. A Survey of the Near Future. In: ders.: Managing in the Next Society. New York: St. Martin's Griffin, S. 233-299.

European Commission (Hg.) (2012): Online Survey on Scientific Information in the Digital Age; Onlinedokument http://ec.europa.eu/research/science-society/document_library/pdf_06/survey-on-scientific-information-digital-age_en.pdf [24.07.2012].

Faulstich, Peter (Hg.) (2006): Öffentliche Wissenschaft. Neue Perspektiven der Vermittlung in der wissenschaftlichen Weiterbildung. Bielefeld: transcript.

Felt, Ulrike; Nowotny, Helga; Taschwer, Klaus (1995): Wissenschaftsforschung. Eine Einführung. Frankfurt am Main: Campus.

Flusser, Vilém (2005): Medienkultur, 4. Aufl. Frankfurt am Main: Fischer.

Gibbons, Michael; Limoges, Camille; Nowotny, Helga; Schwartzman, Simon; Scott, Peter; Trow, Martin (1994): The New Production of Knowledge. The Dynamics of Science and Research in Contemporary Societies. London: Sage.

Haber, Heinz (1968): Öffentliche Wissenschaft. In: bild der wissenschaft, Jg. 5, S. 744-753.

Knorr, Eric (2003): The Year of Web Services. The Stars Will Align in 2004 to Make Web Services a Significant Success Story. In: CIO, Special Issue, S. 90.

Knorr-Cetina, Karin (2002): Die Fabrikation von Erkenntnis. Zur Anthropologie der Naturwissenschaft, 2. Aufl. Frankfurt am Main: Suhrkamp.

Kohring, Matthias (2004): Die Wissenschaft des Wissenschaftsjournalismus. Eine Forschungskritik und ein Alternativvorschlag. In: Müller, Christian (Hg.): SciencePop. Wissenschaftsjournalismus zwischen PR und Forschungskritik. Graz/Wien: Nausner & Nausner, S. 161-183.

Kuhn, Thomas Samuel (1962): The Structure of Scientific Revolutions. Chicago: University of Chicago Press.

Laugksch, Rüdiger C. (2000): Scientific Literacy. A Conceptual Overview. In: Science Education, Jg. 84, Nr. 1, S. 71-94.

Lenk, Hans (Hg.) (1977-1984): Handlungstheorien interdisziplinär, 4 Bde. München: Fink.

Mittelstraß, Jürgen (2005): Methodische Transdisziplinarität. In: Technikfolgenabschätzung. Theorie und Praxis, Jg. 14, H. 2, S. 18-23.

ders. (2003): Transdisziplinarität – wissenschaftliche Zukunft und institutionelle Wirklichkeit. Konstanz: UVK.

ders. (1998): Die unheimlichen Geisteswissenschaften. In: ders.: Die Häuser des Wissens. Wissenschaftstheoretische Studien. Frankfurt am Main: Suhrkamp, S. 110-133.

Möhn, Dieter (2000): Textsorten und Wissenstransfer/Text Types and the Transfer of Knowledge. In: Brinker, Klaus; Antos, Gerd; Heinemann, Wolfgang; Sager, Sven F. (Hg.): Text- und Gesprächslinguistik/Linguistics of Text and Conversation. Ein internationales Handbuch zeitgenössischer Forschung/An International Handbook of Contemporary Research (= Handbücher zur Sprach- und Kommunikationswissenschaft, Bd. 16.1, 1. Halbband: Textlinguistik). Berlin/New York: De Gruyter, S. 561-573.

National Research Council (Hg.) (1996): National Science Education Standards. Washington: National Academy Press; Onlinedokument http://www.nap.edu/catalog/4962.html [24.07.2012].

Nicolescu, Basarab (2002): Manifesto of Transdisciplinarity. Albany/New York: State University of New York Press.

Nowotny, Helga (2006): Wissenschaft neu denken: Vom verlässlichen Wissen zum gesellschaftlich robusten Wissen. In: Grüne Akademie in der Heinrich-Böll-Stiftung (Hg.): Die Verfasstheit der Wissensgesellschaft. Münster: Westfälisches Dampfboot, S. 24-42.

dies.; Scott, Peter; Gibbons, Michael (2004): Wissenschaft neu denken. Wissen und Öffentlichkeit in einem Zeitalter der Ungewißheit. Weilerswist: Velbrück Wissenschaft.

dies.; Scott, Peter; Gibbons, Michael (2001): Re-Thinking Science. Knowledge and the Public in an Age of Uncertainty. Cambridge: Polity Press.

Peifer, Karl-Nikolaus (2007): Open Access und Urheberrecht. In: Deutsche UNESCO-Kommission e.V. (Hg.): Open Access. Chancen und Herausforderungen. Ein Handbuch. Bonn: Dt. UNESCO-Komm., S. 46-49; Onlinedokument http://www.unesco.de/fileadmin/medien/Dokumente/Kommunikation/Handbuch_Open_Access.pdf [24.07.2012].

Popper, Karl (1935): Logik der Forschung. Zur Erkenntnistheorie der modernen Naturwissenschaft. Wien: Springer.

Robertson-von Trotha, Caroline Y. (2009a): Die Dialektik der Globalisierung. Kulturelle Nivellierung bei gleichzeitiger Verstärkung kultureller Differenz. Karlsruhe: Universitätsverlag.

dies. (2009b): Fachübergreifende Lehre und Schlüsselkompetenz als Programm. 60 Jahre Studium Generale und 20 Jahre Angewandte Kulturwissenschaft an der Universität Karlsruhe (TH). In: dies. (Hg.): Schlüsselqualifikationen für Studium, Beruf und Gesellschaft (= Problemkreise der Angewandten Kulturwissenschaft, Bd. 14). Karlsruhe: Universitätsverlag, S. 97-134.

dies. (2007): Öffentliche Wissenschaft – ein notwendiger Dialog. In: Klaus, Joachim; Vogt, Helmut (Hg.): Wissensmanagement und wissenschaftliche Weiterbildung. Dokumentation der Jahrestagung der Deutschen Gesellschaft für wissenschaftliche Weiterbildung und Fernstudium an der Universität Karlsruhe (TH). Hamburg: DGWF, S. 7-20.

Robertson-Wensauer, Caroline Y. (1999): Wozu ‚Angewandte Kulturwissenschaft' an einer technischen Hochschule? In: dies. (Hg.): Interfakultatives Institut für Angewandte Kulturwissenschaft, Universität Karlsruhe (TH): 1989-1999: Zehn Jahre interdisziplinäre Institutsarbeit. Karlsruhe: Universitätsverlag, S. 19-23.

dies. (Hg.) (1998): (Ohn)Macht der Politik. Problemkreise der Angewandten Kulturwissenschaft, Jg. 2, H. 1. Karlsruhe.

dies.; Glaser, Hermann (Hg.) (1997): Aphorismen zu Stadt-Ansichten. Problemkreise der Angewandten Kulturwissenschaft, Jg. 1, H. 2. Karlsruhe.

Sonnabend, Michael (2009): Stellt die Megafone weg. In: Wirtschaft und Wissenschaft, Jg. 17, H. 4, S. 46-49; Onlinedokument http://s3.amazonaws.com/files.posterous.com/sonnabend/0R5gig61Wwvv1C4Py3zSUarkEagjIkuaApAspY9fl57fo8AQSuHEBVdZEtFM/wisskomm_essay.pdf?AWSAccessKeyId=AKIAJFZAE65UYRT34AOQ&Expires=1343294715&Signature=s0Xikh8yTj%2B%2FvYMCqrxbY3lerOw%3D [24.07.2012].

Spinner, Helmut F. (2002): Der Karlsruher Ansatz der integrierten Wissensforschung (KAW) im Überblick – Eine kleine Dokumentation. In: Weber, Karsten; Nagenborg, Michael; ders. (Hg.): Wissensarten, Wissensordnungen und Wissensregime. Beiträge zum Karlsruher Ansatz der integrierten Wissensforschung. Opladen: Leske + Budrich, S. 249-268.

ders. (1998): Die Architektur der Informationsgesellschaft. Entwurf eines wissensorientierten Gesamtkonzepts. Bodenheim: Philo.

The Royal Society (Hg.) (1985): Public Understanding of Science (PUS). Report of a Royal Society *ad hoc* Group Endorsed by the Council of the Royal Society. Luton/Bedfordshire: Inprint of Luton Limited; Onlinedokument http://royalsociety.org/uploadedFiles/Royal_Society_Content/policy/publications/1985/10700.pdf [24.07.2012].

Weber, Karsten; Nagenborg, Michael; Spinner, Helmut F. (Hg.) (2002): Wissensarten, Wissensordnungen und Wissensregime. Beiträge zum Karlsruher Ansatz der integrierten Wissensforschung. Opladen: Leske + Budrich.

Wissenschaft im Dialog (Hg.) (2010): Symposium 3. Forum Wissenschaftskommunikation. 29. November – 1. Dezember 2010, Mannheim; Onlinedokument http://www.wissenschaft-im-dialog.de/fileadmin/redakteure/dokumente/Wissenschaftskommunikation/Forum_Wissenschaftskommunikation/DOKU_WID_Web_lowres.pdf [24.07.2012].

Wissenschaft im Dialog (Hg.) (1999): PUSH-Memorandum zum Auftakt der Initiative 1999. Dialog Wissenschaft und Gesellschaft; Onlinedokument http://www.wissenschaft-im-dialog.de/fileadmin/redakteure/dokumente/push_memorandum_1999.pdf [24.07.2012].

Verborgenes Wissen in Wissensnetzen, Medienkunst und Wissens(chafts)vermittlung

Monika Fleischmann und Wolfgang Strauss

In unserem Beitrag befassen wir uns mit der Frage, wie sich durch ‚Neue Medientechnologien' die Bedingungen des Wissens und des Wissenserwerbs verändern und wie Interaktivitätswissen zu einer Kulturtechnik des Lernens wird. Exemplarisch stellen wir interaktive Werke der Wissenskunst vor, in denen durch Vernetzung und Visualisierung von Daten neues Wissen entsteht und das Suchen und Finden von Information zum forschenden Entdecken wird. Die Wissenskunst als Verbindung von Medienkunst und Informatik reflektiert aktuelle technische Entwicklungen oder entwickelt und nutzt technische Instrumente zur Umsetzung künstlerischer Anliegen und neuer Erzählweisen.

Interaktive Medienkunst basiert auf einem Interface, algorithmischen Regeln und vielfältigen Möglichkeiten der Beteiligung. Unter dem Einfluss von ‚Sozialen Medien' und sozialen Netzwerken hat sich die künstlerische Praxis in den letzten zehn Jahren vom Interface auf den Umgang mit partizipativen Modellen und die Verknüpfung unterschiedlicher Datenquellen verlagert. Nicht mehr nur die Interaktivität zwischen Nutzer und System steht im Fokus, sondern die medienvermittelte Kommunikation zwischen den Nutzern. Darüber hinaus werden digitale Gemeinschaften und Fundstücke digitaler Daten in Medienkunst-Experimente einbezogen. Die Veränderungen in der Medienkommunikation betreffen sowohl die Interpretation und Repräsentation digitaler Daten als auch die Analyse von Interaktionsprozessen.

Unsere künstlerisch-wissenschaftliche Forschung im Bereich digitaler Medien bezeichnen wir als Wissenskunst. Darunter verstehen wir das spezifische Wissen, das aus der Tätigkeit handelnder und forschender Menschen mit digitalen Medien entsteht. Ein Motiv der Wissenskunst ist, mittels Datenprozessierung unsichtbare Zusammenhänge und verborgenes Wissen sichtbar zu machen, zu entschlüsseln oder zu verschlüsseln. Die Ordnungsstrukturen für vernetztes Wissen sind sogenannte Wissensnetze. Sie dienen als epistemische Metapher der Wissensvermittlung, um Erkenntnisprozesse abzubilden.

Von der Information zur Wissenskunst

In der Geschichte des Denkens und der Wissenspraktiken dient die Visualisierung als Methode zur Darstellung und Vermittlung von Information. Der Wiener Philosoph und Ökonom Otto Neurath gilt als Pionier der visuellen Kommunikation. Seine Methode der Bildstatistik beruht auf einer ökonomischen Theorie (siehe Neurath 1933). In den 1920er-Jahren kooperiert Neurath mit dem belgischen Bibliothekar

Paul Otlet, der als Begründer der Dokumentationswissenschaft gilt. Otlet wiederum arbeitet bereits seit Ende der 1890er-Jahre mit dem belgischen Juristen und Friedensnobelpreisträger Henri La Fontaine an der Idee einer universellen Bibliothek. Deren Zielsetzung ist es, das gesamte Schrifttum der Welt zu sammeln und nach der Logik von Datenbanken zu erfassen. Sie soll das Wissen der gesamten Menschheit bündeln und jedermann zugänglich machen. Informationen über Bücher, Filme und Tonaufnahmen werden in kleinste Einheiten aufgeteilt, die dann auf Karteikarten abgelegt werden.[1] Otlet publiziert sein System 1934 unter dem Titel *Traité de documentation*[2] und gilt damit heute als europäischer Vordenker des Internets und Begründer der modernen Informationstheorie (vgl. Könitz/Ruge 2011).

Der amerikanische Ingenieur Vannevar Bush beschreibt 1945 in seinem berühmten Essay *As We May Think* sein Konzept der universalen Wissensmaschine Memex, die als Vorläufer des Personal Computers und des Hypertextes gilt.[3] Am Schweizer CERN-Institut[4] entwickelt Tim Berners-Lee 1989 die Hypertext-Auszeichnungssprachen (HMTL, HTTP) und damit den ersten Webbrowser: World Wide Web von 1990/91. Das Internet als Informationsgeflecht zeigen die netzartigen Karten-Diagramme, die im ‚Lumeta Internet Mapping Project' (1998)[5] von William Cheswick und Hal Burch in den Forschungs- und Entwicklungseinrichtungen der Bell Labs entstanden sind.

Parallel dazu begleiten Künstler die technische Entwicklung und die damit verbundenen Medienumbrüche durch künstlerische Forschung. Die Verflechtung des Internets sichtbar zu machen, ist ein gemeinsames Anliegen in Kunst und Informatik. Im Informationsdesign der Gestalter und Künstler basiert die Veranschaulichung von Daten ebenso wie im ‚Information Mapping' der Informatiker auf der Analyse von Daten und der Identifikation von inhaltlichen Beziehungen im Datenbestand. Der

1 Vgl. Christolova (2011): „An der Schwelle zum 20. Jahrhundert starten zwei belgische Rechtsanwälte, Paul Otlet (1868-1944) und Henri La Fontaine (1854-1943), ein enzyklopädisches Projekt, dessen Ziel darin besteht, ein Repetitorium alles Wissens zu erstellen. Aus dem Répertoire Bibliographique Universel sollte eine internationale Organisation, ein Weltzentrum des Wissens hervorgehen, das 1895 in Brüssel durch das Institut International de Bibliographie institutionalisiert wird und vorläufig in Brüssel im Palais Mondial, auch Mundaneum genannt, untergebracht wird. Nach seiner Schließung 1934 wird ein Teil der Datenbanken nach Mons gebracht, wo sie heute noch im Museum des Mundaneums zu sehen sind." Christolova, Lena (2011): Das papierne Internet von Paul Otlet und Henri La Fontaine. Kurzfassung ihres Vortrags zur Tagung ‚Die Datenbank als mediale Praxis'; Onlinedokument http://www.strategiespielen.de/die-datenbank-als-mediale-praxis-tagungsprogramm#christolova [12.07.2012].

2 Auf mehr als 400 Seiten veröffentlicht Paul Otlet 1934 unter diesem Titel seine Vision eines Wissensnetzes, einer neuen Organisation des Weltwissens nach der Logik von Datenbanken. Vgl. Rayward 2008.

3 Das Prinzip von Memex liegt der bereits 1931 in den USA patentierten ‚Statistischen Maschine' von Emanuel Goldberg zugrunde, die Goldberg in den 1920er-Jahren bei Zeiss Ikon in Dresden entwickelt hatte. Vgl. Buckland 1992.

4 Das CERN, die Europäische Organisation für Kernforschung, ist eine Großforschungseinrichtung bei Meyrin im Kanton Genf in der Schweiz, die physikalische Grundlagenforschung betreibt.

5 http://www.markosweb.com/www/research.lumeta.com [12.07.2012].

2001 verstorbene Medienkünstler Stephen Wilson[6] beschreibt in *Information Arts* die Rolle des Künstlers nicht nur als Interpreten oder Visualisierer von Daten, sondern vor allem auch als aktiven Partner und Widerpart der Informatik-Forschung. Wilson forscht an den Schnittpunkten von Kunst, Wissenschaft und Technik und beteiligt die Medienkunst-Community online am Stand seiner Erkenntnisse. Andere Onlinearchive zur Medienkunst-Forschung folgen, bspw. die ‚Datenbank virtueller Kunst',[7] ‚netzspannung.org'[8] oder Rhizome,[9] um nur einige der ersten digitalen öffentlichen Plattformen und Archive zu nennen, die Ende der 1990er-Jahre entstehen.

Seither hat sich das Kartografieren von Daten, *data mapping*, als eigene gestalterisch-analytische Disziplin entwickelt (vgl. Dodge/Kitchin 2001).[10] Die Informationsgestaltung von Edward Tufte,[11] die ästhetische Softwareentwicklung von Martin Wattenberg[12] und Casey Reas,[13] Software als Geschichtenerzählen bei Aaron Koblin[14] und anderen zeigen exemplarisch die Entwicklung auf. Unter dem Titel *Explore Information / Create Knowledge* untersuchen Wolfgang Strauss und Nina Zschocke auf netzspannung.org, welche digitalen Formen der Wissensaneignung sich in künstlerischen Werken herausbilden (vgl. Strauss/Zschocke 2004). Die Visualisierung von

---

6 Die Homepage von Stephen Wilson, Professor für ‚Conceptual and Information Arts' an der Universität von San Francisco, findet sich unter http://userwww.sfsu.edu/%7Eswilson [12.07.2012]. Wilson stellt das Ergebnis seiner Recherchen als einer der ersten auf seine Website; siehe http://userwww.sfsu.edu/~infoarts/links/wilson.artlinks2.html. In Memoriam: Stephen Wilson (1944-2011). In: Leonardo, vom 12. Januar 2011; Onlinedokument http://www.leonardo.info/isast/announcements/Stephen-Wilson-obit_January2011.html [12.07.2012].

7 Siehe http://www.virtualart.at [12.07.2012]. Die Datenbank virtueller Kunst entsteht parallel zu der Publikation von Oliver Grau *Virtual Art. From Illusion to Immersion* von 2003.

8 Netzspannung.org wurde als partizipatives Onlinearchiv und E-Teaching-Plattform zu Fragen der interaktiven Medienkunst seit 1998 von Monika Fleischmann und Wolfgang Strauss mit ihrem Team am Fraunhofer-Institut für Medienkommunikation IMK geplant und umgesetzt. Seit 2001 ist die Plattform online mit wegweisenden Navigations-, Such- und Findetools wie ‚Semantic Map', ‚Timeline', ‚medienfluss' und ‚netzkollektor', die eine partizipative und semantische Web 2.0-Entwicklung mitgestalten. Seit 2010 wird die Plattform vom ZKM | Zentrum für Kunst und Medientechnologie Karlsruhe mit seinen ca. 2.500 Werken und Dokumenten gehostet und ist in der ZKM-Mediathek integriert; http://netzspannung.org/about [12.07.2012] und http://on1.zkm.de/zkm/e/projekte [12.07.2012].

9 Die Rhizome ArtBase ist ein Onlinearchiv für digitale Kunst. Gegründet 1999 enthält sie im Jahr 2012 ca. 2.500 Kunstwerke.

10 Siehe zu Martin Dodge auch seine Cybergeography Research-Website http://www.cybergeography.org/atlas/atlas.html [12.07.2012].

11 Siehe auch die Website von Edward Tufte http://www.edwardtufte.com/tufte [12.07.2012].

12 Martin Wattenberg war zunächst bei IBM und ist seit 2010 (zusammen mit Fernanda Viégas) Leiter der Datenvisualisierungsgruppe ‚Big Picture' von Google; siehe auch seine Homepage http://www.bewitched.com/about.html [12.07.2012].

13 Der amerikanische Künstler Casey Reas gilt als Pionier der ästhetischen Softwareentwicklung; siehe auch seine Homepage http://reas.com [12.07.2012].

14 Aaron Koblin, seit 2011 Creative Director des Datenkunstteams bei Google, ist ein Künstler, Gestalter und Informatiker, der sich mit Daten und digitalen Technologien befasst; siehe auch seine Homepage http://www.aaronkoblin.com [12.07.2012].

Information wird in Blogs wie *Information Aesthetics* (gegründet 2004)[15] oder *Visual Complexity* (gegr. 2005)[16] dokumentiert und in den kulturellen Analysen der *Software Studies* (gegr. 2008) beschrieben, mit denen die Herausgeber Matthew Fuller, Noah Wardrip-Fruin und Lev Manovich ihre Forschungsinitiative als Buchreihe starten.[17]

Wissenskunst als Synthese von Medienkunst und Informatik

In der Computerkunst der 1960er-Jahre, einer Kunst- und Technikbewegung, die sich an der Stuttgarter Schule um den Philosphen Max Bense[18] an Kybernetik und Informationstheorie orientiert, geht es um die Visualisierung von Daten als generative oder algorithmische Kunst, um ästhetische Experimente vor dem Hintergrund von C. P. Snows *zwei Kulturen* – hier der Annäherung zwischen Kunst/Kultur und Natur-/Technikwissenschaften.[19] „Ziel der generativen Ästhetik ist es“, so schreibt der Kunsthistoriker Christoph Klütsch, „den Computer so zu programmieren, dass er ‚ästhetische Objekte‘ ohne weiteres Zutun des Menschen hervorbringt. Die Informationsästhetik diente hierfür als eine analytische Ästhetik, die beschreibt, was der Programmierer umsetzen muss, um den Computer ‚ästhetische Objekte‘ generieren zu lassen“ (Klütsch 2007, S. 17). Die Idee dieser Informationsästhetik ist es, den ästhetischen Wert von Kunstwerken messen und formal genau bestimmen zu können.[20]

Den Medienkünstlern der 1990er-Jahre geht es um das Verhältnis von Mensch und Maschine. Sie entwerfen interaktive Prozesse (Software) und neue Instrumente (Interfaces) lange bevor diese „als fertige Apparate unter Deckeln verschwinden und damit Allgemeingut werden,“ schreibt der Kunsthistoriker und Medientheoretiker Dieter Daniels (2003), und entwickeln damit „entsprechende Wahrnehmungs- und

---

15 Der Blog *Information Aesthetics* wird seit 2004 von Andrew Vande Moere geführt, Associate Professor an der Universität K.U.Leuven, Belgien; siehe http://infosthetics.com [12.07.2012].

16 Der Blog *Visual Complexity* versteht sich als „visual exploration on mapping complex networks“; siehe http://www.visualcomplexity.com/vc [12.07.2012]; gegründet von Manuel Lima, Senior UX Design Lead bei Microsoft Bing.

17 Die besagte Buchreihe erscheint im Verlag MIT Press; siehe auch eine Kurzbeschreibung der Reihe unter http://lab.softwarestudies.com/2008/07/software-studies-book-series-mit-press.html [12.07.2012]. Lev Manovich wertet in seinen Softwarestudien zu ‚Cultural Analytics‘ Texte, Filme und Bilder in expliziter Assoziation zu Google Analytics statistisch aus; siehe hierzu http://lab.softwarestudies.com/2008/09/cultural-analytics.html [12.07.2012].

18 Ausgehend von Semiotik und Nachrichtentheorie entwickelt der Philosoph und Dichter Max Bense ab Mitte der 1950er-Jahre seine Informationsästhetik, an der sich die Computerkunst der 1960er-Jahre orientiert. Siehe auch: ‚Bense und die Künste‘. Ausstellung im ZKM | Medienmuseum 2010; http://at.zkm.de/node/543 [12.07.2012].

19 Unter dem Titel *Die zwei Kulturen* (*The Two Cultures*) analysierte Snow in seiner Rede von 1959 das Wechselspiel einer geisteswissenschaftlich-literarischen gegenüber einer naturwissenschaftlich-technischen Kultur.

20 „Von tiefem metaphysischem Denken nähert sich Bense über den Informationsbegriff und den Versuch, Kunst objektiv zu vermessen, schließlich der Peirceschen Semiotik.“ (Klütsch 2007, S. 50).

Handlungsmodelle, die dann erst Jahrzehnte später massenmedialer Alltag werden." Eines unserer eigenen Werke aus der Pionierzeit der interaktiven Medienkunst zeigt die Begegnung im virtuellen Raum als Vorahnung künftiger Kommunikation im Internet.

,Home of the Brain'[21] ist eine der ersten künstlerischen Virtual Reality-Umgebungen, die 1991 zwei Orte – Berlin und Genf – digital vernetzt. Sie ist mittels Datenhandschuh und Datenbrille begehbar. Die Besucher entscheiden selbst, in welcher Weise sie die virtuelle Welt erkunden. In dieser Hinsicht kann die Arbeit als ein frühes künstlerisches Computerspiel betrachtet werden, das im Sinne späterer künstlerischer Games[22] offene Narrative zulässt. ,Home of the Brain' ist eine Metapher für das Internet als begehbarer Wissensraum und zukünftiges Kommunikationsmedium. Der Kunsthistoriker Oliver Grau bezeichnet das Werk als epistemische Innovation:

> „Thus as early as 1991 ,The Home of the Brain' provided a glimpse of the epistemic innovation that telepresence represented, where in its reception the work loses its locatability." (Grau 2004, S. 303f.)

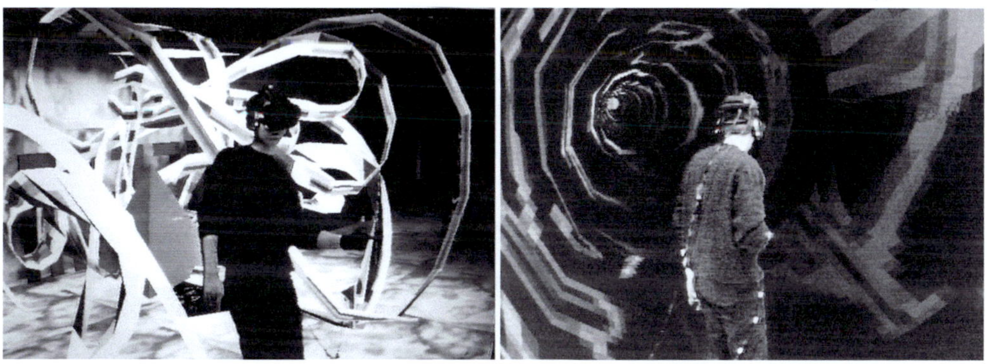

Abb. 1: ,Home of the Brain': Navigator im virtuellen Wissensraum; Fotos: Fleischmann/Strauss.

21 ,Home of the Brain' (1990-92) erhielt 1992 die Goldene Nica der Ars Electronica. Die Arbeit zeigt eine virtuelle Debatte global vernetzter Stimmen der Medienphilosophen und Computerwissenschaftler Vilém Flusser, Paul Virilio, Joseph Weizenbaum und Marvin Minsky und nimmt die Entwicklung des Internets als Kommunikations- und Wissensraum vorweg; siehe auch die Website der Ars Electronica http://90.146.8.18/de/archives/prix_archive/prix_projekt.asp?iProjectID=2479 [12.07.2012]. Erstmals ausführlich wird ,Home of the Brain' von Oliver Grau in dessen Dissertation aus dem Jahr 2001 beschrieben; siehe auch Grau 2003 und 2004.

22 Zum Stichwort künstlerische Games siehe auch die Ausstellung ,Games, Computerspiele von KünstlerInnen'. Diese wurde 2003 von Tilman Baumgärtel und Iris Dressler kuratiert. Sie „bot einen Überblick über die verschiedenen Strategien der künstlerischen Aneignung und Modifikation bestehender Computerspiele. Sie widmete sich damit einer Auseinandersetzung, die in der jüngeren Medienkunstszene bereits seit einigen Jahren intensiv geführt wird." (Redaktion netzspannung.org 2003; zitiert aus http://netzspannung.org/media-art/exhibitions/games [12.07.2012]).

Parallel dazu entstehen mit unterschiedlichen *treemap*-Verfahren[23] ab 1990 in der Informatik die ersten Visualisierungen komplexer dynamischer Datenzusammenhänge. Ausgangspunkt ist die Frage des Computerwissenschaftlers Ben Shneiderman an seine Studenten: Wer braucht wann den meisten Platz und wessen Files liegen nur auf der Festplatte herum?[24] Shneiderman entwickelt einen Algorithmus zur flächenhaften Darstellung der Nutzung einer Festplatte durch mehrere Benutzer, da strukturierte Verzeichnisse nicht mehr überschaubar sind. Damit können direkt aus der Visualisierung heraus Files verschoben, kopiert, gelöscht, umbenannt oder auch gestartet werden. Die Festplatte erscheint als Informationsraum und ist tatsächlich auf einen Blick erfassbar.

Eine erste kommerzielle Anwendung der *treemaps* gelingt dem Mathematiker Martin Wattenberg, einem ehemaligen Studenten Shneidermans, mit *Map of the Market* (1998).[25] Das Projekt liefert eine Art ‚Röntgenbild' des marktwirtschaftlichen Geschehens bis hin zur Abrufbarkeit von Informationen über einzelne Firmen. Zusammen mit dem Architekten Marek Walczak[26] entwickelt Wattenberg im Jahr 2001 mit *Apartment*[27] ein semantisches Entwurfskonzept für Wohnungen, das vom Gedächtnistheater und Ciceros Mnemotechnik inspiriert ist. Die Architektur basiert auf einer semantischen Analyse der eingegebenen Begriffe des Betrachters. Das ‚Apartment' wird mit jedem Begriff wie Küche, Kamin, Sessel oder Terrasse so reorganisiert, dass die zugrunde liegende Thematik im Aufbau der Räume widergespiegelt wird. Es entsteht eine architektonische Repräsentation von Bedeutungsbeziehungen und eine Kontextualisierung der eingegebenen Begriffe.

Wie in den 1970er-Jahren, als Xerox PARC[28] ein ‚Artists in Residence'-Programm mit dem Ziel startete, die Kunst als Innovator zu nutzen, so umgibt sich heute das Unternehmen Google mit Softwarekünstlern. Seit 2010 leitet Martin Wattenberg mit Fernanda Viégas die Google-Forschungsgruppe ‚Big Picture'. Aaron Koblin ist seit 2011 ‚Artist in Residence' und kreativer Leiter des Datenkunstteams am Google Creative Lab. Er entwirft kollektive Formate, die mit Identität und Erinnerung spielen und lädt die interessierte Internetcommunity zur Teilnahme ein. Mit dem Regis-

23 Siehe Shneiderman, Ben (1998/2009): Treemaps for Space-Constrained Visualization of Hierarchies. Gestartet am 26. Dezember 1998, zuletzt aktualisiert am 25. Juni 2009 von Catherine Plaisant; http://www.cs.umd.edu/hcil/treemap-history [12.07.2012].

24 Siehe http://www.cs.umd.edu/hcil/pubs/treeviz.shtml [12.07.2012].

25 Siehe http://www.bewitched.com/marketmap.html [12.07.2012].

26 Marek Walczak, Künstler und Architekt, fragt sich, wie Menschen im physikalischen und im virtuellen Raum einbezogen werden können. Siehe auch seine gemeinsame Website mit Martin Wattenberg: http://mw2mw.com/category/marek-walczak [12.07.2012].

27 *Apartment* (2001); ein Projekt von Walczak und Wattenberg (Programmierung: Jonathan Feinberg); http://www.turbulence.org/Works/apartment [12.07.2012].

28 Sha Xin Wei (Stanford University, USA): „Das Problem der Verbindung von Kunst und Industrie ist ein ungelöstes Problem auch in den USA. Z.B. ist Silicon Valley eine »Wüste für Medienkunst«, es gibt nur einzelne »Artists in Residence« Programme wie bei Xerox PARC. Die Kunst dient meistens nur zur Illustrierung der Technologie. (Xerox PARC steht inzwischen zum Verkauf, März 2001)"; zitiert aus http://netzspannung.org/version1/journal/issue0/cat-history [12.07.2012].

seur Chris Milk entwickelt er für *The Wilderness Downtown*[29] ein *mashup*-Format, das zusammengestellt aus Online-Foto- und Videomaterial von Google Maps, die Stadt der eigenen Kindheit eines Nutzers rekonstruiert. Mit einem weiteren durch *crowdsourcing* erstellten Musikvideo ehrt Google Chrome den 2003 verstorbenen Musiker Johnny Cash und macht damit nicht nur ein neues Format für Kunst im öffentlichen Raum des Internets bekannt, sondern auch seinen Browser. Im ‚Johnny Cash Project' von 2011,[30] wieder von Chris Milk und Aaron Koblin produziert, tragen Menschen auf der ganzen Welt kollektiv dazu bei, Bilder für das Video zu seinem letzten Song *Ain't no grave* zu gestalten.

Die globale und lokale Vernetzung mit Kommunikationsmedien wie Twitter, Facebook und anderen sozialen Netzwerken unterstützt politische und kulturelle Bewegungen der Mitbestimmung wie die Jasminrevolution, Occupy Wall Street, die Piratenpartei, aber auch künstlerische Aktionen wie Flashmob-Ereignisse.[31] Die Visualisierung von Daten in einer globalisierten Welt liefert ein Verständnis vom Zustand der Vernetzung der Welt. Die aufgeführten Beispiele sind Anschauungsmodelle für aktuelle Diskurse über digitale, physiologische und soziale Netze. Die Literatur- und Kulturwissenschaftlerin Sigrid Weigel spricht von einer „neuronalen Ästhetik", die im Internet entsteht und „mit deren Hilfe Medienkünstler und Wissenschaftler an Analogien zwischen neuronalen, organischen und digitalen Strukturen arbeiten, dabei Verfahren der Gestalterkennung erproben [...] und neue Ordnungsmodelle jenseits von Tableau und Klassifikation entwerfen" (Flach/Weigel 2011, S. 269).

Anlässlich unserer Ausstellung ‚Wissenskünste'[32] spricht die Kunsthistorikerin Söke Dinkla über die Neustrukturierung von Wissen und das Verhältnis von Form und Inhalt:

> „Fleischmann und Strauss nutzen die digitalen Medien, um das vorhandene Wissen neu zu strukturieren, um es sinnlich zugänglich zu machen und damit in den Diskurs über die Medienkultur einzuspeisen. Wissen wird hier nicht nur durch Lesen oder Hören erworben, sondern durch körperliche Aneignung. Das ist das Besondere an ihrer Arbeit. In vielen Werken der Wissenskünste sind die Inhalte, die vermittelt werden,

---

29 *Arcade Fire: The Wilderness Downtown. An Interactive Film by Chris Milk. Featuring ‚We Used To Wait'. Built in HTML5*; http://www.thewildernessdowntown.com [12.07.2012]. Chris Milk ist Regisseur von Musikvideos für Kanye West, U2, Green Day, Courtney Love, Audioslave, Modest Mouse, Gnarls Barkley und Arcade Fire; siehe auch seine Website http://portfolio.chrismilk.com [12.07.2012].

30 ‚The Johnny Cash Project' auf http://www.thejohnnycashproject.com [12.07.2012]. Siehe auch das Video zum Making-of: http://www.youtube.com/watch?v=3lp3RpC-60U [12.07.2012]; sowie Johnny Cash auf dem Google Chrome-Browser: https://chrome.google.com/webstore/detail/hn-jckfhbbanhdnpekieahgohkbogpilm [12.07.2012].

31 Siehe auch: *Vom sinnlosen Flashmob zur Kunst*. Mitschnitt der ARD-Sendung Polylux. YouTube-Video, vom 11.12.2008; http://www.youtube.com/watch?v=G2nzr-9qdFo [12.07.2012].

32 ‚Wissenskünste aus der eCulture Factory'. Ausstellung von Monika Fleischmann und Wolfgang Strauss. Neues Museum Weserburg, Bremen, 06.10. bis 02.11.2006; http://eculturefactory.de/wissenskuenste [12.07.2012]; http://www.weserburg.de/index.php?id=231 [12.07.2012].

> mindestens genauso wichtig wie die Technik. Manchmal verkehrt sich auch das Verhältnis von Form und Inhalt – und am Beginn steht der Wunsch nach einer bestimmten Form, die sich dann nach und nach mit Inhalten füllt." (Dinkla 2006, S. 4)

Wie sieht das Internet aus? Wer bewegt es und was wird bewegt? Was macht die Visualisierung von Daten sichtbar? Wie hilft diese uns mit der Fülle von Information umzugehen? Die Wissenskunst stellt Fragen, die helfen unsere vernetzte Welt zu verstehen. Im Internet werden Menschen Teil einer Mitmachkultur und zu aktiven Bewohnern des ‚globalen Dorfes'.[33] Die Wissenskunst lädt dazu ein, sich den Informationsraum anzueignen und das Internet als erweiterten Lebensraum – als Mixed Reality-Umgebung (vgl. Hansen 2006, S. 2) – zu betrachten (vgl. Fleischmann/Strauss 2001, S. 91).

Öffentlicher Wissensraum: netzspannung.org – Plattform und Archiv im Internet

Die Plattform netzspannung.org[34] ist wie ein Rahmen, der sich nach und nach mit Inhalt füllt. Grundgedanke ist, die Medienkunst-Community miteinzubeziehen. Zwischen 1998 und 2008 werden die Inhalte von einer Fachredaktion aus Medienkünstlern und Kulturwissenschaftlern gesammelt. Die kuratierte Sammlung künstlerischer Werke, Zeitdokumente und Vorträge wird ab 2001 online gestellt und durch Inhalte der Medienkunst-Community im ‚netzkollektor' ergänzt.[35] In Partnerschaften mit Hochschulen entstehen Materialien für Lehr-/Lernprojekte mit digitalen Medien.[36]

33 *The Global Village*, ein Ausdruck von Marshall McLuhan (1973), der von James Joyces' Roman *Finnegans Wake* inspiriert war, sollte ursprünglich die Wirkung des Radios beschreiben, das die Menschen miteinander in Kontakt bringt. Im Zeitalter von Internet, World Wide Web und *social media* entfaltet der Begriff seine Wirkung als Metapher für vernetzte Kommunikation.

34 Netzspannung.org ist eine Plattform für interaktive Kunst und die Lehre mit den Neuen Medien. Online seit 2001 ist netzspannung.org Archiv und Instrument für Recherche, Reflexion und Vermittlung elektronischer Kultur; siehe http://netzspannung.org/about [12.07.2012]. Die netzspannung.org-Architektur war auf die Bündelung verteilter Informationsquellen angelegt. Ein verteiltes System vernetzter Server sollte Quellen wie ‚MedienKunstNetz' oder ‚Database of Virtual Art' unter einer gemeinsamen Interface-Oberfläche noch einmal zusammenfassen. Diese Idee wurde nur prototypisch verwirklicht mit einer ‚Tele-Lecture', die auf das Archiv von ‚MedienKunstNetz' zugriff. Mehr Interaktion und Gemeinsamkeit wurde von möglichen Partnern 1999 noch als zu starke Vereinnahmung empfunden. Die Sorge um die Sichtbarkeit der eigenen Plattform war zu groß. Damit hat man sich früh die Chance genommen, zu zeigen, was es bringt, auf unterschiedliche Quellen zugreifen zu können. Diese Idee wird nun erst im Jahr 2012 mit dem Projekt ‚Deutsche Digitale Bibliothek' in reduziertem Maße umgesetzt. Mit dem Aufruf „Werden Sie Teil der Deutschen Digitalen Bibliothek!" soll eine Kultur- und Wissenschaftslandkarte Deutschlands entstehen, die durch ein gemeinsames Interface verbinden soll; siehe http://www.deutsche-digitale-bibliothek.de [12.07.2012].

35 Der netzkollektor ist ein offener Kanal von netzspannung.org. Medienkünstler, Wissenschaftler, Designer und Entwickler veröffentlichen hier selbst ihre Projekte; http://netzspannung.org/netzkollektor [12.07.2012].

36 http://netzspannung.org/learning [12.07.2012].

Der Aufruf zur Teilnahme am ‚digital sparks'-Wettbewerb[37] sowie die Aufzeichnung und das Livestreaming von Tele-Lectures[38] beziehen Künstler, Wissenschaftler und Studenten in die Generierung transdisziplinärer Inhalte mit ein.

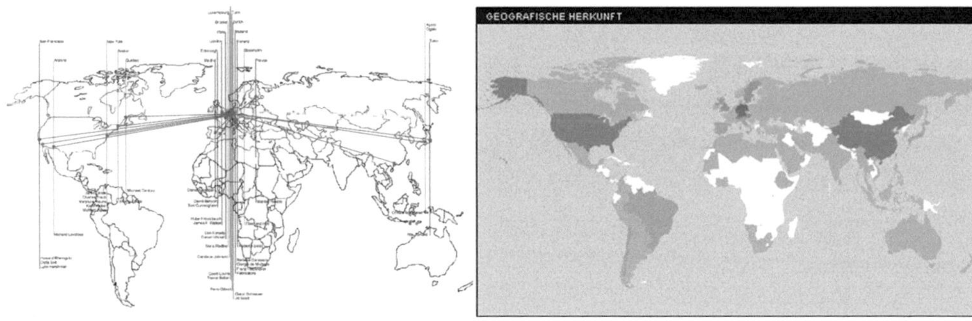

Abb. 2: Entwicklung der netzspannung.org-Community: E-Mail-Umfrage 1998, Herkunft der Nutzer 2006; Quelle: eigene Darstellung.

Die Plattform ist eines der ersten Instrumente zur Herstellung, Speicherung und Verbreitung von Inhalten zu Medienkunst und dient als Bildungsraum im Internet. Die Entstehung von netzspannung.org beginnt 1998 mit einer E-Mail Umfrage an die Community[39] und 2001 geht die Plattform online. Heute nutzen monatlich zwischen 100.000 und 160.000 Medienkunst-Interessierte[40] das umfangreiche Archiv, das durch den Einbau des Google-Übersetzertools international zugänglich ist. In Chile, Polen, der Ukraine und anderswo lernen junge Medienkünstler von netzspannung.org und beginnen ähnliche real-virtuelle ‚Media Labs'[41] für die eigene Produktion und zur Förderung der Medienkunst aufzubauen. Netzspannung.org entwickelt sich in kurzer Zeit zu einem der wenigen großen Onlinearchive für Medienkunst und zu einer prämierten E-Teaching-Plattform für Medienkunst.[42]

---

37 http://netzspannung.org/digital-sparks [12.07.2012].

38 http://netzspannung.org/tele-lectures [12.07.2012].

39 In der ‚CAT Studie' wird die Frage nach einem Kompetenzzentrum im Internet gestellt und führt zur Entwicklung von netzspannung.org. Sie enthält 10 Thesen und Fragen zur Zukunft der interaktiven Medienkunst und richtet sich an 125 Künstler, Kuratoren, Ausstellungsmacher und Theoretiker. Siehe ‚CAT – Communication, Art, Technology: History of a Project – Step by Step'; http://netzspannung.org/version1/journal/issue0/cat-history/index_en.html [12.07.2012].

40 Der Community von netzspannung.org – Medienkünstler, Wissenschaftler, Informatiker, Designer – wurden verschiedene Service und Tools zur Verfügung gestellt, die zwischen 2000 und 2004 eigens entwickelt worden waren; http://netzspannung.org/community [12.07.2012].

41 MARS – Media Arts Research Studies – war ein experimentelles Forschungslabor (1987-2007) am Fraunhofer-Institut für Medienkommunikation IMK, das in interdisziplinären Teams von Architekten, Künstlern, Gestaltern, Informatikern sowie Kunst- und Medienwissenschaftlern ‚Tools for the Art of Tomorrow' entwickelte, Fragen zum Leben in einer vernetzten Gesellschaft (‚Living in Mixed Realities') reflektierte und künftige Modelle vernetzter Wissens- und Kommunikationsräume entwarf; siehe http://netzspannung.org/about/mars [12.07.2012].

42 http://www.e-teaching.org/praxis/referenzbeispiele/netzspannung [12.07.2012].

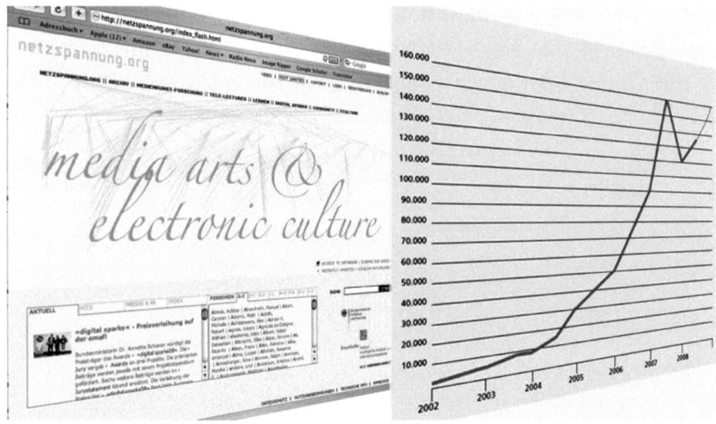

Abb. 3: Die netzspannung.org-Homepage, Entwicklung der Nutzerzahlen (150.000/Monat); Quelle: eigene Darstellung.

Netzspannung.org nimmt viele der Community-, *collecting-* und *crowdsourcing*-Methoden sozialer Netzwerke vorweg und experimentiert mit Formaten wie dem Live-Video-Streaming von Vorträgen eigener Konferenzen, Symposien (‚Memoria Futura‘[43]) oder aus Hochschulen (Tele-Lectures) und der Archivierung von *user generated content*, also nutzergenerierten Inhalten (‚digital sparks‘ und netzkollektor, Best Practice-Projekte für die mediengestalterische Ausbildung). Jeder Nutzer hat die Möglichkeit, sein Profil anzulegen und Werkbeschreibungen mit Video, Text, und Bild in einer virtuellen Ausstellung zu sammeln und mithilfe von ‚Knowledge Discovery Tools‘ (vgl. Fleischmann/Strauss et al. 2001) in einem fachlichen Kontext zu präsentieren. Die eigens entwickelte Technologie ermöglicht praktische Untersuchungen zum Aufbau digitaler Archive und zeigt die unterschiedlichsten Möglichkeiten des Sammelns digitaler Artefakte. Im gleichen Zeitraum entstehen Wikis[44] und Blogsysteme, die unter dem Begriff Web 2.0 die Ära der Nutzerbeteiligung, der Wissensarbeit und des kollaborativen Arbeitens, sprich einer Kultur der Mitbestimmung in vernetzten Umgebungen eröffnen. Netzspannung.org experimentiert früh und mit vielen unterschiedlichen Formaten, die heute als monolotische Kanäle und Onlinearchive den medialen Alltag prägen. MySpace (gegründet 2003), Flickr (gegr. 2004), Facebook (gegr. 2004), YouTube (gegr. 2005), Twitter (gegr. 2006), Tumblr (gegr. 2007) oder Pinterest (gegr. 2010) sind soziale Netzwerke und Onlinecommunitys, die durch *sharing* und *crowdsourcing* neue Formen von Wissen erzeugen.

43 Memoria Futura, 1999. Symposium zum Wissenschaftsfestival III in Schloss Birlinghoven; http://netzspannung.org/database/215027/de [12.07.2012].

44 Das ‚Portland Pattern Repository‘ ist die erste Wiki-Software, mit der auch die erste Wiki-Website 1995 realisiert worden ist und die von Ward Cunningham entwickelt wurde.

Knowledge Discovery Tools: Suchen und Finden im Datenraum

Ein Schwerpunkt unserer Forschung zum digitalen Archiv ist die Entwicklung von Werkzeugen zur Wissensentdeckung. Der gesamte Datenbestand von netzspannung.org kann mit unterschiedlichen Interfaces nach persönlichen Präferenzen präsentiert werden: thematisch, chronologisch, historisch, semantisch, in zufällig angeordneten Bildern oder für die direkte Suche in einfachen Listen. Mit Interfaces wie der ‚Semantischen Wissenslandkarte' oder dem ‚medienfluss'[45] entwickeln wir eigene Archivbrowser, die das Archiv in semantischen Bezügen oder als erzählenden Datenstrom darstellen.

Grundsätzlich existieren zwei Arten des Zugangs zu elektronisch gespeicherten Daten: ‚scharfes' Suchen und ‚unscharfes' Stöbern (vgl. Strauss/Zschocke 2004, Kapitel 03). Das Suchen setzt voraus, dass die Nutzer wissen, was sie suchen, dass sie ihr Interesse formulieren und gegebenenfalls präzisieren oder ausweiten können. Beim Stöbern oder Browsen hingegen geht es darum, dass die Nutzer sich von dem, was ihnen unterbreitet wird, führen und inspirieren lassen. Die gezielte Suche setzt Wissen voraus, während das Stöbern unerwartete Fundstücke zutage fördert.

Die Wissenslandkarte ‚Semantic Map' (2001 2004)[46] zeigt die Inhalte des Archivs als netzartige, interaktive Oberfläche semantischer Beziehungen von Informationen und nicht – wie meist üblich – als hierarchisch strukturierte Liste. Sie basiert auf einem Bildmechanismus, der mithilfe semi-automatischer Verfahren trainiert wird und interaktive Abbilder des Archivs in Form von selbstorganisierenden Landkarten generiert.[47] Die ‚Semantic Map' ist ein Interface, das Überblick, Kontext und Detail aufzeigt. Sie zeigt die Daten in thematischen Clustern, wobei die einzelnen Daten relational verortet und semantische Verwandtschaften der einzelnen Archiveinträge sichtbar werden. Als Browser und Werkzeug zugleich erfüllt die ‚Semantic Map' vier grundsätzliche Bedingungen des digitalen Archivs: die der Indizierung, Strukturierung, Visualisierung und Kontextualisierung des Datenbestandes. Das digitale Archiv wird nicht nur abgebildet, sondern in einer über das einzelne Objekt hinausweisenden Komplexität als virtuelle Kartografie des Archivs dargestellt. Der Datenraum erscheint als Informationsgewebe. Die Einheit des monolithischen Werkes wird aufgelöst. Die Suche gilt nicht mehr nur dem einzelnen Künstler, sondern einem Gefüge von Werkbeziehungen unterschiedlicher Künstler und Themen. Mit dem Durchwandern der Wissenslandkarte wird der Suchprozess enthierarchisiert und der Nutzer zum Sinnproduzenten befördert. In dem Maß, in dem die Objekte und ihre Beziehungen im digitalen Archiv sichtbar werden, tritt das einzelne Werk zurück und tritt

45 http://medienfluss.netzspannung.org/index.html [12.07.2012].

46 ‚Semantic Map. Ein Tool zur semantischen Kontextualisierung heterogener Inhalte'. Forschungsprojekt unter Leitung von Monika Fleischmann und Wolfgang Strauss und unter Mitarbeit von Jasminko Novak und Gabriele Blome und anderen am Fraunhofer IMK von 2001 bis 2004; http://netzspannung.org/database/semantic-map [12.07.2012].

47 Zum Stichwort selbstorganisierende Landkarten siehe Kohonen 1990.

als Knoten in einem Netzwerk von Gedanken, Konzepten und Praktiken neu hervor. Diese Knoten sind Orte in morphischen Feldern, die – ähnlich wie der Biologe Rupert Sheldrake dies in seiner Forschung feststellt – als formbildende Ursache für die Entwicklung von Wissensstrukturen verantwortlich sind (vgl. Sheldrake 1994).

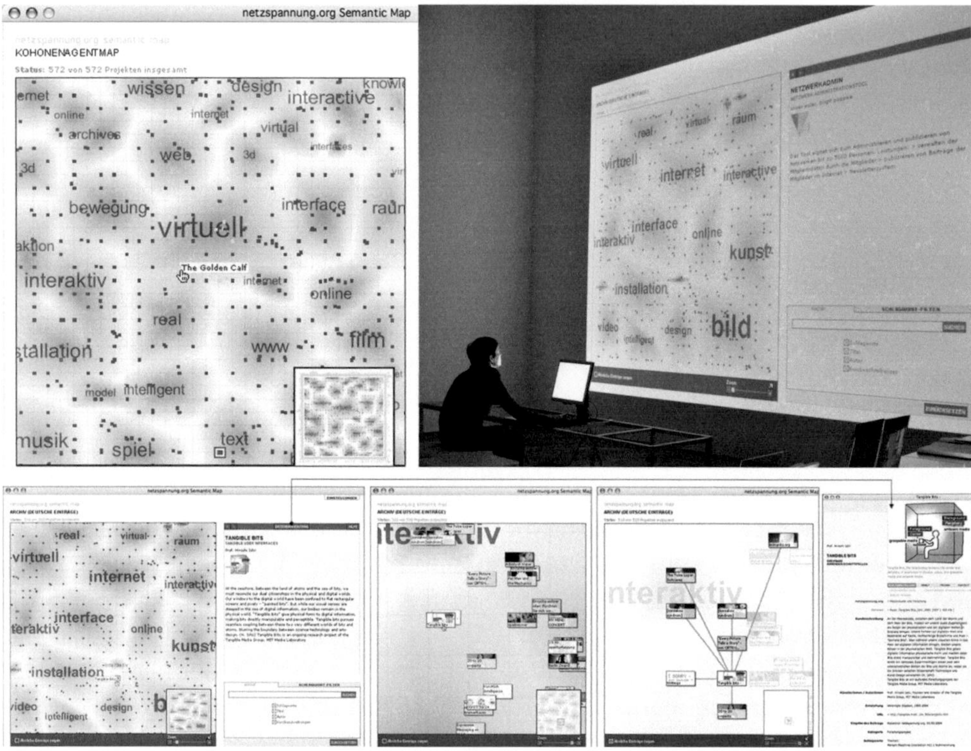

Abb 4: ‚Semantic Map': Wissenslandkarte; Quelle: eigene Darstellung.

Das digitale Archiv ist damit nicht nur ein Zettelkasten, sondern ein Informationsgeflecht, das den Datenbestand als Varianz und Vielfalt differenter Ansätze zeigt und dem Nutzer Wissen durch Differenzierung bietet. Netzspannung.org als Wissenslandkarte ist ein operatives Bild, das ein erkennendes Sehen, die eigene Denkbewegung als Konstitutionsleistung des Benutzers trainiert (vgl. Krämer 2009). Die ‚Semantic Map' ist ein Werkzeug zur Entdeckung von Wissen, bzw. das verborgenes Wissen zum Vorschein bringt. Der Physiker Theodor Hänsch (2007) zählt die ‚Semantic Map' in der Publikation *100 Produkte der Zukunft* zu den wegweisenden Ideen, die unser Leben verändern werden.

Abb. 5: Semantische Auswertung der Nachrichten einer Tageszeitung (*Süddeutsche Zeitung* vom 01.-30.11.2004); Quelle: eigene Darstellung.

Öffentlich begehbarer Wissensraum: ‚Energie_Passagen'

‚Energie_Passagen' (Fleischmann/Strauss 2009)[48] ist eine ortsspezifische Installation, die im November 2004 täglich die 500 häufigsten Schlagworte aus dem Nachrichtenstrom einer Tageszeitung auf den Platz vor dem Münchner Literaturhaus projizierte. Die Besucher waren von Licht, Klang, Worten und Bewegung umgeben. Besucher wählten einzelne Worte über Touchscreen oder Mikrofon aus, woraufhin bisher unsichtbare Verbindungen als Begriffsnetz im Informationsfluss sichtbar wurden. Künstliche Stimmen murmelten ausgewählte Worte, schufen einen Klangraum und berührten mit vokaler Energie (vgl. Farulli 2011, S. 44). Mit ihrer Auswahl produzierten die Teilnehmer eine ‚Living Newspaper' (vgl. Fleischmann/Strauss 2010, S. 150), die eigene Interessen widerspiegelte. Manche Passanten erinnerte die Handlung an das Weben einer Textur. Der interaktive Prozess der Auswahl und ihrer Bewertung rief beim Nutzer eine Art inneres Sprechen (vgl. Wygotski 1964) hervor und machte die Mitwirkenden zu Koautoren mäandernder Narrative.

48 Siehe auch http://energie-passagen.de/projekt.html [12.07.2012]. Kommentare von Besuchern zu der ‚Energie_Passagen'-Installation sind auf der Website unter ‚Presse/Public Voices' nachzulesen. Siehe auch die Videos der ‚Energie_Passagen' unter http://energie-passagen.de/video.html [12.07.2012] und auf YouTube unter http://www.youtube.com/watch?v=h-naEzCEmFs [12.07.2012].

Abb. 6: ‚Energie_Passagen', Straßenansicht; Fotos: Fleischmann/Strauss.

Der Sprachdidaktiker Kaspar Spinner beschreibt operative Verfahren wie Weglass- oder Umstellexperimente als erhellend für das Interpretieren von Texten (vgl. Spinner 1987). Die Installation förderte und erforderte assoziatives Denken. Die ‚Faust', die im Informationsstrom auftauchte, erinnerte eine Besucherin an Goethes *Faust*. Der Begriff bezog sich aber auf „die Faust des Politikers, der auf den Tisch haut". Andere Besucher erkannten in den fließenden Worten die Tagesnachrichten. Die daraus entstandenen Diskussionen gingen jedoch weit darüber hinaus. Im Verweben von Stimmen, Gesten und Begriffen wurden die Besucher zu ‚Daten-Performern' in einem vernetzten Raum.

Abb. 7: ‚Energie_Passagen': ‚Living Newspaper' und Beispiele emergenter Narrative; Fotos: Fleischmann/Strauss.

Am Ende des vierwöchigen Geschehens bleibt ein abstraktes Bild farblich codierter Statistik als Protokoll der Interaktivität. Abzulesen ist, dass die meistgeschriebenen Worte der Zeitungsmacher rationale Begriffe sind wie Prozent und Millionen. Dagegen wählten die Besucher emotional besetzte Begriffe aus wie Preis, Eltern, Opfer, Liebe, Essen, Mädchen, Glück. Die Interventionen des Publikums sagen etwas aus über die Gedanken der Menschen an diesem Ort, in dieser Stadt, im November 2004.

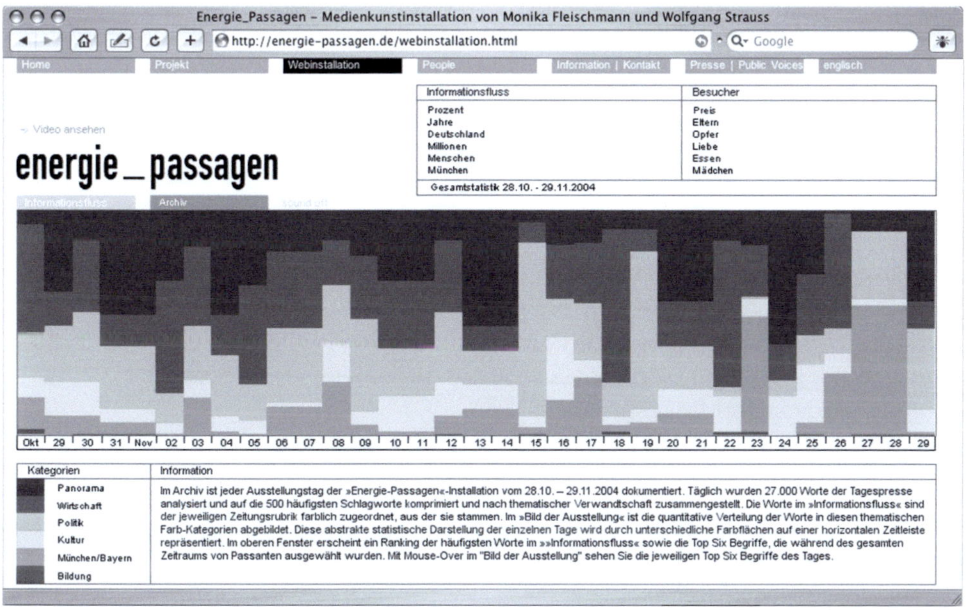

Abb. 8: ‚Energie_Passagen'-Webarchiv: Synopsis der Interaktivität; Quelle: eigene Darstellung.

Etwa 4000 Besucher waren in diesen Prozess involviert und haben mit ihrer Auswahl zu den Ergebnissen beigetragen. Überraschend war, die Möglichkeiten eines Verfahrens zu erkennen, das nicht Fragen stellt, sondern Handlungen aufzeichnet und die Auswahl der Worte misst und so Gedanken sichtbar macht. Die Gegenüberstellung der Themen der Zeitungsmacher und das Sichtbarmachen der individuellen Interessen der Besucher werden online im Projektarchiv abgebildet. In Anlehnung an Albrecht Dürers Kunst der Messung (vgl. Dürer 1525/2000) haben wir die Installation als Messinstrument konzipiert, und tatsächlich wird an diesem Ort das Fieber öffentlicher Meinung gemessen und als ‚Nowcasting'[49] einer gegenwärtigen Stimmung dargestellt.

49 Ursprünglich ein Begriff aus der Meteorologie für kurzfristige Wetterprognosen wird ‚Nowcasting' hier als Echtzeitanalyse der Publikumsinteressen verstanden.

Interaktivitätswissen: Daten-Performance und Daten-Darsteller

In unserer Wissenskunst wird Interaktivität als vernetzte Denkbewegung inszeniert, die durch Aufdecken, Entbergen und Entdecken neue Erkenntnisse zum Vorschein bringt. Die Entschlüsselung durch künstlerische Leerstellen (vgl. Iser 1972) bedeutet hier, Bekanntes unerwartet neu zu lesen. Das geschieht, wenn unterschiedliche Erzählperspektiven oder Erzählstränge aufeinanderstoßen oder wenn ein Erzählstrom plötzlich angehalten wird und die Wahrnehmung sich daraufhin neu fokussiert. Performative Methoden, die ‚Energie_Passagen' einsetzt, sodass der Informationsfluss verschiedene Geschwindigkeiten hat, sich verlangsamt und beschleunigt, während Worte zurück- und hervortreten, führen zu einer neuen Lernerfahrung. Im interaktiven Prozess der ‚Energie_Passagen' nutzen die Teilnehmer einzelne Begriffe im Informationsfluss wie offene Fäden einer gewebten Textur, die weitergesponnen werden. Die Soziologin Sherry Turkle bezeichnet die ‚Energie_Passagen' als evokatives Objekt der menschlichen Selbstreflexion, als Projektionsfläche für unsere Gefühle:

> „A true evocative object: The notion of a spatial experience of the discourse of the news within a city space and the possibility of deconstructing the newspaper captures the fragmentation of how media is experienced by citizens in a culture of simulation. It thus mirrors and concretizes an important cultural and political moment, turning it into an object for reflection."[50]

Die Installation ist eine Bühne für die Daten-Performance. Das Motiv der Daten-Performance und des Daten-Performers bezieht sich auf die Visualisierung und Verdinglichung von immateriellen Daten, wie auch auf die Aktion und Leistung des Betrachters. So wie der Daten-Performer im Fluss der Gedanken agiert, produziert er seinen eigenen Mixed Reality-Denkraum und gleichzeitig eine Daten-Performance für das Publikum.

Abb. 9: ‚Energie_Passagen'-Interfaces; Fotos: Fleischmann/Strauss 2004.

---

50 Sherry Turkle, MIT-Professorin aus Boston, am 11.11.2004 zu ‚Energie_Passagen'; zitiert aus http://energie-passagen.de/presse2.html [12.07.2012].

Das der Interaktivität zugrunde liegende System beschreibt der Soziologe Werner Rammert als

> „ein nicht-explizites System, das erst in der Interaktivität zwischen Nutzer und System aktiviert wird, vorher aber weder beim Nutzer als kulturelles oder technisches Wissen vorhanden war, noch im System explizit als Regel oder Programm eindeutig vorgegeben war. In diesem Sinne ist es ein hybrides System. Denn es entsteht ein Resultat, das überhaupt nicht vorgesehen war. Es entsteht auf einer emergenten Ebene etwas Neues durch einen Prozess, der auf der unteren Ebene der Systemebene nicht auffindbar ist." (Rammert 2001, S.129)

Interaktivitätswissen, so zeigen es beispielhaft die vorgestellten Werke, ist eine Kulturtechnik des Lernens. Im interaktiven Prozess entfaltet sich Wissen, das dem Spurenlesen ähnelt. Erst in diesem Spurenlesen entfalten sich – in Akten des inneren Sprechens – neue Erkenntnisse und Interpretationen. Was im interaktiven Prozess entwickelt wird, ist Improvisation und Invention. Dem Unvorhergesehenen begegnen und mit ihm umgehen, kann hier gelernt werden. In der analog-digitalen Performance formieren sich interaktiv verarbeitete Daten zu neuen Territorien des Wissens.

Literatur

Buckland, Michael K. (1992): Emanuel Goldberg, Electronic Document Retrieval, and Vannevar Bush's Memex; Onlinedokument http://people.ischool.berkeley.edu/~buckland/goldbush.html [12.07.2012].

Bush, Vannevar (1945): As We May Think. In: Atlantic Magazine, Nr. 176, S. 101-108; Onlinedokument http://www.theatlantic.com/magazine/archive/1945/07/as-we-may-think/3881 [12.07.2012].

Daniels, Dieter (2003): Strategien der Interaktivität. In: ders.: Vom Ready-Made zum Cyberspace. Kunst/Medien Interferenzen. Ostfildern-Ruit: Hatje Cantz, S. 58-91; Onlinedokument http://www.hgb-leipzig.de/daniels/vom-readymade-zum-cyberspace/strategien_der_interaktivitaet.html [12.07.2012].

Dinkla, Söke (2006): Von der Medienkunst zur Wissenskunst. Zur Ausstellung ‚Wissenskünste aus der eCulture Factory'; Onlinedokument http://netzspannung.org/cat/servlet/CatServlet/$files/383986/dinkla.pdf [12.07.2012].

Dodge, Martin; Kitchin, Rob (2001): Mapping Cyberspace. London/New York: Routledge.

Dürer, Albrecht (1525/2000): Unterweisung der Messung mit dem Zirkel und Richtscheit. Nürnberg 1525, 3. Aufl. Nördlingen: Uhl.

Farulli, Luca (2011): Głosy, Gesty, Kontakt/Voices, Gestures, Contact. In: Miękus, Krzysztof (Hg.): Performing Data. Monika Fleischmann & Wolfgang Strauss, S. 36-46. Warschau: National Centre for Culture; Onlinedokument http://fleischmann-strauss.de/resources/Performing_Data_09_2011_Monika_Fleischmann_Wolfgang_Strauss.pdf [12.07.2012].

Flach, Sabine; Weigel, Sigrid (Hg.) (2011): WissensKünste. Das Wissen der Künste und die Kunst des Wissens/The Knowledge of the Arts and the Art of the Knowledge. Weimar: VDG.

Fleischmann, Monika; Strauss, Wolfgang (2010): Energie-Passagen: Zur Inszenierung des interaktiven Denkraums. In: The Journal of Art Theory and Practice. The Korean Society of Art Theories, Nr. 10, S. 133-158.

dies. (2009): Energie-Passagen: die Stadt lesen und (be)schreiben. Partizipative Inszenierung und Mixed Reality-Wahrnehmungsraum. In: Kilger, Gerhard; Müller-Kuhlmann, Wolfgang (Hg.): Szenografie in Ausstellungen und Museen IV. Raum und Körper – Körperraum. Kreativität und Raumschöpfung. Essen: Klartext, S. 118-125.

dies. (2004): Kunst an der Schnittstelle von Technik, Forschung und Gesellschaft. In: Fleischmann, Monika; Reinhard, Ulrike (Hg.): Digitale Transformationen. Heidelberg: Whois, S. 139-145.

dies. (Hg.) (2001): Proceedings. Cast01 // Living in Mixed Realities. Conference on Artistic, Cultural and Scientific Aspects of Experimental Media Spaces, 21.-22. September 2001. Netzspannung.org/Journal. The Magazine for Media Production and Inter-Media Research, Special Issue; Onlinedokument http://netzspannung.org/database/text/433479/cast01_proceedings_bw.pdf [12.07.2012].

dies.; Novak, Jasminko; Paal, Stefan; Müller, Boris; Blome, Gabriele; Peranovic, Predrag; Seibert, Christoph; Schneider, Martin (2001): Netzspannung.org – An Internet Media Lab for Knowledge Discovery in Mixed Realities. In: Fleischmann, Monika; Strauss, Wolfgang (Hg.) (2001): Proceedings. Cast01 // Living in Mixed Realities. Conference on Artistic, Cultural and Scientific Aspects of Experimental Media Spaces, 21.-22. September 2001.

Netzspannung.org/Journal. The Magazine for Media Production and Inter-Media Research, Special Issue, S. 121-129; Onlinedokument http://netzspannung.org/database/text/433479/cast01_proceedings_bw.pdf [12.07.2012].

Grau, Oliver (2004): Immersion and Interaction. From Circular Frescoes to Interactive Image Spaces. In: Daniels, Dieter; Frieling, Rudolf (Hg.): Medien Kunst Netz/1. Medienkunst im Überblick. Wien/New York: Springer; Onlinedokument www.medienkunstnetz.de/themes/overview_of_media_art/immersion/print/ [12.07.2012].

ders. (2003): Virtual Art. From Illusion to Immersion. London: MIT Press.

ders. (2001): Virtuelle Kunst in Geschichte und Gegenwart. Visuelle Strategien. Berlin/Bonn: Dietrich Reimer.

Hänsch, Theodor W. (Hg.) (2007): 100 Produkte der Zukunft. Wegweisende Ideen, die unser Leben verändern werden. Berlin: Ullstein.

Hansen, Mark B. N. (2006): Bodies in Code: Interfaces with Digital Media. New York: Routledge.

Iser, Wolfgang (1972): Der implizite Leser. Kommunikationsformen des englischen Romans von Bunyan bis Beckett. München: Fink.

Klütsch, Christoph (2007): Computergrafik: Ästhetische Experimente zwischen zwei Kulturen. Die Anfänge der Computerkunst in den 1960er Jahren. Wien: Springer.

Kohonen, Teuvo (1990): The Self Organizing Map. In: Proceedings of the IEEE, Jg. 78, Nr. 9, S. 1464-1480.

Könitz, Christopher; Ruge, Wolfgang (2011): Warum die Idee vernetzten Kollaborierens eine Erfindung der Buchkultur ist; Onlinedokument http://websquare.imb-uni-augsburg.de/2011-04/3 [12.07.2012].

Krämer, Sibylle (2009): Operative Bildlichkeit. Von der ‚Grammatologie' zu einer ‚Diagrammatologie'? Reflexionen über erkennendes ‚Sehen'. In: Heßler, Martina; Mersch, Dieter (Hg.): Logik des Bildlichen. Zur Kritik der ikonischen Vernunft. Bielefeld: transcript, S. 94-122.

Neurath, Otto (1933): Bildstatistik nach Wiener Methode in der Schule. Wien/Leipzig: Deutscher Verlag für Jugend und Volk.

Rammert, Werner (2001): Nicht-explizites Wissen in Soziologie und Sozionik – Ein kursorischer Überblick. In: Forschungsinstitut für anwendungsorientierte Wissensverarbeitung (FAW) (Hg.): Management von nicht-explizitem Wissen: Noch mehr von der Natur lernen. Abschlussbericht Teil 3. Die Sicht verschiedener akademischer Fächer zum Thema des nicht-expliziten Wissens. Ulm, S. 113-136; Onlinedokument http://www.faw-neu-ulm.de/sites/default/files/BMBF_Studie_Teil_3.pdf [12.07.2012].

Rayward, W. Boyd (Hg.) (2008): European Modernism and the Information Society. Informing the Present, Understanding the Past. London: Ashgate.

Sheldrake, Rupert (1994): Seven Experiments that Could Change the World. London: Fourth Estate.

Snow, Charles Percy (1967): Die zwei Kulturen. Literarische und naturwissenschaftliche Intelligenz. Stuttgart: Klett.

Spinner, Kaspar H. (1987): Interpretieren im Deutschunterricht. In: Praxis Deutsch, Jg. 14, H. 81, S. 17-23.

Strauss, Wolfgang; Zschocke, Nina (2004): Explore Information / Create Knowledge; Online-dokument http://netzspannung.org/media-art/topics/explore-information [12.07.2012].

Wilson, Stephen (2002): Information Arts. Intersections of Art, Science, and Technology. Cumberland: MIT Press.

Wygotski, Lev S. (1964): Denken und Sprache. Berlin: Akademie Verlag.

Im Text häufig erwähnte Webseiten

http://at.zkm.de

http://www.eculturefactory.de

http://energie-passagen.de

http://fleischmann-strauss.de

http://netzspannung.org

Sozial und digital: Potenziale von Web 2.0 in naturwissenschaftlichen Museen

Stephan Schwan

1. Einleitung

Naturwissenschaftliche Museen haben ihren Status als (An-)Sammlung von technischen Geräten, Instrumenten, Artefakten und Naturalien im Geiste der Kunst- und Wunderkammern schon lange aufgegeben und sich über die Jahrzehnte hinweg zu einem multimedialen Gesamtensemble entwickelt. Dabei reflektieren sie in der Art und Weise, wie sie ihre Ausstellungsthemen gestalten und ihre Exponate präsentieren, immer auch den Stand der jeweils aktuell verfügbaren medialen Möglichkeiten. Dies lässt sich beispielhaft im Deutschen Museum in München nachvollziehen: Ein Gang durch die verschiedenen Abteilungen – von den Maschinen über die Chemie, die Physik und die Pharmazie bis zum Zentrum für Neue Technologien – verdeutlicht nicht nur das Spektrum der verschiedenen naturwissenschaftlich-technischen Gebiete, sondern ist gleichzeitig auch ein Gang durch mehrere Generationen museumsdidaktischer Konzepte einer besucherbezogenen Wissensvermittlung.

Bei diesem Trend macht auch die unmittelbare Vergangenheit keine Ausnahme: Technische Entwicklungen des ausgehenden 20. Jahrhunderts, die unser Verhältnis zu Medien neu definiert haben – beispielsweise Digitalisierung und Vernetzung – haben ihren Niederschlag auch in der Gestaltung von Ausstellungen gefunden (vgl. Schwan et al. 2008). Mittlerweile verfügt fast jedes Museum über eine Homepage im Internet und auch aus den Museen selbst sind digitale Medien, beispielsweise Computerterminals mit ergänzenden und vertiefenden Informationen, nicht mehr wegzudenken. Die erste Dekade des 21. Jahrhunderts lässt sich schließlich als eine umfassende Transformation des Internets hin zu einem ‚Sozialen Medium' beschreiben, in dem Nutzer im Netz stabile digitale Identitäten ausbilden, sich virtuelle Gemeinschaften konstituieren, in denen sich die Nutzer aus ihrer Rolle als Rezipienten emanzipieren und in immer stärkerem Maße eigene Ideen und Produkte in das Netz einspeisen – von Blogs über Einträge in Wikipedia bis zu selbst gestalteten Videos auf YouTube.

Auch diese aktuelle Entwicklung wird im Museums- und Ausstellungsbereich zunehmend aufgegriffen (vgl. Knipfer et al. 2009). Gegenwärtig prägt insbesondere das Konzept des ‚partizipatorischen Museums' die Diskussion (siehe Simon 2010). Es führt die im angloamerikanischen Raum mittlerweile weitverbreitete Auffassung fort, dass sich Museen von der traditionellen Vorstellung von Besuchern als (ungebetenen) Fremden (*strangers*) oder (zu belehrenden) Gästen (*guests*) verabschieden und hin zu einer stärkeren Besucherorientierung entwickeln sollten. Besucher werden als Kunden (*clients*) verstanden, die eine Ausstellung mit verschiedenen individuellen Bedürfnissen, von Erholung und Unterhaltung bis zu Lernen, Verstehen und Wissenserwerb, aufsuchen (vgl. Doering 1999). Museen sollten so gestaltet sein, dass sie die Befriedigung dieser verschiedenen Bedürfnisse angemessen unterstützen. Eine solche Neuorientierung hat eine Reihe von Konsequenzen. Erstens erfordert sie, dass Besucher Gelegenheit haben, ihre Bedürfnisse zu artikulieren und dadurch unmittelbar an der Gestaltung einer Ausstellung partizipieren. Dies setzt wiederum voraus, dass Foren geschaffen werden, durch die Besucher und Museumsleitung bzw. Kuratoren miteinander in Kontakt kommen. Zweitens haben die Besucher eine aktive Rolle bei der Auseinandersetzung mit den Ausstellungsinhalten. Dies findet seinen Niederschlag in Ausstellungskonzeptionen, die verstärkt mit explorativen, experimentellen und spielerischen Elementen arbeiten. Und drittens wird das Museum nicht mehr primär als Medium der Präsentation von Exponaten und Informationen, sondern als sozialer Raum aufgefasst, in dem Besucher miteinander interagieren und kommunizieren sowie Lernen und Wissenserwerb als ein Prozess der sozialen Aushandlung und Bedeutungszuweisung verstanden wird (vgl. Bell et al. 2009).

Vor diesem Hintergrund ist es nicht weiter überraschend, dass digitale Technologien in Ausstellungen mittlerweile nicht nur zur Präsentation von Informationen, sondern zunehmend auch zur Unterstützung von Kommunikation und sozialem Austausch Verwendung finden (vgl. Knipfer et al. 2009). Gegenwärtig liegt das Augenmerk der Diskussion um Web 2.0 und Museen hauptsächlich auf der Frage, wie das Internet als Plattform für eine Erweiterung des Museums genutzt werden kann, beispielsweise indem Besucher die Sammlungen eines Museums in digitaler Form einsehen und kommentieren oder verschlagworten können (sog. Tagging), oder indem sie ihren Ausstellungsbesuch von zu Hause aus ‚nachbereiten' und dadurch mit anderen Besuchern oder auch den Kuratoren und Ausstellungsmachern in Kontakt kommen (vgl. Vogelsang/Minder/Mohr 2011).

Im Folgenden soll aber eine andere Perspektive gewählt werden, indem diskutiert wird, welche Möglichkeiten die Verbindung von Digitalem und Sozialem und damit die Web 2.0-Technologien *während* eines Ausstellungsbesuchs und somit innerhalb des Museums bieten. An das Web 2.0 angelehnte digitale Technologien können in Museen und Ausstellungen ganz unterschiedliche Rollen einnehmen. Unter anderem können sie Besucher dabei unterstützen, sich in der Ausstellung zu orientieren und aus der Vielzahl der ausgestellten Dinge eine angemessene Auswahl zu treffen; sie können genutzt werden, um die Aufmerksamkeit des Besuchers auf sich zu ziehen und sein Interesse an einem bestimmten Thema zu wecken; sie können aber auch zum Einsatz kommen, um den Besucher zu einer kritischen Reflexion über die Inhalte und Aussagen einer Ausstellung anzuregen (vgl. Schwan 2009). Diese Anforderungen sind auch für naturwissenschaftliche, technische und naturhistorische Museen von großer Bedeutung. Von der Didaktik der Naturwissenschaften wird hervorgehoben, dass Verstehen und Wissenserwerb als soziale Konstruktion nicht nur für geisteswissenschaftliche, sondern auch für naturwissenschaftliche Inhalte charakteristisch ist (vgl. Bell et al. 2009). Dies gilt insbesondere für naturwissenschaftliche Themen, die Gegenstand wichtiger politischer Entscheidungen oder öffentlicher Debatten sind, beispielsweise Klimawandel, Biodiversität, Gentechnologie oder Nanotechnologie.

Im Folgenden sollen die genannten Anforderungen und die mit ihnen verbundenen Technologien – Recommendersysteme, digitale Videopersonen sowie Meinungsterminals – genauer in Augenschein genommen werden. Über die technische Erprobung und Optimierung hinaus stellt sich vor allem die Frage, in welcher Weise solche Medien das Verhalten der Besucher und ihre Auseinandersetzung mit den Exponaten und dem Thema der Ausstellung beeinflussen. Am Institut für Wissensmedien (IWM)[1] wird dazu eine Reihe von Forschungsprojekten durchgeführt, die die Thematik in einer Kombination aus laborexperimentellen Untersuchungen und Feldstudien vor dem Hintergrund kognitions- und wissenspsychologischer Theorien analysieren. Dementsprechend liegt der Schwerpunkt der folgenden Darstellung nicht auf der technischen Umsetzung, sondern auf der Rolle der digitalen Techniken für Prozesse der sozialen Vermittlung und Aushandlung von Wissen in Museen sowie auf ersten empirischen Befunden zu ihrer Bewährung.

2. Orientieren und Auswählen: Recommendersysteme

Ausstellungen zeichnen sich durch eine Vielzahl an Exponaten aus, die im Rahmen einer durchschnittlichen Besuchsdauer von etwa ein bis zwei Stunden nicht in ihrer Gesamtheit bewältigt werden können. Besucher sind deshalb gezwungen, während ihres Besuchs eine Auswahl aus dem vielfältigen Angebot der Ausstellung zu treffen (vgl. Rounds 2004). Museen verfügen über eine Reihe von Hilfestellungen, die den Besuchern Orientierung und Auswahl erleichtern sollen. Digitale Unterstützung bieten vor allem Audioguides und ihre Weiterentwicklungen (z.B. iPhone- oder Smartphone-Guides). Sie enthalten nicht nur Erklärungen zu einzelnen Ausstellungsstücken, sondern bieten den Besuchern typischerweise auch eine Auswahl von Exponaten an, die zu Touren zusammengefasst sind. Zudem berücksichtigen diese Touren meist wichtige Besuchermerkmale wie Alter oder Nationalität (z.B. ‚Touren für Kinder' oder ‚englischsprachige Touren'). In manchen Museen, insbesondere solchen mit größeren Besucherzahlen, wird auch versucht, den verschiedenen Motiven und Interessen der Besucher dadurch Rechnung zu tragen, dass inhaltlich unterschiedlich gestaltete Touren angeboten werden: So bietet beispielsweise das Literaturmuseum der Moderne in Marbach auf seinem digitalen Ausstellungsführer M3-Führungen ‚für Eilige', ‚für Schaulustige', ‚für Leser', ‚für Kinder' oder ‚für Jugendliche' an.

1 Das Institut für Wissensmedien mit Sitz in Tübingen findet sich im Internet unter http://www.iwm-kmrc.de [12.07.2012].

Generell zeichnen sich diese Tourenvorschläge allerdings dadurch aus, dass sie von den Ausstellungsmachern im Vorab festgelegt wurden und auch nur in einer begrenzten Zahl von Varianten vorliegen, sodass sie die individuellen Interessen und Vorlieben von Besuchern nur sehr begrenzt berücksichtigen. Möglichkeiten der Abhilfe bieten hier Web 2.0-basierte digitale Werkzeuge, die mittlerweile im Internet weitverbreitet sind (vgl. Bartneck et al. 2006). Prominentestes Beispiel sind die Empfehlungssysteme (Recommendersysteme) digitaler Onlineshops (z.B. Amazon). Sie beruhen auf der Erfassung der individuellen Navigations- und Kaufentscheidungen einer großen Zahl von Kunden, durch die es möglich wird, Nutzungszusammenhänge zwischen verschiedenen Produkten zu ermitteln: „Kunden, die dieses Buch kauften, haben auch jenes Buch, jenen Film und jenes Musikstück gekauft". Angewendet auf Museen und Ausstellungen bedeutet dies, die Abfolge der von den einzelnen Besuchern beachteten und betrachteten Exponate systematisch zu erfassen und auf dieser Basis nachfolgenden Besuchern Tourenvorschläge zu machen: „Besucher, die sich dieses Exponat angesehen haben, haben auch jene Exponate angeschaut. Sie finden das nächste dieser Exponate an folgendem Ort ..."

Aus psychologischer Sicht beruhen Recommendersysteme auf dem Prinzip, andere Personen als hilfreiche soziale ‚Instrumente' der Informationsverarbeitung zu nutzen. Denn Besucher, die eine Ausstellung bereits erkundet haben, haben mit einiger Wahrscheinlichkeit die wichtigsten und aussagekräftigsten Exponate schon entdeckt, und man kann den eigenen Aufwand minimieren, wenn man deren Auswahlentscheidungen kennt und übernimmt. Dementsprechend haben Beobachtungsstudien gezeigt, dass Besucher, die einen Ausstellungsraum betreten, häufig das Verhalten der Besucher imitieren, die sich bereits in dem Raum befinden (vgl. Koran et al. 1988). Gegenüber solchen unmittelbaren Beobachtungen bieten digitale Recommendersysteme weitere Vorteile, denn zum einen beruhen sie nicht auf dem Verhalten zufälliger einzelner Personen, sondern auf dem gemittelten Verhalten größerer Besuchergruppen, und zum anderen ermöglichen sie das Filtern von Besuchergruppen, deren Auswahlverhalten dem des aktuellen Besuchers am stärksten entspricht. Schließlich lassen sie auch andere Formen der *social awareness*, d.h. der Kenntnis der Verhaltensweisen oder Meinungen sozialer Vergleichsgruppen, zu.

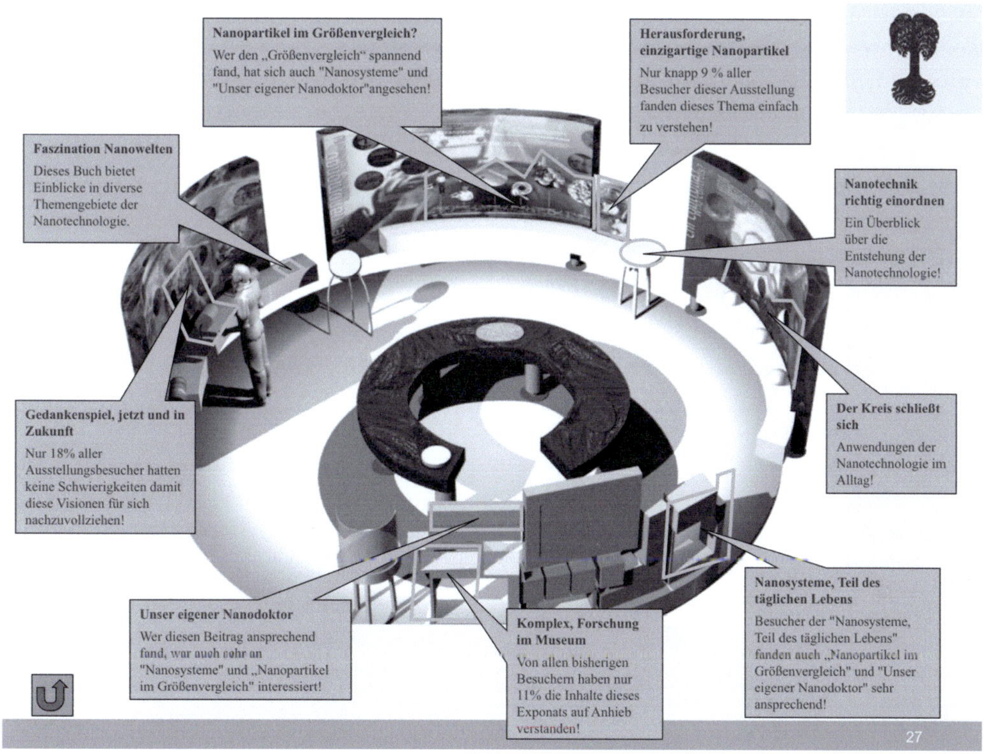

Abb. 1: Verschiedene Informationstypen in einem Recommendersystem zum Thema Nanotechnologie; Quelle: Bodemer/Bauer/Kleinmann 2007.

Die Nutzung verschiedener Formen der *social awareness* wurde am Institut für Wissensmedien anhand einer Wanderausstellung zum Thema Nanotechnologie empirisch untersucht. In der von Sabine Bauer und Daniel Bodemer durchgeführten Studie erhielten Besucher verschiedenartige Informationen zu den einzelnen Ausstellungselementen (vgl. Bodemer/Bauer/Kleinmann 2007). Diese Informationen charakterisierten ein Ausstellungselement entweder als kognitiv herausfordernd („Von allen bisherigen Besuchern haben nur 11 % die Inhalte dieses Exponats auf Anhieb verstanden.“), beschrieben es als informativ („Anwendungen der Nanotechnologie im Alltag“) oder stellten sozial begründete Bezüge zwischen den einzelnen Exponaten her („Wer diesen Beitrag ansprechend fand, war auch sehr an ‚Nanosysteme‘ interessiert.“). Es zeigte sich, dass die Besucher je nach ihrer Motivation (Lernziel vs. Leistungsziel) das Recommendersystem unterschiedlich nutzten. Personen, die sich mit der Ausstellung beschäftigten, um neues Wissen zu erwerben, beschäftigten sich häufiger mit Exponaten, die als informativ beschrieben wurden. Dagegen nutzten Personen, für die das Motiv im Vordergrund stand, ihren eigenen Kenntnisstand zu bewerten (Leistungsziel), häufiger die sozialen Informationen über andere Besucher und folgten deren Pfaden. In einer weiteren Studie konnte zudem gezeigt werden, dass auch das Anzeigen von Besuchermeinungen sinnvoll in Recommendersysteme integriert werden kann: Wurde bei einem Exponat vermerkt, dass es von Besuchern sehr kontrovers interpretiert wurde, wandten sich die Besucher diesem Exponat tendenziell früher zu, betrachteten es länger und konnten sich nachfolgend auch besser daran erinnern (vgl. ebd.). Die Ergebnisse zeigen, dass der jeweilige Typus an sozialer Information, die von einem Recommendersystem zur Verfügung gestellt wird, einen substanziellen Einfluss auf das Verhalten von Besuchern in Ausstellungen hat. Indem Recommendersysteme ihre Empfehlungen direkt aus dem Besucherverhalten entwickeln, bilden sie somit eine vielversprechende Ergänzung zu Tourenvorschlägen, die von den Ausstellungsmachern konzipiert werden.

3. Aufmerksamkeit und Interesse wecken: digitale Videopersonen

Techniken des Web 2.0 können nicht nur genutzt werden, um Besucher bei der Auswahl von Exponaten zu unterstützen, sondern auch, um ihre Aufmerksamkeit und ihr Interesse für bestimmte Themen und Inhalte zu wecken. Hierzu bedienen sich Ausstellungen häufig einer persönlichen Ansprache der Besucher durch digitale Videoaufzeichnungen von Personen. Meist handelt es sich um Interviews mit Wissenschaftlern oder anderen für das Thema wichtigen Beteiligten, die dem Besucher in der Ausstellung als Videoclips präsentiert werden. Damit werden Formen der Kommunikation aufgegriffen, wie man sie aus audiovisuellen Internet-Kommunikationsdiensten wie z.B. Skype kennt.

Die Interviews sind typischerweise so inszeniert, dass der Besucher den Eindruck erhält, er werde von der videografierten Person direkt angesprochen. Dieser Effekt wird zum einen dadurch erzielt, dass der Interviewte auf kurze Distanz frontal zur Kamera platziert ist, den Besucher direkt fixiert und auch verbal den Eindruck vermittelt, sich in einem Gespräch zu befinden. Zum anderen kommen zunehmend auch Projektionstechniken zum Einsatz, bei denen die technische Apparatur weitgehend unsichtbar ist und so dem Besucher der Eindruck vermittelt wird, er würde einer realen Gesprächsperson gegenüberstehen. Im Natural History Museum in New York werden die Videos beispielsweise auf annähernd lebensgroße transparente Glasscheiben projiziert, sodass beim Besucher der Anschein erweckt wird, bekannte Wissenschaftler würden direkt vor ihm ‚schweben' und ihn ansprechen. Im Zentrum für Neue Technologien des Deutschen Museums in München werden die Videoclips auf dreidimensionale Kunststoffmasken projiziert, die aus der Wand ragen und damit ebenfalls die Illusion eines lebendigen Gesichts suggerieren.

Abb. 2a/b: Verschiedene Formen digitaler Videopersonen in Ausstellungen. Links eine annähernd lebensgroße Projektion auf eine durchsichtige Scheibe (Natural History Museum, New York), rechts eine Projektion auf dreidimensionale Kunststoffgesichter (Deutsches Museum, München); Fotos: Stephan Schwan.

Zur psychologischen Wirkung solcher digitalen Videosurrogate von Personen liegt mittlerweile eine Reihe empirischer Befunde vor. Erstens hat die Besucherforschung gezeigt, dass Videos in Ausstellungen generell das Potenzial haben, die Aufmerksamkeit von Besuchern auf sich zu ziehen und aufrechtzuerhalten. So fand beispielsweise Serrell (2002) bei einer Analyse von 45 Videostationen in unterschiedlichen Ausstellungen heraus, dass die Videos von etwa einem Drittel der Besucher betrachtet wurden und dass diese im Durchschnitt etwas mehr als zwei Minuten vor dem Video verbrachten (was einem Drittel bis der Hälfte der Dauer der Videos entsprach), bevor sie sich dem nächsten Ausstellungselement zuwandten. Grundlagenwissenschaftliche Untersuchungen zur Personenwahrnehmung legen zudem die Vermutung nahe, dass die *attraction power* (d.h. ob ein Exponat überhaupt zur Kenntnis genommen wird) und die *holding power* (d.h. wie lange der Besucher vor dem Exponat verharrt) für Videos mit Personen, die den Besucher durch Körperhaltung, Blick und Sprache direkt ansprechen, besonders hoch sein müsste.

Aus weiteren empirischen Untersuchungen ist zweitens bekannt, dass Zuschauer auf realistisch dargestellte digitale Personen in ähnlicher Weise reagieren wie auf reale Gesprächspartner, indem sie zu ihnen eine sogenannte *parasoziale* Beziehung aufbauen (vgl. Schramm 2008). Der Eindruck, sich in einer sozialen Gesprächssituation zu befinden, führt wiederum dazu, dass die Medienbotschaft intensiver kognitiv verarbeitet und elaboriert wird. Beispielsweise fanden Inglese, Mayer und Rigotti (2007) heraus, dass Lerninhalte in multimedialen Lernumgebungen, die von einem sichtbaren Sprecher in einem personalisierten Stil präsentiert wurden, besser behalten und verstanden wurden als Lerninhalte, bei denen der Sprecher nicht sichtbar war und die in einem neutralen, apersonalen Stil vorgetragen wurden.

Einen weiteren Beleg für die motivationale und kognitive Wirkung digitaler Videopersonen erbrachte eine Studie, die in Kooperation zwischen dem Institut für Wissensmedien und dem Deutschen Museum entstand und die von Jörn Töpper realisiert wurde (siehe Töpper 2009). Das Thema der Ausstellung ‚Leben mit Ersatzteilen', die vom Deutschen Museum kuratiert wurde, war die Geschichte und der aktuelle Stand der medizinischen Prothetik, bezogen auf Auge, Ohr, Gliedmaßen, innere Organe sowie die Gentechnologie. Für jedes dieser Themen wurden Videos aufgezeichnet, in denen Betroffene schilderten, wie sich ihr Leben mit der Prothese gestaltet. Diese Videos wurden jeweils am Eingang des betreffenden Ausstellungsabschnitts auf Bildschirmen gezeigt. Dahinter stand die Absicht, den Besuchern durch die Videos nicht nur Erkenntnisse über persönliche Erfahrungen mit der jeweiligen Prothese zu vermitteln, sondern sie auch für das Thema zu interessieren und sie zu motivieren, sich nachfolgend mit dem jeweiligen Ausstellungsabschnitt in einer tiefer gehenden Weise auseinanderzusetzen. Inwieweit diese Erwartung zutraf, wurde in drei empirischen Studien geprüft. Dabei zeigte sich, dass der Inhalt der Videos von den Betrachtern dann besser verstanden und behalten wurde, wenn er ähnlich wie in der Studie von Inglese et al. (2007) in einer personalisierten Form statt eines neutralen, apersonalen Stils präsentiert wurde. Dieser Effekt war nicht auf das Video selbst beschränkt, sondern umfasste auch den nachfolgenden, thematisch zugehörigen Ausstellungsabschnitt: Auch dessen Inhalte wurden besser verstanden und behalten, wenn zuvor die personalisierte Videoversion gesehen worden war.

Insgesamt zeigen die empirischen Befunde, dass digitale Videopersonen erfolgreich genutzt werden können, um die Aufmerksamkeit von Besuchern auf bestimmte Ausstellungsbereiche zu lenken. Bei geeigneter Auswahl der porträtierten Personen können darüber hinaus Bezüge zum Alltag der Besucher hergestellt werden. Dadurch kann ein weitergehendes Interesse gerade auch an naturwissenschaftlichen Themen geweckt werden, die auf den ersten Blick eher abstrakt und uninteressant erscheinen.

4. Vertiefen und kritisches Reflektieren: Meinungsterminals

Naturwissenschaftlichen Museen und Ausstellungen kommt zunehmend auch die Aufgabe zu, aktuelle, in ihrem Nutzen und in ihren Risiken kontrovers diskutierte naturwissenschaftlich-technische Entwicklungen darzustellen und damit dazu beizutragen, dass sich Besucher eine wissenschaftlich begründete Meinung zu Themen wie Klimawandel, Evolutionsbiologie oder Nanotechnologie bilden.

Das bedeutet nicht nur, die relevanten Phänomene verständlich zu erklären, sondern auch, den Besucher für die Vielzahl der damit einhergehenden positiven und negativen Konsequenzen und Wirkungen zu sensibilisieren und ihn anzuhalten, sich damit kritisch reflektierend auseinanderzusetzen. Gerade hierfür spielen soziale Prozesse der Aushandlung von Bedeutung und des Meinungsaustauschs eine besondere Rolle. Aus der sozialpsychologischen Forschung weiß man beispielsweise, dass die öffentliche Äußerung einer Meinung und die damit verbundene Notwendigkeit ihrer Begründung dazu führt, sich genauer mit einem Thema zu befassen. Ebenso ist bekannt, dass die Konfrontation mit einer Gegenposition, selbst wenn sie nur von einer Minderheit vertreten wird, dazu führt, dass sich auch die Vertreter der Mehrheitsmeinung tiefer mit den verschiedenen Pro- und Kontra-Argumenten auseinandersetzen. Beide Prozesse – die Artikulation einer eigenen Meinung zu einem kontroversen Thema sowie das Konfrontiertwerden mit einer Gegenposition – führen somit dazu, dass die Beteiligten eine differenziertere, begründetere und ausgewogenere Vorstellung von dem betreffenden Sachverhalt entwickeln (vgl. Nemeth 1986).

Diesen Mechanismus machen sich Meinungsterminals zunutze, die sich mittlerweile in vielen naturwissenschaftlichen Ausstellungen finden. Sie beruhen auf dem Prinzip des Web 2.0, nicht nur individuell mit dem Personenkreis zu kommunizieren, den man bereits kennt, sondern mittels diverser Internetplattformen mit fremden Personen und Meinungen in Kontakt zu kommen. Übertragen auf das Museum bedeutet dies, nicht nur die Meinung derjenigen zu erfahren, mit denen man gemeinsam die Ausstellung besucht (und die vermutlich meistens eine ähnliche Meinung vertreten wie man selbst), sondern auch Kenntnis über die Auffassungen anderer Ausstellungsbesucher zu erhalten. Als traditionelle museumsbezogene Form hat sich dafür das Gästebuch entwickelt, in dem die Besucher am Ausgang einer Ausstellung ihre Kommentare hinterlassen können. Allerdings sind diese Kommentare oft unspezifisch auf die Ausstellung in ihrer Gesamtheit bezogen und in ihren Formulierungen stark erlebnis- und gefühlsbetont und daher als Anstoß für eine kritische Reflexion des Ausstellungsthemas nur beschränkt geeignet.

Digitale Meinungsterminals gehen hier einen anderen Weg. Sie finden sich typischerweise nicht am Ende einer Ausstellung, sondern in der Ausstellung am Ende eines thematischen Blocks. Meist sind sie in Form von Sitzgelegenheiten und einer Anzahl von Bildschirmen arrangiert, die die Besucher dazu einladen, Platz zu nehmen und sich intensiver mit einem kontroversen Thema zu beschäftigen. Sie präsentieren dem Besucher vertiefende Informationen zu einem Thema, gekoppelt mit einem Fragebogen, der den Besucher mit konfliktträchtigen Aussagen konfrontiert und ihn auffordert, die eigene Meinung durch Zustimmung oder Ablehnung einer Reihe von Antwortalternativen kundzutun. Im Gegenzug erhält der Besucher statistisch aufbereitete Informationen darüber, welche Meinung die bisherigen Ausstellungsbesucher zu diesem Thema vertreten haben. Teilweise werden diese statistischen Ergebnisse nicht auf dem Bildschirm des Terminals, sondern auf großen, öffentlichen

Bildschirmen in der Ausstellung publik gemacht, damit sich auch diejenigen Besucher informieren können, die nicht bereit sind (oder keine Zeit dafür haben), sich aktiv mit dem Meinungsterminal zu beschäftigen. Beispiele dafür finden sich im Deutschen Museum, im Science Museum in London und im Miraikan Museum in Tokyo. Aktuelle Ausstellungen wie die ‚Home'-Ausstellung im Stapferhaus Lenzburg gehen noch einen Schritt weiter und präsentieren das Meinungsterminal in Form eines iPads, das den Besucher in der gesamten Ausstellung begleitet.

Zur Wirkung solcher Meinungsterminals wurde am Institut für Wissensmedien eine Reihe von Studien durchgeführt (siehe Knipfer 2009). Von Interesse war dabei einerseits die Rolle der Artikulation einer eigenen Meinung für die kognitive Auseinandersetzung mit einem kontroversen naturwissenschaftlichen Thema (Nanotechnologie). Zum anderen wurde untersucht, welche Rolle die Konfrontation mit statistischen Daten zur Meinung anderer, fremder Personen für den Wissenserwerb zu dem Thema und die Ausbildung einer eigenen Meinung hat. Es zeigte sich, dass weniger die Artikulation der eigenen Meinung, sondern die auf die Meinungsäußerung erfolgende Rückmeldung der anderen Nutzer des Terminals über diese Meinung einen Einfluss hatte. Vor allem Personen, die damit konfrontiert wurden, dass die Mehrzahl der anderen Besucher in Bezug auf eine Reihe von Aussagen zur Nanotechnologie anderer Auffassung seien als sie selbst, verfügten im Anschluss über ein ausgewogeneres Repertoire an Argumenten, konnten mehr Gegenargumente zur eigenen Meinung konstruieren und erfolgreich die eigene Meinung dagegen verteidigen. Insgesamt schlug sich dies in einer höheren Qualität der Essays nieder, die die Teilnehmer der Studie zum Thema Nanotechnologie zu verfassen hatten. Bei geeigneter Gestaltung, die die Aufmerksamkeit der Besucher auf sich zieht und sie dazu einlädt, sich in die Informationsbildschirme und Fragebogen zu vertiefen, können Meinungsterminals somit einen wichtigen Beitrag leisten, Besucher zu einer differenzierteren Sichtweise auf ein gesellschaftlich kontroverses naturwissenschaftliches Thema anzuregen.

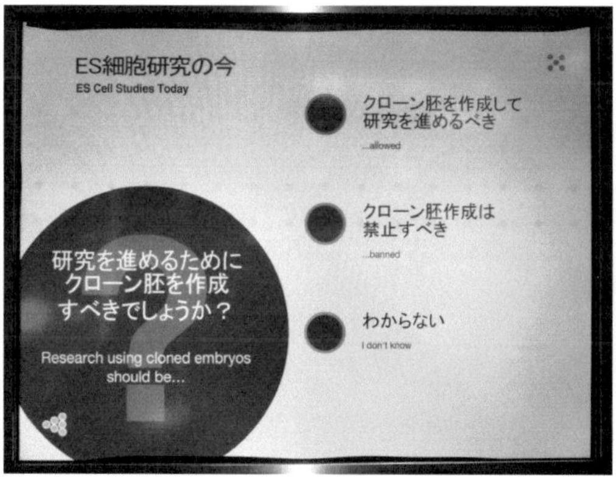

Abb. 3a/b: Meinungsterminal zum Thema Gentechnologie am Miraikan, Tokyo: Links Bildschirm mit Meinungsfrage, rechts Ansicht der Terminals. Über den Köpfen der Besucher ist ein Projektionsschirm angebracht, auf dem die statistischen Umfrageergebnisse angezeigt werden; Fotos: Stephan Schwan.

5. Fazit

Museen und Ausstellungen tragen der aktuellen Transformation digitaler Medien zu ‚intelligenten' Foren des sozialen Austauschs in vielfältiger Form Rechnung. Eine Verknüpfung des Digitalen mit dem Sozialen findet hierbei nicht nur im World Wide Web, sondern auch in den Räumen des Museums selbst statt. Recommendersysteme, digitale Videopersonen und Meinungsterminals betonen jeweils unterschiedliche Aspekte von Web 2.0 und werden deshalb zu unterschiedlichen Zwecken – der Hilfestellung bei der Auswahl von Exponaten, dem Wecken von Aufmerksamkeit und Interesse, dem kritischen Reflektieren von Ausstellungsinhalten etc. – eingesetzt. Die Mehrzahl dieser Technologien befindet sich gegenwärtig noch in einer Erprobungsphase, erste empirische Befunde zeigen aber positive Effekte für Prozesse des Wissenserwerbs und unterstreichen das Potenzial sozialer Medien in naturwissenschaftlichen Museen.

Literatur

Bartneck, Christoph; Masuoka, Aya; Takahashi, Toru; Fukaya, Takugo (2006): The Learning Experience with Electronic Museum Guides. In: Psychology of Aesthetics, Creativity, and the Arts, Special Volume, Nr. 1, S. 18-25.

Bell, Philip; Lewenstein, Bruce; Shouse, Andrew W.; Feder, Michael A. (2009): Learning Science in Informal Environments. People, Places, and Pursuits. Washington: National Academies Press.

Bodemer, Daniel; Bauer, Sabine; Kleinmann, Patrick (2007): Implizite besucherorientierte Museumsführungen. 11. Fachtagung Pädagogische Psychologie der DGPs. Berlin.

Doering, Zahara D. (1999): Strangers, Guests, or Clients? Visitor Experiences in Museums. In: Curator, Jg. 42, H. 2, S. 74-87.

Inglese, Terry; Mayer, Richard E.; Rigotti, Francesca (2007): Using Audiovisual TV Interviews to Create Visible Authors that Reduce the Learning Gap Between Native and Non-Native Language Speakers. In: Learning and Instruction, Jg. 17, H. 1, S. 67-77.

Knipfer, Kristin (2009): Pro or Con Nanotechnology? Support for Critical Thinking and Reflective Judgement at Science Museums; Onlinedokument http://tobias-lib.ub.uni-tuebingen.de/volltexte/2009/3761/pdf/KnipferKristin.pdf [12.07.2012].

dies.; Mayr, Eva; Zahn, Carmen; Schwan, Stephan; Hesse, Friedrich (2009): Computer Support for Knowledge Communication in Science Exhibitions. Novel Perspectives from Research on Collaborative Learning. In: Educational Research Review, Jg. 4, H. 3, S. 196-209.

Koran, John J.; Koran, Mary L.; Forster, John S.; Dierking, Lynn D. (1988): Using Modeling to Direct Attention. In: Curator, Jg. 31, H. 1, S. 36-42.

Nemeth, Charlan J. (1986): Differential Contributions of Majority and Minority Influence. In: Psychological Review, Jg. 93, H. 1, S. 23-32.

Rounds, Jay (2004): Strategies for the Curiosity-Driven Visitor. In: Curator, Jg. 47, H. 4, S. 389-412.

Schramm, Holger (2008): Parasoziale Interaktion (PSI). In: Krämer, Nicole C.; Schwan, Stephan; Unz, Dagmar; Suckfüll, Monika (Hg.): Medienpsychologie – Schlüsselbegriffe und Konzepte. Stuttgart: Kohlhammer, S. 253-258.

Schwan, Stephan (2009): Lernen und Wissenserwerb in Museen. In: Kunz-Ott, Hannelore; Kudorfer, Susanne; Weber, Traudel (Hg.): Kulturelle Bildung im Museum. Aneignungsprozesse – Vermittlungsformen – Praxisbeispiele. Bielefeld: transcript, S. 33-43.

ders.; Zahn, Carmen; Wessel, Daniel; Huff, Markus; Herrmann, Nadine; Reussner, Eva (2008): Lernen in Museen und Ausstellungen – die Rolle digitaler Medien. In: Unterrichtswissenschaft, Jg. 36, H. 2, S. 117-135.

Serrell, Beverly (2002): Are They Watching? Visitors and Videos in Exhibitions. In: Curator, Jg. 45, H. 1, S. 51-64.

Simon, Nina (2010): The Participatory Museum; Onlinedokument http://www.participatorymuseum.org/read [12.07.2012].

Töpper, Jörn (2009): Filmische Personalisierung von Ausstellungsinhalten: Einfluss narrativer Interviews auf den Wissenserwerb beim selbstgesteuerten Lernen im informellen Setting. Hamburg: Kovac.

Vogelsang, Axel; Minder, Bettina; Mohr, Seraina (2011): Social Media für Museen. Luzern: Hochschule Luzern.

Die Auswirkungen der Web 2.0-Kultur auf die museale Praxis der Wissenschaftskommunikation

Jesús Muñoz Morcillo

Dieser Aufsatz setzt den Fokus auf die museale Praxis der Wissenschaftskommunikation und die Vorreiterrolle von Medienkunstmuseen im Bereich der Nutzerkunst. In der musealen Praxis der Wissenschaftskommunikation ist der Besucher noch kein ‚User' geworden. Es gibt zwar erste Anzeichen, die in diese Richtung deuten, aber die ‚Programmatik' der jeweiligen Installation erschwert freie Kommunikationsprozesse. Somit bleibt die Förderung kritischer Diskurse anhand von Wissenschaftsexponaten eine große Herausforderung für die Wissenschaftskommunikation.

Prolegomena: Ist Kommunikation im Museum möglich?

Im Eingangsbereich der Ausstellung ‚YOU_ser: Das Jahrhundert des Konsumenten'[1] befand sich eine Trommel, die man aus der Ferne für ein Readymade-Kunstwerk à la Duchamp hätte halten können, wäre die Thematik der Ausstellung nicht grundsätzlich dem Phänomen Web 2.0 gewidmet gewesen. Diese Trommel entpuppte sich schnell als eine Maschine mit einer eigenartigen Logik; es handelte sich nämlich um eine Klangskulptur, die auf die Anwesenheit der Besucher mit einem seltsamen Gruß reagierte. Ging der Besucher auf die Trommel zu, wurde sein Gesicht von hinten auf das Trommelfell projiziert, so als betrachtete man das eigene Bild durch das überdimensionierte Loch einer unsichtbaren Camera obscura: Der Besucher war Motiv und Betrachter zugleich. Wenn ein Kunstartefakt sich so verhält, hat man zwei Möglichkeiten: Entweder geht man ihm aus dem Weg und ignoriert die provokante ‚Anmache' oder man tritt näher, um das seltsame Ereignis zu inspizieren. In diesem Fall fuhr ein bis dahin unauffälliger Schlägel von unten in die Mitte des projizierten Gesichts und versetzte dem flüchtigen Lichtporträt des Besuchers mit lautem „Kawumm" einen Schlag.

Das Kunstwerk *Greetings* (von 1996) des deutsch-amerikanischen Medienkunst-Pioniers Stephan von Huene ist eine Aufforderung zum Aufwachen, die genau genommen keinerlei Interaktion voraussetzt und somit auch nicht als Nutzerkunst einzustufen ist. Für jene Ausstellung erfüllte *Greetings* eine programmatische Rolle: Durch den Trommelschlag wurde der Besucher für einen Augenblick Teil des Kunstsystems. Diese ‚Schocktherapie' sollte, den Kuratoren nach, den neuen Konsumenten

1 Siehe ‚YOU_ser: Das Jahrhundert des Konsumenten. Ausstellung im ZKM | Medienmuseum vom 21.10.2007 bis zum 30.04.2009'; http://www02.zkm.de/youser [12.07.2012].

von seiner bisherigen Passivität im Museum emanzipieren. Diese Botschaft im Eingangsbereich diente als kritische Einleitung dank seiner subtilen Absage an triviale Interaktionsmechanismen der Kunst.

Die Einbeziehung des Betrachters in das Kunstsystem lässt sich typischerweise am Beispiel von Tinguelys Mitmach-Kunstwerk *Méta-Malevich* (von 1954) nachvollziehen: Ein Relief mit geometrischen Formen à la Malewitsch, die der Betrachter per Schalter in Bewegung versetzen konnte. Was in den 50er-Jahren für großes Aufsehen sorgte, ist mittlerweile fast zu einer Selbstverständlichkeit geworden: Die Nutzerkunst genießt heute eine hohe Konjunktur, zumindest in der Medienkunst-Szene (vgl. Weibel 2007; Basting 2007). Aber heißt das nun, dass die Masse die Macht bekommt, an der Entstehung von Kunst mitzuwirken? Wenn man sich die Ausstellung näher anschaut, hat man eher den ernüchternden Eindruck, dass hier versucht wurde, die neue Zielgruppe des ‚reifen Konsumenten' spielerisch anzusprechen, um das Phänomen der Benutzerbeteiligung kritisch zu reflektieren. Wenn dem so ist, hätte der Museumsbesucher nicht nur den Status eines Museumskunden mit einem gewissen Stimmrecht, sondern auch den eines ahnungslosen ‚Probanden', es sei denn, es handelte sich zugleich um einen Kunstkenner, der sich dieser doppelten Rolle bewusst ist. Nur worin besteht dann überhaupt der Kommunikationsprozess, der Besucher zu gleichberechtigten Nutzern macht? Und ist das überhaupt möglich? Um diese Fragen zu beantworten, muss weit ausgeholt werden.

Präsenz und Hölle. *Limited Forms* der Interaktion

In einer Schrift aus dem Jahr 1992 mit dem Titel *Können Computer in den Himmel kommen? Können Maschinen eine Seele haben?* knüpft Stephan von Huene an die ‚Church-Turing-These' an, wonach Computerprogramme geistige Prozesse jeder Art simulieren können, um auf die Unschärfe zwischen Beseeltem und Unbeseeltem in der Kunst aufmerksam zu machen (siehe von Huene 1992). Die Funktion des Himmels sei für ein Kunstwerk demnach vergleichbar mit seiner Aufnahme in ein Museum, entsprechend wäre die Hölle mit dem Abstieg in den dunklen Keller des Hauses gleichzusetzen. Die zweischneidige Metaphorik des ewigen Lebens eines Kunstwerks als unbefristete ‚Präsenz' auf der Ausstellungsfläche eines Museums lässt sich an einer Installation wie *Greetings* gut ablesen. Das entscheidende Schlagwort hierfür ist zweifelsohne ‚Präsenz' – ein Begriff, mit dem Allan Kaprow nicht umsonst die Grundeigenschaft der Kunstwerke von Stephan von Huene definierte (siehe Kaprow 1975, S. 25). Aber wie ist der Begriff ‚Präsenz' mit der temporären, vergänglichen Natur zeitbasierter Kunstwerke zu vereinbaren?

Es ist kein Geheimnis, dass Medienkunst-Objekte oft ein ‚dunkles' Dasein im Keller des ‚White Cube' fristen, weil diese entweder repariert werden sollen oder auf die nächste passende Vernissage warten. Um diesem Schicksal symbolisch zu entgehen, konstruierte Stephan von Huene eine Serie ‚unsichtbarer' Werke, die *Drum*-Reihe, welche die ‚Präsenz' der Kunst an sich durch Trommelschlagankündigungen auf lichtdurchlässige Trommelfelle thematisierte. Der brüchige Augenblick nach dem Trommelschlag und die darauffolgende Pause machen demnach das Kunstsystem aus, innerhalb dessen sich die Besucher beteiligen können oder eben nicht. Stephan von Huene formulierte es so:

> „[In Drum] werden die Ruhephasen [als Ereignisse] angekündigt, – wie die Betrachtung des nächsten Exponats in einer Ausstellung, wie die Wahrnehmung von etwas möglicherweise ganz Undramatischem und Unscheinbarem, vielleicht der besonderen Art, in der jemand seinen offenen Schnürsenkel wieder zusammenbindet."
> (von Huene 1992, S. 253)

Stephan von Huenes Vorstellung des apathischen, ‚schnürsenkelbindenden' Besuchers legt nahe, dass Kommunikation sich auf vorgegebene Interaktionsmuster nicht vereinfachen lässt. Der Augenblick des Kommunizierens ist eine Angelegenheit der Wahrnehmung, des Verhaltens und letztendlich der Interdependenz (vgl. Watzlawick 2005, S. 103). Auf nonverbaler Ebene kann man zwar „*nicht* nicht kommunizieren" (Watzlawick et al. 1967, S. 51), um es in Watzlawicks Worten auszudrücken, aber dies ist keine Garantie für das tatsächliche Gelingen einer gesellschaftsbildenden Kommunikation, wie diese von Luhmann (1990, S. 24) – als „autopoietische Operation", d.h. als Kommunikation, die Kommunikation erzeugt – verstanden wird. Dialogbasierte und partizipationsfreudige Exponate wie etwa *FLICK_KA* oder *Phenotypes/Limited Forms*,[2] um zwei weitere Beispiele aus der hier kommentierten ZKM-Ausstellung zu nennen, setzen nach einem bestimmten vorprogrammierten Plan asymmetrische Kommunikationsprozesse in Gang, die den Besucher nur nach bestimmten Regeln mitreden lassen. So wäre die von dem Fotografen Armin Linke angebotene Interaktion in *Phenotypes/Limited Forms* mit einer unverbindlichen Meinungsumfrage zu vergleichen, die die Ermittlung seiner beliebtesten Fotos zum Zweck hat: „Linke lässt den Besucher nicht konsumieren, sondern bewusst und aktiv selbst entscheiden",[3] um einen Test durchzuführen. Wo bleibt dann aber der freie Austauschprozess, der einem Dialog und der Web 2.0-Kultur angeblich innewohnt, wenn die vorgegebenen Spielregeln im musealen Raum nur bestimmte Handlungen erlauben? Wo bleibt andererseits das Kunstwerk, wenn dieses als Kommunikationsmedium ohne Anspruch auf sich selbst verstanden wird, wenn dieses uns nicht mehr zum Nachdenken einlädt?

Da jedem Kunstwerk ein durchdachtes Zeichensystem zugrunde liegt, ist es sehr unwahrscheinlich, dass man im Museum nur noch Besucherlabors vorfindet, in denen Kunst erst kreiert wird, es sei denn diese Vorgehensweise ist ein zentraler Teil der Programmatik. Überträgt man diese These auf die Wissenschaftskommunikation,

---

2 *FLICK_KA* (seit 2007) von Peter Weibel und Matthias Gommel und *Phenotypes/Limited Forms* (2007) von Armin Linke sind interaktive Nutzerinstallationen.

3 In der Installation *Phenotypes/Limited Forms* konnte der Besucher aus einem Archiv von 1000 Fotografien eine Auswahl treffen und ein Buch *on demand* vor Ort ausdrucken. Siehe Doreen Mendes Beschreibung auf der ZKM-Homepage: http://www02.zkm.de/youser/index.php?option=com_content&task=view&id=80 [12.07.2012].

müsste man ebenso schlussfolgern, dass der Besucher eines Wissenschaftsmuseums nicht imstande ist, Wissenschaft zu produzieren, obwohl er in nahezu allen ‚Science Centern' und Wissenschaftsmuseen interaktive Artefakte vorfinden kann.

Darüber hinaus kann die museale Praxis der Wissenschaftskommunikation unter den oben vorgestellten Prämissen beleuchtet werden, nämlich:

a. dass der Kommunikationsprozess *in situ* gar nicht vollendet wird, weil qualitative, gesellschaftsbildende Kommunikationsprozesse offene Dialoge sind, und

b. dass Austauschprozesse im musealen Raum nach vordefinierten Interaktionsmustern ablaufen, die die Rollenverschiebung von Besucher zu User nur eingeschränkt ermöglichen.

Die Anwendbarkeit dieser Thesen auf die Wissenschaftskommunikation hängt zunächst von den passenden musealen Aktivitäten ab.

Praxis der Wissenschaftskommunikation in Science Centern und Wissenschaftsmuseen

Die meisten Studien über die Rolle des Museums in der Wissenschaft und der Gesellschaft beschäftigen sich grundsätzlich mit der Auswirkung interaktiver Technologien ab den 90er-Jahren (vgl. Caulton 1998), der Verschiebung der Museumsfunktion von Wissenszentren im 17. Jahrhundert über herkömmliche dokumentarische Museumskonzepte bis hin zu konsumentenorientierten Trends (vgl. Arnold 1996) und mit bildungsbezogenen und gruppenspezifischen Fragen, die Anforderungen an das neue Ausstellungsdesign von Wissenschaftsmuseen stellen (vgl. Miles/Tout 1992). Neuere Studien aus dem 21. Jahrhundert findet man vor allem im allgemeineren Bereich ‚Web 2.0 und Museen', wenn auch in diesem Rahmen meistens der Einsatz von Onlineressourcen gemeint ist (vgl. Erni 2010; Riedrich 2011; Seiler 2009).

Für sich genommen existiert heutzutage noch keine große Studie zu dem vorliegenden Thema. Dieser Umstand lässt sich sehr einfach erklären: Es gibt keinen nennenswerten Einfluss der Web 2.0-Kultur auf die museale Praxis der Wissenschaftskommunikation. Dies ist zutreffend, sofern man unter Kommunikation den sozialen Austausch zur kritischen Auseinandersetzung mit Fragestellungen aus der Forschung versteht. Ganz anders sieht es jedoch mit der Interaktion aus, die Bildungszwecke verfolgt. In jedem Ankündigungstext eines Science Centers wird dieses Thema grundsätzlich behandelt.

Science Center gelten bis heute als die Vorreiter der Wissenschaftskommunikation im musealen Raum und haben seit Anfang des 21. Jahrhunderts einen neuen Boom erlebt. Die gestiegene Vielfalt an Science Centern in den letzten Jahren lässt sich an einem besonderen Beispiel gut erkennen. Das ‚Science Center Medizintechnik' in Berlin wurde im *Tagesspiegel* am 17. Juni 2009 so vorgestellt:

> „In vielen interaktiven Spielen kann man in dem Haus erleben, wie sich mit moderner Medizintechnik Behinderungen ausgleichen lassen, kann Prothesen bedienen und die Reaktionsgeschwindigkeit testen." (Binder 2009)

Der Besucher kann durch Interaktionsmuster Vorurteile und Ängste in Bezug auf eine Thematik abbauen, die in einem Science Center bisher nicht geläufig war. Auf der eigenen Homepage wird die Institution ähnlich dargestellt:

> „Wir gehen und greifen jeden Tag. Was dabei im Körper geschieht, ist sehr komplex und faszinierend. Interaktive und multimediale Installationen laden dazu ein, spielerisch mehr über sich selbst zu erfahren und Erfindungen zu verstehen, die eingeschränkte Mobilität wiederherstellen."[4]

Dass man ein Science Center für ein so konkretes Thema aufbaut, verrät bereits die große Vielfalt an Science Centern, die es in Deutschland gibt. Vom ‚Turm der Sinne' in Nürnberg, dem kleinsten Science Center Deutschlands, bis hin zu den ‚Phänomenta-Science Centern', die in einigen Städten zu finden sind, gibt es einen langen Katalog an lateinisch oder griechisch anmutenden Namen wie Dynamikum, Spektrum, Universum, Mathematikum oder Technoseum, um nur einige zu nennen. Interessant ist, dass keine Unterscheidung anhand der Namen zwischen Science Centern (z.B. Spektrum) und Wissenschaftsmuseen (z.B. Technoseum) möglich ist. Laut ICOM (International Council of Museums) sind Science Center jedoch keine Museen, weil sie keine Sammlung im üblichen Sinne haben, sondern interaktive Exponate besitzen, mit denen die Menschen durch Experimentieren lernen können, wie Physik oder Technik funktioniert. Aber nicht nur die Namen sind ähnlich, auch die Außendarstellung ist in den letzten Jahren vergleichbar geworden. Paolo Brenni beschrieb diese Lage 2007 folgendermaßen:

> „At the beginning of the third millennium, science museums are trying to redefine their identity. Science centres, which until a few years ago seemed to be the ideal solution to all the problems related to „public understanding of science", show nowadays all their limits and sometime risk to become a kind of amusement parks. In our age of increasing domestic use of computer (media, games, didactic tutorials, etc.) the technology of science centres displays is aging very fast, and their „hands-on" exhibits often tend to be used just as „touch and go" attractions. „Classical" technological and scientific museums struggle between the necessity of fulfilling their mission of preserving and studying historical artefacts and the need of being popular and attractive. Unfortunately in the last years several museums of this kind tent to copy the model of „science centres" and neglected the cultural potential of their collections." (Brenni 2007)

Der Spezialist für geschichtliche wissenschaftliche Instrumente Paolo Brenni macht hier auf zwei Probleme aufmerksam: Einerseits sehen die Science Center in der Web 2.0 Kultur einen Konkurrenten, auf den man mit attraktiven Liveerlebnissen auf Kosten anderer Konzepte reagiert; andererseits lassen sich Wissenschaftssammlungen

4 Siehe http://www.sciencecenter-medizintechnik.de [12.07.2012].

von diesem Trend der Science Center anstecken, sodass sie zum Schluss Gefahr laufen, das kulturelle Potenzial der eigenen Sammlung zugunsten einer höheren Besucherquote zu vernachlässigen. Wäre es da für Wissenschaftsmuseen nicht eine bessere Alternative, wissenschaftliche Artefakte mittels der ‚Neuen Medien' zum Leben zu erwecken, diese in ihren gesellschaftlichen Kontext zu stellen und zeitgenössische Wissenschaft als Prozess und nicht wie bisher als Produkt darzustellen, statt sich nur um die Erhaltung und etwas einseitige Präsentation wissenschaftlicher Artefakte zu kümmern, deren Attraktionsdefizite mit Science Centern nachempfundenen Abteilungen kompensiert werden?

In diesem Sinne sind die Überlegungen von Ken Arnold (1996) bezüglich der Lage von Wissenschaftssammlungen Ende der 90er in England immer noch hochaktuell. Wissenschaftssammlungen arbeiten bis heute nur mit geliehenen Konzepten der Wissenschaftspopularisierung in Science Centern. Die Frage hierbei ist, ob das Aufkommen des reifen Konsumenten sie zur prozessorientierten Wissensvermittlung zwingt?

Seit den Zeiten der Bibliothek von Alexandria bis zur Französischen Revolution findet man keine Sammlung, kein Kulturzentrum und keine Wunderkammer, die die Gesellschaft in irgendeiner Weise direkt miteinbezogen hätte. Erst durch die Französische Revolution und die Exportierung ihrer Werte wurde der Zugang zur Bildung für das Volk ermöglicht. Die erste Popularisierung von Wissenschaft auf interaktiver Basis ist allerdings der Gründung von Wissenschaftszentren Anfang des 20. Jahrhunderts zu verdanken. Der Kerngedanke der Einbeziehung der Bevölkerung in die Welt der Wissenschaft ist z.B. im Gründungstext der Urania zu Berlin dokumentiert:

> „Die Gründung dieser Volksanstalt [...] fiel mit jener glanzvollen Epoche naturwissenschaftlicher Entdeckungen zusammen, in welcher die Elektrotechnik ihren Siegeszug begann und durch ihre großartigen Erfolge den Sinn und das Interesse für die Naturforschung und Naturbetrachtung in allen Kreisen der Bevölkerung weckte." (Urania 1913, S. 7)

Die Urversion eines Science Centers als ‚Mitmachkonzept' zum Experimentieren mit Naturphänomenen wurde 1967 in der Expo Montreal von dem Künstler und Pädagogen Hugo Kükelhaus vorgestellt: Sein ‚Erfahrungsfeld zur Entfaltung der Sinne' enthielt bereits die Grundlagen der Interaktion zur Vermittlung von Wissenschaft auf spielerische Art und Weise. Möglicherweise haben die sozialen Bewegungen der 60er-Jahre dazu beigetragen, dass Kükelhaus sich mit partizipativer Wissenschaft auseinandersetzte. Dies ist aber schwer zu sagen. Ein Beispiel, das gegen diese These sprechen würde, ist das erste große Science Center im modernen Sinne: Das Exploratorium in San Francisco wurde von Frank Oppenheimer 1969 gegründet. Auf der Webseite des Exploratoriums wird auf den damaligen gesellschaftlichen Kontext kurz eingegangen.[5] Die Initiative, die zur Gründung führte, knüpfte jedoch nicht an

5 Siehe http://www.exploratorium.edu/about/our_story [12.07.2012].

die institutionelle Verantwortung der USA an, um Wissenschaft demokratischer zu gestalten. Die Gründung des Exploratoriums ist vor allem der persönlichen Initiative von Frank Oppenheimer zu verdanken, der sogar das Angebot zur Planung einer neuen Abteilung im größten Museumskomplex der Welt (nämlich der Smithsonian Institution) ablehnte, um sich dem von ihm sogenannten ‚San Francisco-Project' zu widmen.[6]

Hinzu kommt, dass diese ersten erfolgreichen Initiativen vor dem Bodmer-Report von 1985 (siehe The Royal Society 1985) zustande kamen, der als Kern der PUSH-Initiative und (bis heute) als offizieller Ausgangspunkt für die institutionelle Wissenschaftskommunikation in ihren verschiedensten Ausprägungen und Akronymvarianten (*public understanding of science*, PUSH, PEST, PSCT etc.) gilt.

Vor diesem Hintergrund fragt sich, ob Science Center tatsächlich das beste Beispiel institutioneller Wissenschaftskommunikation darstellen. Tatsache ist, dass institutionell nicht gebundene Wissensplattformen im Internet und sogar Science Center mit Web 2.0-Integration wie das Exploratorium in San Francisco tiefere Einblicke in die Wissenschaft ermöglichen als traditionelle erlebnisorientierte Interaktionskonzepte.

Der qualitative Unterschied besteht darin, dass die Web 2.0-Kultur ein Phänomen des nachhaltigen sozialen Austauschs ist, der nicht nur von einfachen Interaktionen lebt. Somit ist das Modell ‚Science Center', das sich der haptischen Interaktion mit Naturphänomenen innerhalb der eigenen vier Wände widmet, eher als ‚natürlicher Gegner' der virtuellen Interaktion einzustufen, sodass nicht einmal die Webseiten der meisten Science Center die üblichen Online-Verbreitungskanäle pflegen. Um mit der Wissenschaft interagieren zu können, muss man vor Ort sein. Diese Einstellung ist vergleichbar mit den ersten Reaktionen der Kunstmuseen auf das Web 2.0-Phänomen.

Als das Web 2.0-Phänomen aufkam, gab es viele individuelle Initiativen, darunter auch bedeutende Net Art-Initiativen, die von den größeren Museen zunächst mit Zurückhaltung rezipiert wurden. Die Angst vor dem Verlust der Glaubwürdigkeit führte hauptsächlich zu einer Einwegkommunikation, die das Potenzial des Internets beinah ignorierte. Die Hauptgründe, die nach wenigen Jahren zu der Annäherung von Museen an die Web 2.0-Kultur geführt haben, sind der mögliche Marktverlust und die Entdeckung von neuen Potenzialen in dieser Kommunikationsform.

6 Siehe http://www.exploratorium.edu/about/our_story/history/frank/bios/bio_long.php [12.07.2012].

Wie die Web 2.0-Kultur von Museen aufgenommen und weiterentwickelt wird, kann anhand einiger Kategorien festgehalten werden (vgl. Riedrich 2011):

- die Netzwerkbildung und der Aufbau virtueller Communitys
- die virtuelle Erweiterung des Museums zur Sicherung des Interesses jenseits der vier Wände des Museums
- der Einsatz kollaborativer Spiele mittels Web 2.0-Tools
- die Organisation von Online-Events wie Twitter-Aktionen oder Videoblogs
- die Einrichtung von Internetforen und Wissenssammlungen
- die Organisation von Onlineausstellungen
- der Einsatz von virtuellen Lernorten
- die neue Einbeziehung von mobilen Terminals und Apps

Diesen Kategorien zufolge läuft der Einsatz von Web 2.0-Kommunikationstechniken über zwei Schienen: Einerseits wird das Angebot des Museums auf die Onlinewelt ausgeweitet, andererseits fließt die Web 2.0-Kultur in die kuratorische Praxis an sich ein. Ein wichtiges Beispiel hierfür ist die bereits erwähnte Ausstellung ‚YOU_ser. Das Jahrhundert des Konsumenten'. Nun fragt sich, welche Rolle die Wissenschaftskommunikation in diesem Rahmen spielt. Ausstellungen mit einem institutionellen Hintergrund sind die besten Versuchsobjekte, um eine These hierüber aufzustellen.

Institutionelle Wissenschaftskommunikation im Museum

Am Konzept der Wanderausstellung ‚Wunderkammer Wissenschaft' der Helmholtz-Gemeinschaft[7] erkennt man den wenn auch zögerlichen Versuch, Wissenschaft für ein Internetpublikum aufzubereiten.

Die Art und Weise, wie man sich Wissen im Ausstellungsraum zusammenstellen konnte, funktionierte ähnlich wie im Web. Der Einstieg erfolgte über Schlagwörter und akustisch untermalte, spektakuläre Bilder der Zentren der Helmholtz-Gemeinschaft auf großformatigen Displays, verteilt in siebzehn durchnummerierten Koffern. Darüber hinaus wurde ein Regal mit ebenso durchnummerierten Fächern aufgestellt, in denen jeweils ein Katalog mit weiterführenden Informationen zu jedem Forschungszentrum bereitstand: Jede Zahl entsprach dabei einem Zentrum der Helmholtz-Gemeinschaft. Zudem sorgten passende Evaluationsformulare für einen Feedback-Kanal.

7 Die Wanderausstellung ‚Wunderkammer Wissenschaft' startete am 23.09.2009 im Technikmuseum in Berlin; siehe auch http://www.helmholtz.de/aktuelles/veranstaltungen/wunderkammer_wissenschaft [12.07.2012].

Die Ausstellung vermittelte u.a. die ursprüngliche Faszination des Erforschens mittels anspruchsvoller Aufnahmen, die sonst nur Wissenschaftlern zugänglich sind. Für die Auswahl der mehr als 500 Bilder wurde ein Künstlerteam engagiert. Obwohl die Ausstellung keine kritische Auseinandersetzung mit der Forschung förderte und der Feedback-Kanal sich auf eine standardisierte Evaluation zur Qualitätssicherung beschränkte, kann das Konzept als nutzerorientierter Ansatz klassifiziert werden.

In diese Kategorie ist auch der Wissenschaftszug ‚Expedition Zukunft' der Max-Planck-Gesellschaft aus dem Jahr 2009 einzustufen.[8] Dafür wurde ein Zug als ‚begehbares Buch' über die Wissenschaft der Zukunft eingesetzt. Im Wagen 11 bspw. wurde der Besucher eingeladen, über die neuen Chancen der Forschung und deren Rahmenbedingungen nachzudenken. Im Wagen 12 befand sich ein Mitmachlabor in der Tradition von Science Centern. Das Besondere an dieser Wanderausstellung war nicht nur die Wahl eines Zuges als Medium und die große Anzahl an örtlichen Partnern und flüchtigen Kooperationen in jeder der befahrenen Städte, sondern die Dokumentation im Internet mittels virtueller Rundgänge und eines Blogprogramms, wenn auch Letzteres keine nachhaltigen oder diskussionswürdigen Beiträge lieferte.

Das nächste Beispiel stammt aus dem Naturkundemuseum Karlsruhe. ‚Dynamik des Lebens' (von 2009 bis 2010) war eine interaktive wissenschaftliche Installation der Künstlerkollektive PXNG.LI.[9] Der Besucher konnte selbst in eine holografieähnliche 3-D-Projektion eingreifen und sich die Evolution von den ersten Bakterien bis hin zu den ersten komplexen Tieren aus jeder beliebigen Perspektive anschauen. Diese Flexibilität ähnelt der absoluten Kontrolle über den Wissenserwerb, an die Internetnutzer sonst gewöhnt sind.

Anhand dieser drei Beispiele sind erste Versuche zu beobachten, Wissenschaft anders als in Science Centern mittels der Neuen Medien erlebbar und vielleicht sogar etwas diskussionsfreudiger zu machen. Der eigentliche Geist der Web 2.0-Kultur bleibt jedoch auch diesen Konzepten immer noch weitgehend fremd.

Um konkretere Ansätze in diesem Bereich zu finden, müssen experimentelle Projekte ins Blickfeld gerückt werden. Die Kooperationen des Leibniz-Institut für Wissensmedien (IWM) in Tübingen mit dem Deutschen Museum in München haben z.B. experimentelle Recommender-, Meinungs- und Diskussionsterminals zutage gefördert, die das Potenzial der Web 2.0-Austauschkultur und die Förderung kritischen Denkens in Wissenschaftsmuseen untersuchen (vgl. Knipfer 2007). Hierfür ist es notwendig, dass Wissenschaftsmuseen und Science Center zeitgemäße Tools anbieten, die grundlegende Kognitionsprozesse zur Entfaltung kritischen Denkens ermöglichen (vgl. Knipfer/Wessel 2010). Die neue Mobilität des Internets macht diesen Ansatz möglich. Wissenschaftsexponate und Artefakte in Science Centern sollten auf die Er-

8 Siehe http://de.expedition-zukunft.org [12.07.2012].
9 Siehe http://www.pxng.li/site/works [12.07.2012].

weiterung kritischen Denkens ausgerichtet sein, sonst besteht die Gefahr, dass obsolete *hands-on*-Konzepte angesichts eines marketingorientierten Gebrauchs von Web 2.0-Anwendungen fruchtlos verlaufen.

Und gerade wenn man sich dafür entscheiden sollte, den Weg einer erweiterten Wissensvermittlung zu gehen, die das kritische Denken und den Dialog fördert, dürfen die am Anfang dieses Aufsatzes formulierten allgemeinen Prämissen nicht aus dem Auge verloren werden: Einerseits sind qualitative, gesellschaftsbildende Kommunikationsprozesse offene Dialoge, die durch eine flüchtige Wissensvermittlung im Ausstellungsraum nicht zu einem Ende gebracht werden können, sodass Konzepte zur Fortsetzung von Dialogen jenseits des Museums erarbeitet werden sollten; andererseits steht man noch vor der nicht zu unterschätzenden Herausforderung, Interaktionsmuster im musealen Raum so zu gestalten, dass die Rollenverschiebung vom passiven Besucher zum aktiven Nutzer nicht von Anfang an eingeschränkt wird. Sonst besteht die Gefahr, dass der Austausch asymmetrisch erfolgt und der reife Konsument sich wie ein Proband vorkommt, dessen Stimme beliebig ist. Dies ist nur zu realisieren, wenn Forscher ihre Medienkompetenz erweitern und in die museale Praxis miteinbezogen werden, vorausgesetzt Science Center und Wissenschaftsmuseen geben der Wissenschaftskommunikation den Status einer neuen Forschungsdisziplin, die der Wissenschaft und der Gesellschaft gleichermaßen zugutekommt.

Ausblick

Der vorliegende Text beschäftigt sich mit der Frage nach der kuratorischen Praxis der Wissenschaftskommunikation in Zeiten des Web 2.0 über Beispiele aus der musealen Praxis. Die Schlussfolgerung daraus ist, dass sich die Integration von Web 2.0 in Wissenschaftsausstellungen weiterhin in der Erprobungsphase befindet. Der Science-Center-Boom der letzten Jahrzehnte erweckt vielleicht den Eindruck, dass die dort angebotenen Erlebnisse in Verbindung mit der Web 2.0-Kultur stünden. Doch ihr Einfluss ist woanders zu finden: Partizipative Elemente wie Online-Events, Recommendersysteme oder virtuelle Lernorte setzen sich allmählich in der kuratorischen Praxis von Wissenschaftsmuseen und -ausstellungen durch. Das macht auch die Abgrenzung zu den Science Centern durchlässiger. Bislang wird der Besucher aber noch nicht als aktiver User in die Wissenschaftskommunikation miteinbezogen. Als ein Grund hierfür kann unter anderem gesehen werden, dass eine erhöhte Partizipation des Zielpublikums eben auch eine erhöhte Medienkompetenz aufseiten der Forscher voraussetzt. Hier spielt die Furcht vor dem Verlust der Deutungshoheit und der Abnahme an Glaubwürdigkeit eine wesentliche Rolle.

Je partizipativer der Ansatz mit den Neuen Medien, umso mehr Medienkompetenz wird auch vom Besucher vorausgesetzt. Die erfolgreichsten Web 2.0-Ansätze beschränken sich auf die Interaktion mit Artefakten, die den Wissenserwerb fördern. Recommendersysteme, Meinungsterminals und ästhetische Ansätze, die die Offenheit des Web 2.0 nachempfinden, stellen erste Ansätze für eine Annäherung der musealen Praxis der Wissenschaftskommunikation an die Web 2.0-Kultur dar. Der Besucher als ‚User' in Wissenschaftsmuseen oder Wissenschaftsausstellungen existiert jedoch noch nicht. Der Weg von der ‚Wunderkammer-Kultur' zu einer Kultur der Partizipation in Wissenschaftsmuseen braucht gewagte Konzepte, die einen Nutzen für Wissenschaft und Gesellschaft bringen. Museen für Moderne Kunst wie das ZKM Karlsruhe fungieren in dieser Hinsicht als Motor dieser Entwicklungen.

Literatur

Arnold, Ken (1996): Presenting Science as Product or as Process: Museums and the Making of Science. In: Pearce, Susan (Hg.): Exploring Science in Museums. London: The Athlone, S. 57-78.

Basting, Barbara (2007): Hilfe, ist jetzt wirklich jeder ein Künstler? In: Tagesanzeiger Schweiz, vom 01.12.2007; Onlinedokument http://sc.tagesanzeiger.ch/dyn/news/kunst/818956.html [12.07.2012].

Binder, Elisabeth (2009): Kluger Würfel. Otto Bock Science Center eröffnet. In: Der Tagesspiegel, vom 17.06.2009; Onlinedokument http://www.tagesspiegel.de/berlin/kluger-wuerfel-otto-bock-science-center-eroeffnet/1537912.html [12.07.2012].

Brenni, Paolo (2007): University Collections, Science Museums and Science Centres: What Are They for? Symposium. Wissenschaftskommunikation im öffentlichen Raum. Welche Rolle spielen die Universitäten? Hermann von Helmholtz-Zentrum für Kulturtechnik; Onlinedokument http://wissenschaftskommunikation.hu-berlin.de/abstracts.php [12.07.2012].

Caulton, Tim (1998): Hands-On Exhibitions: Managing Interactive Museums and Science Centres. New York: Routledge.

Erni, Peter (2010): Museum 2.0. Wie Museen Social Media für ihre Kommunikation nutzen können; Onlinedokument http://issuu.com/pgart/docs/museum2.0 [12.07.2012].

von Huene, Stephan (1992): Können Computer in den Himmel kommen? Können Maschinen eine Seele haben? In: Brockhaus, Christoph; Gaßner, Hubertus; Heinrich, Christoph (Hg.): Stephan von Huene – „Tune the World". Die Retrospektive, Ausstellungskatalog. Ostfildern-Ruit: Hatje Cantz.

Kaprow, Allan (1975): Animation. In: Grayson, John (Hg.): Sound Sculpture. Vancouver: A.R.C. Publications, S. 25-30.

Knipfer, Kristin; Wessel, Daniel (2010): Science and Technology Museums as Places for Critical Thinking Skill Development. In: Grahame, Seth D. (Hg.): Science Education in a Rapidly Changing World. New York: Nova, S. 137-144.

dies. (2007): Knowledge Acquisition and Opinion Formation at Science Museums: The Potential of a Discussion Terminal for Collaborative Elaboration on Controversial Issues. In: Chinn, Clark; Erkens, Gijsbert; Puntambekar, Sadhana (Hg.): Proceedings of the 7th Computer Supported Collaborative Learning Conference. New Brunswick: International Society of the Learning Sciences, S. 845-847.

Luhmann, Niklas (1990): Die Wissenschaft der Gesellschaft. Frankfurt am Main: Suhrkamp.

Miles, Roger; Tout, Alan (1992): Exhibitions and the Public Understanding of Science. In: Durant, John (Hg.): Museums and the Public Understanding of Science. London: Science Museum, S. 27-30.

Riedrich, Bettina (2011): Partizipation durch Social Media? Museale Vermittlung und das Partizipative Web; Onlinedokument http://zwischendrin.ch/wordpress/wp-content/uploads/2011/06/Masterthese_FS11_Bettina_Riedrich_Website.pdf [12.07.2012].

Schwan, Stephan (2006): Lernen im Museum: Die Rolle der digitalen Medien für Wissenserwerb und Wissenskommunikation. In: ders.; Trischler, Helmuth; Prenzel, Manfred (Hg.): Lernen im Museum: Die Rolle von Medien für die Resituierung von Exponaten (= Mitteilungen und Berichte aus dem Institut für Museumsforschung, Bd. 38), S. 1-8; Onlinedokument http://www.smb.museum/ifm/dokumente/mitteilungen/MIT038.pdf [12.07.2012].

Seiler, Anette (2009): Die Publikation musealer Daten als Linked Data; Onlinedokument http://www.intelligent-information.de/wp-content/uploads/2009/11/Masterarbeit-Blog.pdf [12.07.2012].

The Royal Society (Hg.) (1985): Public Understanding of Science. Report of a Royal Society *ad hoc* Group Endorsed by the Council of the Royal Society. Luton/Bedfordshire: Inprint of Luton Limited; Onlinedokument http://royalsociety.org/uploadedFiles/Royal_Society_Content/policy/publications/1985/10700.pdf [12.07.2012].

Watzlawick, Paul (2005): Wie wirklich ist die Wirklichkeit? Wahn, Täuschung, Verstehen, 10. Aufl. München/Zürich: Piper.

ders.; Beavin, Janet H.; Jackson, Don D. (1967): Pragmatics of Human Communication. New York: Norton.

Weibel, Peter (2007): User Art_Nutzerkunst. In: Telepolis, vom 02.12.2007; Onlinedokument http://www.heise.de/tp/artikel/26/26653/1.html [12.07.2012].

Urania (1913): Denkschrift zum 25-jährigen Bestehen der Gesellschaft Urania in Berlin. (1888-1913). Berlin: Büxenstein.

Wissenschaftsvermittlung und transmediales Geschichtenerzählen

Alexander Herrmann und Andreas Kapsner

Einleitung

Die Allgegenwärtigkeit der ‚Neuen Medien' bedeutet, dass Öffentlichkeitsarbeit und Wissensvermittlung nicht mehr auf Ringvorlesungen für die interessierte Bildungsbürgerschaft oder die Mitternachtssendung auf dem Nischenfernsehkanal beschränkt bleiben muss. Es gibt heutzutage unzählige Möglichkeiten, ästhetisch ansprechende und das Publikum miteinbeziehende Formen der Kommunikation und Wissensvermittlung zu finden. Wie diese Möglichkeiten aber optimal zu nutzen sind, ist keine triviale Frage, besonders wenn erwartet wird, dass die Wissenschaftler sie weitgehend in Eigenregie beantworten sollen. Es gilt, wichtige strategische,[1] technische und finanzielle Entscheidungen zu treffen, die ein hohes Maß an Gestaltungswillen und Know-how voraussetzen.

Wir wollen uns in diesem Aufsatz einer der Kernfragen widmen: Wie können akademische Inhalte erfolgreich *erzählt* werden? Wer sich, in welchem Medium auch immer, an die Wissensvermittlung macht, muss zum Geschichtenerzähler werden, denn wir erschließen uns die Welt über Geschichten. Diese Art der Datenerfassung und -weitergabe ist ideal, um sie in unseren Gehirnen abzuspeichern, Ereignisse sinnhaft zu verbinden und komplexe Phänomene zu erklären (vgl. Kahneman 2011, S. 386ff.).

Die Überlegungen, die wir hier anstellen wollen, sind für alle Wissensfelder von Bedeutung. Allerdings: Je spröder und visuell unattraktiver das zu vermittelnde Material, desto wichtiger werden sie sein. Das bedeutet, dass im Speziellen die Geisteswissenschaften gute Strategien entwickeln werden müssen. Während etwa ein Zoologe sein Forschungsgebiet mit Filmaufnahmen von wilden Tieren leicht attraktiv darstellen können mag, wird das für den Philosophen, der sich mit dem kategorischen Imperativ auseinandersetzt, erst einmal schwieriger werden. Das soll aber nicht heißen, dass sich solche Inhalte daher nicht für eine multimediale Umsetzung eignen würden. Es muss eben nur einiges mehr an Überlegung in (a) die dramatischen Strukturen und (b) die beste dem Inhalt gerecht werdende Umsetzung fließen.

---

1 Etwa: *Wem* möchte ich *was* vermitteln? Man kann nicht jedem alles beibringen und mitteilen, und eine vernünftige Eingrenzung wird schon viel Überlegung fordern.

Nur ist das nicht gerade einfach. Hier wird klar, dass das theoretische und praktische Wissen von professionellen Geschichtenerzählern gefragt ist, allerdings von solchen, die dem akademischen Feld nah genug stehen, um wirklich auch die Geschichte entdecken zu können, die in einem abstrakten Stoff schlummert. Es ist unsere optimistische These, dass sich eine solche Zusammenarbeit für beide Seiten sehr lohnen würde. Denn auch das Geschichtenerzählen wagt sich zurzeit in höchst interessante und unkartografierte Gebiete vor, in denen es die Unterstützung der Akademiker brauchen könnte.

Transmediales Geschichtenerzählen

Auch hier sind es die neuen Technologien, die viele Innovationen und neue Entwicklungen mit sich gebracht haben. Durch die Erfindung des Internets und der mobilen Kommunikationstechnik, inklusive ihrer Apparate, ist es nicht nur möglich geworden, den Zuschauer – oder besser den Teilnehmer – stärker in den Prozess des Geschichtenerzählens einzubinden, sondern auch verschiedenste Medien beliebig zu verbinden. Man spricht in diesem Zusammenhang von ‚Transmedia Storytelling' (TMS), also transmedialem Geschichtenerzählen:

> „Transmedia storytelling represents a process where integral elements of a fiction get dispersed systematically across multiple delivery channels for the purpose of creating a unified and coordinated entertainment experience. Ideally, each medium makes its own unique contribution to the unfolding of the story." (Jenkins 2007)

Die praktischen Herangehensweisen an dieses neue Multimedium sind andere als die gewohnten Produktionsabläufe. Für transmediale Inhalte werden zuerst meist ‚Storyworlds' oder sog. Universen (das Pendant zu einem Drehbuch beim Film) geschaffen: Zunächst wird eine Welt ‚erdacht' oder anderweitig festgelegt[2] und mit bestimmten physikalischen, sozialen und emotionalen Gesetzmäßigkeiten ausgestattet. Diese Welt dient dann als Grundlage, um die Geschichten und Anwendungen für die verschiedenen Medienderivate zu erzeugen – aus einer Storyworld werden so beispielsweise Spiele, Filme, Web- und Mobile-Applikationen, Alternate Reality Games (ARGs) usw. entwickelt.

All diese medialen Ausformungen werden miteinander verbunden, um ein und dieselbe Storyworld, also ein fiktives Universum, zu erkunden. Dabei gibt es idealerweise verschiedenste Eintrittsmöglichkeiten, auch *rabbit holes* genannt, die in die Geschichte hineinführen.

2 Dabei ist diese Form des Geschichtenerzählens nicht auf fiktionale Inhalte beschränkt. Gerade im Bereich des Dokumentarischen erfreut sich diese Erzählform einer großen und wachsenden Beliebtheit.

Dies bedeutet, man kann sowohl als Erstes das Spiel spielen, aber auch den Film ansehen: Das Erlebnis wird nicht dasselbe sein, aber man hat auch nie den Eindruck, den Anfang der Geschichte verpasst zu haben und nicht mitzukommen.

Das ‚transmediale Erlebnis'[3] ‚Pandemic' beispielsweise fand auf dem ‚Sundance Film Festival 2011' in Park City, Utah statt. Hier wurde am und um das Festival herum ein Szenario geschaffen, indem behauptet wurde, ein mysteriöser ‚Virus' sei ausgebrochen. Alle Besucher des Festivals und die Anwohner des Ortes konnten durch verschiedene Dinge auf dieses groß angelegte transmediale Erlebnis aufmerksam werden (die oben erwähnten *rabbit holes*): Schauspieler liefen durch die Stadt und spielten vom Virus befallene Menschen. Es wurden Telefone verteilt und Gegenstände, die Botschaften enthielten. Ein Film, der ebenfalls den Namen *Pandemic* trug, lieferte weitere Hintergrundinformationen zu der transmedialen Geschichte.[4]

Es gab eine Kommandozentrale auf dem Festival, in die man bestimmte Gegenstände bringen konnte, die vorher von den Organisatoren versteckt worden waren. Dadurch wurden den Teilnehmern weitere Informationen freigegeben, mit deren Hilfe sie den fiktiven Virus eindämmen konnten. Unter den versteckten Gegenständen waren Spielzeuge mit eingebauten Kameras und Mikrofonen, die Bild und Ton aufzeichneten. Fanden diese Gegenstände ihren Weg in die Hauptzentrale (ein Raum, dessen Wände aus Videoscreens bestanden und in dessen Mitte sich ein interaktiver Tisch befand), so wurden die aufgezeichneten Inhalte in eine *cloud* gespeist und den anderen Teilnehmern zugänglich gemacht. Ein Ausstellungsraum, gefüllt mit Porträts von infizierten Menschen, konnte gefunden und betreten werden. Wenn man sein Smartphone mit einer entsprechenden Applikation vor diese Porträts hielt, so öffneten die abgebildeten Menschen ihre Augen und erzählten ihre Geschichte.

Darüber hinaus konnten auch Leute teilnehmen, die nicht auf dem Festival selbst zugegen waren: Über das Internet hatte ‚Pandemic' Teilnehmer aus der ganzen Welt, die in Zusammenarbeit mit den Teilnehmern des Liveevents vor Ort den Virus aufhalten konnten.[5]

---

3 Da kein konkreterer Begriff semantisch breit genug scheint, sprechen die Transmedia-Produzenten im Englischen von *experience*.

4 Zu sehen unter http://www.youtube.com/watch?v=U_N8VThLK-M [12.07.2012].

5 Dies bedeutet aber nicht, dass alle transmedialen Projekte mit so einem technischen Aufwand betrieben oder gar alle medialen Möglichkeiten ausgeschöpft werden müssen. Beispielsweise besteht die Produktion *Collapsus* der holländischen Produktionsfirma Submarine aus einem Dokumentarfilm, einem Spielfilm, einem Computerspiel sowie *user generated content* (also Inhalte, die von den Benutzern und Betrachtern des Story-Universums generiert werden). Alle diese verschiedenen Ausformungen sind auf ein und derselben Webplattform zu finden, auf der der User jederzeit nach Lust und Laune von einer zur anderen springen kann; siehe http://www.collapsus.com [12.07.2012].

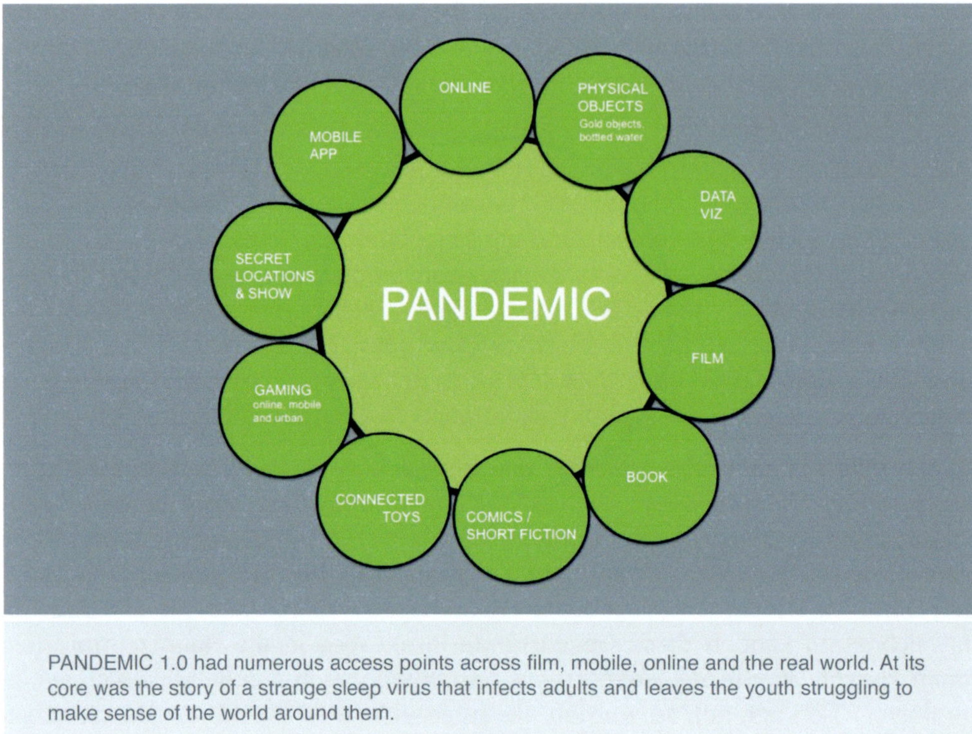

Abb. 1: Schaubild zu Pandemic 1.0; Urheber: Lance Weiler.

Dieses transmediale Erlebnis wurde in enger Zusammenarbeit mit Gesundheitsorganisationen entworfen, um einerseits einen realistischen Spielverlauf zu erreichen und andererseits auch, um Erkenntnisse über das Verhalten der Menschen während einer tatsächlichen Pandemie zu sammeln. All diese Aktionen, Medien und Geschichten standen in einem Zusammenhang, der sich den Teilnehmern durch immer weiterführende Fragmente und Puzzleteile erschloss.[6]

Ein großer Unterschied zu traditionellen Erzählformen im Vergleich zu transmedialen Erlebnissen ist, dass die Teilnehmer oft den Handlungsverlauf stark mitbeeinflussen können. So hing der Verlauf der ‚Pandemie' vor allem vom Verhalten der Festivalgäste und Internetteilnehmer ab, und einzelne Elemente rückten in Echtzeit mehr oder weniger in den Fokus der Geschichte.

Das altmodische Wort ‚Spielleitung' für die Regie wird dadurch wieder treffend und aktuell. In einem transmedialen Erlebnis, in dem es darum geht, gemeinsam mit anderen Teilnehmern Lösungen zu finden und Rätsel zu lösen, kann es durchaus sein, dass den Teilnehmern eine andere Figur oder ein anderer Aspekt der Geschichte interessanter erscheint, als es den Machern im Hinblick auf den Hauptstrang der Ge-

6 Siehe Weiler, Lance: Pandemic 1.0: http://lanceweiler.com/2011/01/pandemic-1-0 [12.07.2012].

schichte vorgeschwebt hatte. In diesem Fall gilt es für den Spielleiter, schnell zu reagieren und auf die Teilnehmer einzugehen. Es findet so ein ständiger Dialog zwischen Teilnehmern und Veranstaltern statt, wie es charakteristisch für die neue Medienlandschaft ist; vor der Erfindung der modernen Kommunikationsmittel konnte, zumindest synchron, nur entweder gesendet oder empfangen werden.

Transmediale Dramaturgie

Derzeit scheinen sich die meisten transmedialen Projekte in ihrer Erzählstruktur an der klassischen dramatischen Erzählform zu orientieren, die die Film- und Fernsehproduktion dominiert. Ihr Ziel ist es, das Publikum durch emotionale Identifikation mit einer Hauptfigur zu fesseln und seine Gefühle an das Schicksal der Hauptfigur zu binden. Zu diesem Zweck bedient sich die Filmdramaturgie eines über lange Zeit perfektionierten Arsenals an Tricks und Schemata, wie etwa das Konstruktionsprinzip der klassischen Drei-Akt-Struktur.

Auch wenn es einige, mitunter erfolgreiche transmediale Geschichten gibt, die auf dem dramatischen Modell beruhen, so sind diese aus unserer Sicht stark redundant: Es läuft dabei oft auf eine Art Schnitzeljagd hinaus, in der man eine vermisste Person finden, jemanden befreien oder überführen muss. Man könnte sagen, es ist lediglich ein (in seinen Möglichkeiten relativ beschränktes) Genre des Transmedia Storytelling.

Im Allgemeinen jedoch sind die Konstruktionsprinzipien der dramatischen Erzählform für anspruchsvolle und progressive Formen des Transmedia Storytelling unzureichend, da diese Prinzipien von einer ungebrochenen, linearen Handlung ausgehen. Brüche sind im transmedialen Storytelling aber beinahe zwingend gegeben, nämlich dann, wenn der Teilnehmer die Plattform wechselt. Ein weiteres Problem ist, dass die konsequentesten transmedialen Unterfangen den Teilnehmern so viel Gestaltungsfreiheit zugestehen, dass das Ende und der Ausgang der Geschichte gar nicht von vornherein feststehen. Das wiederum erschwert die Konstruktion von Handlungs- und Spannungsbögen, die zielsicher in einer Katharsis enden – all das sind wichtige Komponenten der dramatischen Erzählform.

Es gibt in der Dramentheorie aber auch eine Erzählform, die diese scheinbaren Probleme ausdrücklich als Vorteile auszeichnet, d.h. bewusst Brüche erzeugt. Diese im Kontrast zur dramatischen Erzählung entworfene Art des Geschichtenerzählens ist die epische Erzählform.[7]

---

7 Grundsätzlich gibt es drei Arten von klassischen Erzählformen:
Dramatisch: zielt durch bestimmte Mechanismen darauf ab, die Gefühle des Zuschauers anzusprechen. Episch: erzeugt gezielt Brüche und Zwischenräume in einer Geschichte, um die Ratio des Zuschauers anzusprechen und zum Nachdenken anzuregen. Lyrisch: arbeitet wie die Lyrik mit Assoziationen und Kollagen, spielt hier aber keine Rolle.

Wer sich an die Lektüre der Epen von Homer erinnert, auf die sich diese Erzählform beruft, wird sich an ein unübersichtliches und fragmentiertes Sammelsurium von Erzählsträngen erinnern, gar nicht unähnlich der vielen parallelen Stränge, die sich bei einem komplexen Transmedia-Erlebnis ineinander verflechten werden.

Bertolt Brecht übernahm diese Struktur und baute absichtlich Brüche in seine Stücke ein (z.B. Gesang, zum Publikum sprechende Schauspieler usw.), um die Affekthascherei des dramatischen Theaters zu durchbrechen und den Zuschauer zum Nachdenken anzuregen. Brecht machte deshalb nicht Halt vor der Erzeugung von Gefühlen, aber er wollte zugleich den Mechanismus der Gefühlserzeugung entlarven und untersuchen. Es sollte bei ihm nicht um emotionale Befriedigung, sondern um die tiefgreifende Erörterung wichtiger Themen und des Menschen an sich gehen.[8]

Für transmediale Erzähler wird es nützlich sein, sich die Mechanismen und Prinzipien des Epischen genauer anzusehen: In nonlinearen Erzählungen wird der weiterreichende Sinn der Inhalte immer wichtiger. Nonlineare Erzählformen können einen Mangel an Substanz viel schlechter bis gar nicht kaschieren, da die Sinne des Zuschauers nicht permanent gefesselt werden können. Bei transmedialen Geschichten geht es darum, eine Welt zu erkunden – und wo diese Welt nicht von spannenden und komplexen Ideen animiert ist, wird es schnell langweilig werden.

Nicht zufällig bezeichnete Brecht seine Arbeit und die epischen Erzählmodelle als Beitrag zum „Theater des wissenschaftlichen Zeitalters“ (Brecht 1957, Vorwort). Genau hier kommen transmediale Erzählungen und wissenschaftliche Themen zusammen. Gerade die Geisteswissenschaften beschäftigen sich seit jeher gründlich, fragend und forschend mit den großen und kontroversen Themen der Menschheit, genau wie es die Epik für das Geschichtenerzählen vorschlägt: Es geht ihr um den Menschen selbst, seine Wahrnehmung und seine Erlebniswelt, um soziale Zusammenhänge, moralische Fragen, die Rätsel der Geschichte und die theoretischen Möglichkeiten der Zukunft. Aber auch die Naturwissenschaften haben den Geschichtenarchitekten vieles zu bieten, man denke nur an die klassischen visionären Science-Fiction-Geschichten, die sich bis heute großer Beliebtheit erfreuen.[9]

Die Wissenschaften bieten sich somit geradezu an als Lieferant für transmediale Inhalte, da sie per Definition etwas auskundschaften und erfahren wollen. Die Herausforderung bei transmedialen Erzählformen jedenfalls wird darin bestehen, dem Rezipienten bei jedem einzelnen Derivat des Universums genügend Anreize zu bieten, also eine gewisse Erkenntnis, ein bestimmtes Aha-Erlebnis oder eine sonst wie gear-

8 Die Tabelle, die wir im Anhang wiedergeben, gibt einen Überblick über den Kontrast, den Brecht zwischen der dramatischen und epischen Erzählform des Theaters sieht.

9 Gerade hier zeigt sich, wie interessant eine Zusammenarbeit für beide Seiten wäre. Den modernen Science-Fiction-Autoren wurde unlängst von ihrem Kollegen Neal Stevenson vorgehalten, keine Geschichten mehr zu produzieren, die die nächsten Generationen von Wissenschaftlern zu neuen geistigen Höhenflügen inspirieren würden, so wie das noch vor einigen Jahrzehnten der Fall war. Gleichzeitig, so Stevenson, schafft es die moderne Forschung nicht, die Geschichtenerzähler zu inspirieren (siehe Stevenson 2011).

tete Befriedigung zu erzeugen. Gleichzeitig muss aber genug offengelassen werden, um das Interesse für ein weiteres Erkunden der Materie/des Universums wachzuhalten, sodass man auch nach einem Bruch wieder in die Welt einsteigen wollen wird.

Dabei sind jedoch der Fantasie keine Grenzen gesetzt. Löst man sich einmal davon, dass eine Geschichte ein von einer höheren Instanz (Regisseur oder Spielleiter) entworfenes Ziel haben muss, sondern prozess- und ergebnisoffen gestaltet werden kann, so sind ganz neue Mechanismen, Möglichkeiten und Dramaturgien denkbar, die eben mit den Problemen und Fragen der wirklichen Welt zusammenhängen und auf welche auch der Spielleiter keine Antwort weiß. Idealerweise könnten nicht nur wissenschaftliche Inhalte vermittelt, sondern sogar ganz neue Erkenntnisse gemeinsam und spielerisch gewonnen werden.

Dialoge

Wir sehen also immenses Potenzial in einer Zusammenarbeit von Mitgliedern der akademischen und der transmedialen Gemeinde. Bis jetzt gibt es hier aber recht wenige Überschneidungen; dabei wäre es wünschenswert und aus unserer Sicht sehr fruchtbar, den Dialog in Gang zu setzen – etwa über Workshops und Konferenzen, geeignete Internetplattformen, Happenings etc.

Bei solchen Gelegenheiten wird in gewisser Weise erst einmal eine gemeinsame Sprache gefunden werden müssen. Es müssen Methoden und Arbeitsweisen entwickelt werden, auf deren Grundlage Spezialisten verschiedenster Disziplinen miteinander kommunizieren und arbeiten können.

Zumindest in der Transmedia-Gemeinde ist dies aber sowieso eine dringende Notwendigkeit, da das Feld in sich schon aus unterschiedlichsten Gewerken und Kulturen besteht. Auch wenn Filme, Bücher, Spiele und andere Erzählformen viele Gemeinsamkeiten in ihrer Struktur und Dramaturgie aufweisen, so hat doch jede einzelne Form ihre Eigenheiten und Besonderheiten. Spiele etwa weisen ganz andere Konstruktionsprinzipien und dramaturgische Regeln auf als jene, die bei einem Film oder einem Text greifen. Manche Spiele kommen sogar ganz ohne narrative Elemente aus, doch wenn die Spielsimulationen mit sinnhaftem Inhalt gefüllt werden, können sie wichtige Werkzeuge zur Weitergabe und Generierung von Erkenntnissen sein. Denn nicht zuletzt stellt das Spielen selbst eine urtypische Form der Wissensaneignung dar.[10]

10 Die Idee, komplexe empirische Untersuchungen als Spiel zu verpacken und von Laien durchführen zu lassen, ist unlängst verblüffend erfolgreich umgesetzt worden: Die Spieler des Computersimulationsspiels *FoldIt* lösten innerhalb weniger Wochen ein hoch kompliziertes Problem aus der Molekularbiologie, an dem die Forscher sich jahrelang die Zähne ausgebissen hatten; siehe http://fold.it [12.07.2012]. Dieses und andere aufregende Beispiele für die radikale Wandlung, in der sich die Wissenschaft selbst befindet, ist bei Nielsen (2011) nachzulesen.

Diese Differenzen und die in ihnen liegenden Probleme und Potenziale sind den Transmedia-Schaffenden natürlich bekannt; es wird an verschiedensten Stellen wie den neuen Technologien, Darstellungsformen und eben der Dramaturgie geforscht und versucht, die verschiedenen Felder zusammenzuführen.

Ein Umstand, der die Transmedia-Branche dabei auszeichnet, ist die große Offenheit und Experimentierfreudigkeit, die sie an den Tag legt. Unserer persönlichen Erfahrung nach werden auch Anregungen von akademischer Seite mit großem Interesse willkommen geheißen, auch wenn eine groß angelegte Kollaboration noch nicht in die Tat umgesetzt ist. Auf den Versuch aber, so denken wir, sollten wir es durchaus ankommen lassen; es warten viele spannende Überraschungen auf uns.

Literatur

Brecht, Bertolt (1957): Schriften zum Theater. Über eine nicht-aristotelische Dramatik (= Bibliothek Suhrkamp, Bd. 41), zsgest. von Siegfried Unseld. Frankfurt am Main: Suhrkamp.

Campbell, Joseph (2008): The Hero with a Thousand Faces. Novato: New World Library.

DeMartino, Nick (2011): Stories & Worlds: What Transmedia Has to Teach (and Learn); Onlinedokument http://www.tribecafilm.com/tribecaonline/future-of-film/Stories-and-Worlds-What-Transmedia-Has-to-Teach-and-Learn.html [12.07.2012].

Jenkins, Henry (2007): Transmedia Storytelling 101; Onlinedokument http://www.henryjenkins.org/2007/03/transmedia_storytelling_101.html [12.07.2012].

Kahneman, Daniel (2011): Thinking, Fast and Slow. London: Allen Lane – Pinguine Group.

„Lance Weiler Discusses ‚Pandemic' at Sundance". In: Filmmaker Magazin, vom 24.01.2011; Onlinedokument http://lanceweiler.com/2011/01/pandemic-1-0 [12.07.2012].

Nielsen, Michael (2011): Reinventing Discovery. The New Era of Networked Science. Princeton: Princeton University Press.

Stevenson, Neil (2011): Innovation Starvation; Onlinedokument http://www.worldpolicy.org/journal/fall2011/innovation-starvation [12.07.2012].

Im Text erwähnte Webseiten

FoldIt Beta: http://fold.it

Submarine Channel: http://www.collapsus.com

Visual Complexity: http://www.visualcomplexity.com/vc

Weiler, Lance: Pandemic 1.0: http://lanceweiler.com/2011/01/pandemic-1-0

Anhang

Dramatische Form des Theaters	**Epische Form des Theaters**
handelnd	erzählend
verwickelt den Zuschauer in eine Bühnen-aktion	macht den Zuschauer zum Betrachter, aber
verbraucht seine Aktivität	weckt seine Aktivität
ermöglicht ihm Gefühle	erzwingt von ihm Entscheidungen
Erlebnis	Weltbild
Der Zuschauer wird in etwas hineinversetzt	er wird gegenübergesetzt
Suggestion	Argument
Die Empfindungen werden konserviert	werden bis zu Erkenntnissen getrieben
Der Zuschauer steht mittendrin, miterlebt	Der Zuschauer steht gegenüber, studiert
Der Mensch als bekannt vorausgesetzt	Der Mensch ist Gegenstand der Unter-suchung
Der unveränderliche Mensch	Der veränderliche und verändernde Mensch
Spannung auf den Ausgang	Spannung auf den Gang
Eine Szene für die andere	Jede Szene für sich
Wachstum	Montage
Geschehen linear	in Kurven
evolutionäre Zwangsläufigkeit	Sprünge
Der Mensch als Fixum	Der Mensch als Prozeß
Das Denken bestimmt das Sein	Das gesellschaftliche Sein bestimmt das Denken
Gefühl	Ratio

Tab. 1: Schema zur Akzentverschiebung vom dramatischen zum epischen Theater;
Quelle: Brecht 1957, S. 19f.

Vom Nutzen enger Kanäle – Diskursverknappung als Methode[1]

Martin Warnke

Seit langer Zeit beobachte ich die Szene des Lernens mit Computern und habe dabei eine Reihe von Vorschlägen und Projekten, Methoden und Ansätzen kennengelernt, manche davon skurril, manche charmant. In die skurrile Abteilung gehört etwa die sehr schlichte Vorstellung von Siemens-Angestellten, die – es muss in den Achtzigern gewesen sein – uns erklärten, die vordringliche Aufgabe einer Computerpädagogik sei es, die Menschen ‚tastaturfähig' zu machen.

Zugegeben, die Tastaturen von Siemens waren schon nicht schlecht: Flach und mit gutem, trockenem Anschlag, aber als didaktisches Zentralobjekt taugten sie nicht nachhaltig. Andere fanden es richtig, auch schon sehr jungen Schülerinnen und Schülern das Programmieren nahezubringen, etwa mit der Sprache LOGO von Seymour Papert. Und nun, im 21. Jahrhundert, ist die Bedienung des Computers derart trivial geworden, dass man im besten Falle selbst wieder zum Kind werden muss, um alles richtig zu machen.[2]

Eine besondere Gerätebedienung, also Tastaturfähigkeit, ist längst nicht mehr gefragt. Und im Zuge dessen, dass Computer im landläufigen Gebrauch eher Kommunikationsmedien als Rechenmaschinen geworden sind – wobei sie natürlich heftig zu rechnen haben im Hintergrund –, können wir uns auch wieder daran erinnern, dass das Lernen ein kommunikativer Vorgang ist, rätselhaft und eigentlich nicht zu steuern. Bevor ich nun von der charmantesten Lernsoftware, die mir bekannt ist, berichten und damit auf das Thema dieses Beitrags kommen werde, möchte ich noch kurz bei der Frage verweilen, was denn Lernen eigentlich sei, wenn wir schon nicht wissen, wie es funktioniert.

Gregory Bateson entwickelt in seiner *Ökologie des Geistes* seine Schichtentheorie des Lernens. Auf der untersten Schicht bezeichnet er gleichsam „eingelötete" Reiz-Reaktions-Verknüpfungen zunächst als „Lernen null" (Bateson 1992, S. 367), dies meint, was Heinz von Foerster „trivial" nennt, und von Maren Lehmann (2011, S. 121) folgendermaßen ausgeführt wird: „[E]s gibt [...] kein Gedächtnis, nur schieren Vollzug von Ereignis zu Ereignis." Jeder kennt wohl die Sprachlern-Programme, die Lückentexte anbieten, die dann zwar richtige, aber nicht in der zugrunde liegenden

1 Dieser Beitrag ist eine leicht abgewandelte Version des gleichnamigen Vortrags, gehalten am 4. Dezember 2011 auf dem Wissenschaftssymposium: ‚Public Science und Neue Medien. Die Rolle der Web 2.0 Kultur in der Wissenschaftsvermittlung'.

2 Siehe http://www.youtube.com/watch?v=oZwKPDvYA2M&feature=fvwrel [12.07.2012]. Das YouTube-Video *iPhone Used by 1 Year Old Baby* zeigt ein Kleinkind, das mit erstaunlich flinken Fingern den Touchscreen eines iPhones zu bedienen versteht.

Datenbank vorfindliche Antworten als falsch erklären. Oder um es mit Heinz von Foerster und seiner Formulierung von der „Love-Affair of the Western Culture" und den trivialen Maschinen zu sagen:

> „Triviale Maschinen sind die Maschinen, die immer wieder auf dieselbe Eingabe dieselbe Ausgabe geben. Es sind also Maschinen, bei denen auf die Frage »2×2« sofort »4« hinten rauskommt, die bei »3×3« sofort das Ergebnis »9« verkünden. Sollte es einer solchen Maschine unterlaufen, daß sie bei »2×2« auf das Ergebnis »5« kommt, dann schmeißen Sie diese Maschine sofort weg oder geben sie an ihren Computerhändler zurück. Ein anderes Beispiel. Sie bekommen ein Auto mit der Garantie, die besagt, das Auto fahre Sie fünf Jahre lang durch die Welt wie zu dem Zeitpunkt, als Sie es gekauft haben. Zum Beispiel fünf Jahre Garantie hat so eine triviale Maschine. Und nun das: Sie steigen in das Auto ein, Sie fahren aus der Garage heraus und schon fällt das erste Hinterrad heraus. Auf der Stelle sagen Sie: »Was ist da los? Sollte mein Auto eine nichttriviale Maschine sein?« Dann schicken Sie nach einem »Trivialisateur«, der auch kommt, bewaffnet mit einem Schraubenzieher und, Gott sei Dank, möglichst schnell ist das Auto wieder trivial. Leider hat sich die westliche rationalistische Tradition so in die Trivialisationsoperation verliebt, daß alles trivialisiert werden muß, selbst unsere Kinder. Stellen sie sich vor, Sie fragen Ihren Sohn: »Sag einmal, wieviel ist 2×2?« und er sagt »grün«. Was passiert? Sie schicken ihn in die staatliche Trivialisationsanstalt, damit er dann später immer »4« sagt." (von Foerster 2002, S. 6f.)

„Lernen I" (Bateson 1992, S. 372) – eine Stufe weiter – finden wir bei Gregory Bateson bei der Konditionierung wieder. Lehmann (2011, S. 122) formuliert es so: „Pawlows Hund saliviert, Skinners Ratte läuft." Auch hier obwaltet noch die Trivialität, denn ein bestimmter Reiz soll immer zu derselben Reaktion führen. Maren Lehmann schreibt mit Bateson und von Foerster solcherart Lernen nun aber dem Instruktor zu:

> „Tatsächlich handelt es sich beim ‚Lernen I' um ein Lernen des urteilenden Beobachters selbst. Er ist es, der die Veränderung des Verhaltens registriert und auf eine Erwartung zurechnet, die allerdings allein die seinige ist und mit dem sich Verhaltenden selbst gar nichts als nur den Umstand der Beobachtung zu tun hat [...]. Der Lernende wird beobachtet." (Lehmann 2011, S. 122)

Beim ‚Lernen II' ändert sich nicht nur das Verhalten, sondern zusätzlich auch der Kontext, sodass es nun die Möglichkeit gibt, Prozesse auch dem Lernenden zuzurechnen (vgl. Bateson 1992, S. 374/392). Bei Lehmann heißt es dazu:

> „Es wird in Rechnung gestellt, dass es immer unsicher ist und deshalb eine Entscheidung des erwähnten Beobachters bleibt, ob die beobachtete Veränderung des Verhaltens dem sich Verhaltenden oder seinem Kontext zuzurechnen ist. Wer verändert sich, wenn eine Veränderung beobachtet wird?" (Lehmann 2011, S. 123)

Auf dieser Ebene könnte es das erste Mal sein, dass der Lernende eine Eigenleistung erbringt, also selbst entscheidet, in welchen Kontexten er oder sie auf welche Reize wie reagiert. Die Folge des Lernens II ist ein Lebenslauf, eine Biografie, die wechselndes Verhalten in unterschiedlichen Kontexten auslebt: von der Schule zur Universität zur Familie etwa (vgl. ebd.).

Es ist das bekannte Schema von der Errichtung höherer Ordnungen. Auf der nächsten Stufe, dem ‚Lernen III', werden bisherige Kontext-Verhaltens-Kopplungen verlernt. Die Stufenleiter lässt uns immer höher klettern, wir gewinnen offenes Terrain, und die Situationen, in denen gelernt wird, lassen sich nicht mehr präparieren in dem Sinne, als dass kommunikative Kontexte und Situationen in diesem Rahmen nicht vorhersagbar sind. Es geht hier darum, ein variables Verhalten unter wechselnden Kontexten an den Tag zu legen, ja, die Kontextualisierung seines eigenen Verhaltens selbst zum Gegenstand einer Veränderung zu machen, sein Selbst also infrage zu stellen. Das Einzige, was in einer solcherart oszillierenden Situation einem Lehrkörper übrig bleibt, ist, Möglichkeitsbedingungen des Lernens selbst bereitzustellen, Anregungen – oder besser noch: Störungen – zu inszenieren. Mir ist klar, dass das eine Bankrotterklärung jedweder herkömmlichen Didaktik bedeuten würde. Aber manchmal ist der Offenbarungseid das einzig Richtige, und manchmal sogar ein großer Spaß, etwa wenn Johann Strauss (Sohn) ihn in Form einer *Fledermaus* zu Notenpapier bringt: Glücklich – heißt es da – ist, wer vergisst, was doch nicht zu ändern ist!

In solchen Situationen käme es dann darauf an, auch Enttäuschungen zu ertragen, nicht-normkompatibles Verhalten auszuhalten und zuzulassen, es sogar „genießerisch schlendernd" zu erproben, um noch einmal Maren Lehmann (2011, S. 137) und ihre Montaigne-Lektüre zu Wort kommen zu lassen. Damit sind wir angekommen in der doppelt kontingenten Kommunikation: Im Gegensatz zum fragend-entwickelnden Unterrichtsgespräch und dem Schema einer Unterrichtsvorbereitung, in dem links der Lehrer und rechts die Schüler genau das sagen, was geplant ist, weiß hier niemand, was Alter auf Ego erwidert, weil nämlich Ego selbst nicht wissen kann, was als Nächstes kommt.

Welche Lehrsituationen sind dann überhaupt noch möglich? Der Lehrkörper beobachtet eine Typ-II-Situation – die einzige, die mit Recht als Lernen bezeichnet werden kann – aus einer Typ-I-Perspektive, indem sie oder er prüft, wie und ob die Störungen von den Schülern aufgenommen werden – und lernt selbst dabei. Das Ganze spielt sich unserem Thema entsprechend mit Computern ab.

Eine solche Situation befindet sich auch in meiner Sammlung von Computer-Lern-Kunststücken. Es handelt sich um das Projekt ‚MOOssiggang', einem schmalkanaligen ‚Multi-User-Dungeon, Object Oriented'. Das Setting und die Software stammen aus dem Feld der Computergames, und werden hier gewendet zu einer beobachtbaren, wenngleich nicht kontrollierbaren Kommunikationssituation unter Lernenden. Das Wort MOOssiggang setzt sich aus MOO und dem verballhornten Müßiggang, einem der schönsten deutschen Wörter überhaupt, zusammen. Jacob und Wilhelm Grimm konnten herbeizitieren, dass „müssiggang [...] aller laster anfang, und des teufels ruhebank" sei, aber eben auch, dass „(die Griechen) [...] den müssiggang und die gleichgültigkeit zum beneideten loose des götterstandes" (Grimm/Grimm 1885, Lemma Müsziggang) machten.

Sei dem, wie ihm wolle, dem MOO schenkte der Müßiggang den Namen. Ein MOO, ein ‚Multi-User-Dungeon, Object Oriented', ist eine Variante eines *adventure*-Games, das gänzlich textbasiert vielen Spielern gemeinsam erlaubt, selbst erschaffene Welten, die ebenfalls nur aus Text bestehen, zu besuchen und in ihnen Dinge zu tun und andere Besucher anzusprechen. Dementsprechend wird dabei ausschließlich geschrieben.

Das Vassar College, 75 Meilen nördlich von New York City, in Poughkeepsie, einem Ort, dem man seine indianische Vergangenheit noch abhört, gibt 2.400 Studierenden und 290 Lehrkörpern eine akademische Heimat. Das Projekt MOOssiggang[3] wurde 1998 von Jeffrey Schneider und Silke von der Emde begründet und ist auf dem mittleren Level des Germanistikstudiums immer noch in Verwendung, so zumindest laut der Webseite des Vassar College. Es verwendet das ‚enCore Learning Environment', das auf dem LinguaMOO beruht. Der erste Kurs behandelt „Identity in Contemporary Germany", und sein Eingangsbildschirm sieht so aus:

Abb. 1: Intermediate I: Identity in Contemporary Germany. Die Kammer der Viel-ich-tig-keit; Quelle: Vassar College/Rapallo.[4]

3 http://german.vassar.edu/projects/moossiggang.html [12.07.2012].

4 http://german.vassar.edu/assets/images/intermediate1Fullview.jpg [12.07.2012].

Es handelt sich um eine typische Beschreibung eines Raums in einem MOO oder MUD. Solche Räume können von den Besuchern selbst durch Beschreibung erzeugt werden. Man kann alle Personen ansprechen, oder besser: anschreiben, man kann ‚flüstern', sodass nur bestimmte Personen lesen können, was man schreibt, man kann aber auch ‚rufen', damit alle es mitbekommen. Es gibt Objekte, die man mitnehmen kann, Ausgänge in allen Himmelsrichtungen, man kann mitprotokollieren, was geschieht und Material einstellen. Aber das Wichtigste ist: Man schreibt sich. Ein Ausschnitt aus einer MOOssiggang-Konversation sieht etwa wie folgt aus:

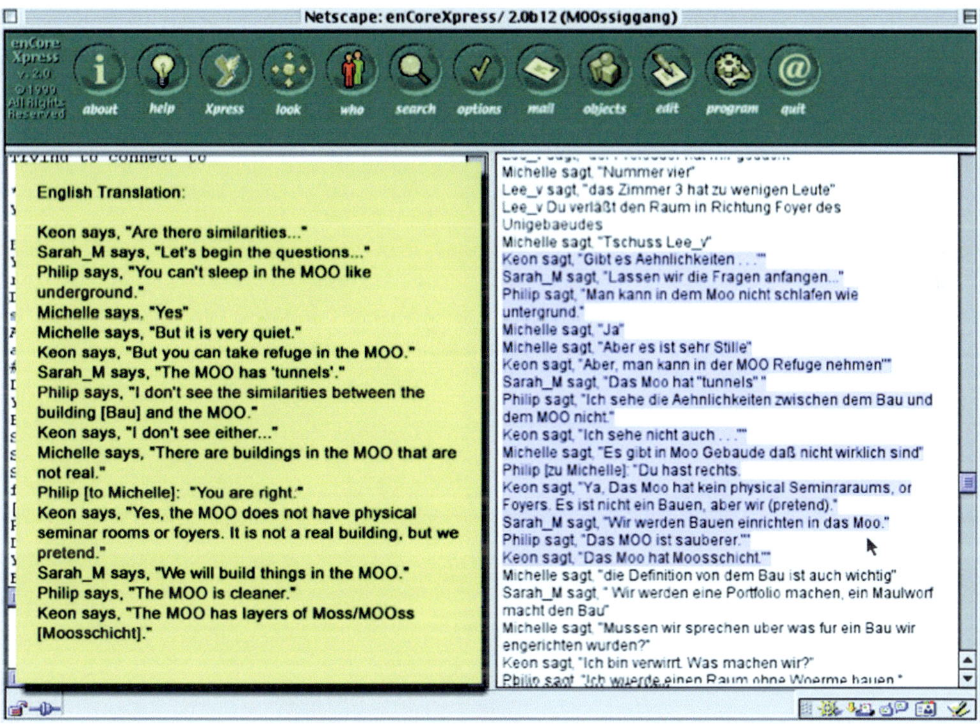

Abb. 2: Beispiel einer MOOssiggang-Konversation; Quelle: Vassar College 2003.[5]

Im Gesprächsstil wird drauflosgeschrieben, dass es eine Freude ist. Es werden Fehler gemacht, aber das schadet gar nichts. *Native speaker* aus Münster reden schriftlich mit Germanistikstudierenden aus Poughkeepsie, und das mit MOOssiggang adressierte Problem der unterschiedlichen Deutschkompetenzen ist keines mehr. „Experiential learning" nennen das die Autorin und der Autor (siehe von der Emde/ Schneider 2000). Sie stellen fest, dass auch Anfänger sich viel freier an der Konversation beteiligen als in einer mündlichen Situation, sich viel elaborierter ausdrücken,

5 http://faculty.vassar.edu/jeschnei/moossiggang/pics/Image7.gif [12.07.2012].

und nicht zuletzt, dass sie sich durch den Eigenbau der Umgebung selbst beim Schreiben analysieren: Damit befinden wir uns mindestens auf Stufe Lernen II. Hierzu ist bei von der Emde und Schneider zu lesen:

> „Such shifts in the embodiment, expression and public perception of their foreign language selves enable a Brechtian alienation effect that encourages the kind of self-reflection that lies at the heart of liberal arts education."[6] (von der Emde/Schneider 2000)

Also auch hier ist erkannt worden, dass Typ-II-Lernen Biografien erzeugt. Ein selbst gebauter Raum sieht in MOOssiggang dann so aus:

Abb. 3: MOOssiggang-Textbeispiel: *Jean's Room/Zimmer von Jean*. Quelle: Vassar College 2003.[7]

6 „Solche Verschiebungen ihrer Verkörperung, ihres Ausdrucks und der öffentlichen Wahrnehmung ihrer Fremdsprachen-Identität ermöglicht einen Brechtschen V-Effekt, der eine Selbstreflexion fördert, wie sie im Zentrum eines Studiums der Liberal Arts steht." (Übersetzung des Autors)

7 http://faculty.vassar.edu/jeschnei/moossiggang/pics/Image8.gif [12.07.2012].

In der nächsten Kurseinheit reagieren dann die Kommilitoninnen und Kommilitonen auf die selbst gebauten Räume und reflektieren damit die Kontexte, in denen sie sich verhalten.

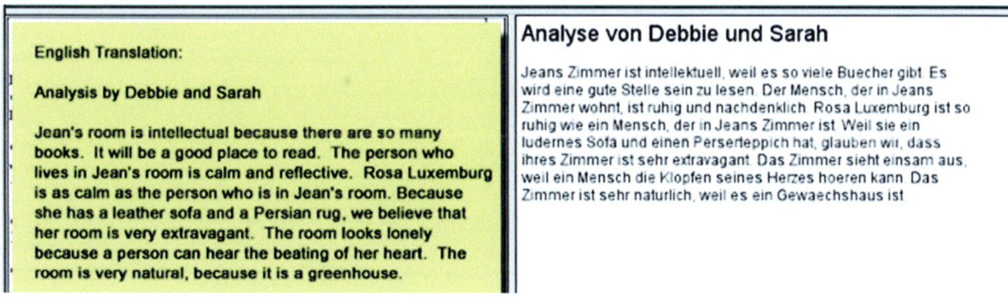

Abb. 4: Antwort auf das obige Textbeispiel: *Analysis by Debbie and Sarah/Analyse von Debbie und Sarah*; Quelle: Vassar College 2003.[8]

Der empirische Befund von Silke von der Emde und Jeffrey Schneider lautet, dass sich die Studierenden recht unbefangen und dennoch sehr reflektiert in MOOssiggang bewegen. Es läuft zwar immer mit, dass auch der Lehrkörper mitliest, aber die Ernsthaftigkeit der Anliegen, die zu Wort kommen, scheint dies zu überdecken. Die virtuelle Realität des MOO ist mitreißend wie das *real life* selbst.

Es bleibt nun noch zu begründen, warum enge Kanäle wie in MOOssiggang, bestehend aus dürrem Text, denn nun von Nutzen sein sollen. Sie sind einerseits notwendig, um das Lernen II der Studierenden als Lehrkörper überhaupt noch beobachten zu können. Wären die Welten breitbandig wie das heutige Internet, würden also Filme und Animationen ablaufen, Musik erklingen, Chats stattfinden, Nachrichtenticker laufen, Versteigerungen auf Ebay und Skypekonferenzen alle gleichzeitig abgehalten werden, würde also der gesamte Bildschirm eines durchschnittlichen Studierenden während einer beliebigen Uhrzeit zur Debatte stehen, könnten auch intelligenteste Professorinnen und Professoren dieses nicht mehr auswerten und kommentieren. Andererseits gehört die Schmalbandigkeit zu den wenigen technischen Parametern, die für die Lernsituation präparierbar sind. Schmale Bänder oder enge Kanäle ermöglichen Konzentration und erhöhen, weil sie ‚kalte' Medien sind, die Eigenaktivität der Lernenden. Sie wirken halluzinativ und nicht hypnotisch (vgl. McLuhan 1992, S. 35ff.), sie fordern heraus, aber überwältigen nicht. Enge Kanäle sind auch nicht aus der Mode gekommen. Der Mikroblogging-Dienst Twitter etwa könnte kaum reduzierter daherkommen:

8 http://faculty.vassar.edu/jeschnei/moossiggang/pics/Image9.gif [12.07.2012].

Abb. 5: Eigener Twitter Screenshot.

Diskursverknappung (siehe Warnke i.E.) kann geradezu als das Geschäftsmodell der ganz Großen im Internet bezeichnet werden: Twitter, Facebook, Google, YouTube, sie alle zwingen ihre User unter ihre minimalistischen Interfaces, beschneiden ihr Tun auf die profitbringenden Hauptoperationen ihrer Portale. Die letzten Flops des Web 2.0, Second Life und Google Wave hatten versucht, andere Wege zu gehen, vergeblich. Und sie eignen sich eben auch nicht für akademische Diskurse. Man schaue sich an, wie eine typische Second Life-Lehrsituation aussieht:

Abb. 6: Filmstill aus YouTube-Video *Tools for Teaching in Second Life.*[9]

9 Siehe http://www.youtube.com/watch?v=yDRupT0ates&feature=related [12.07.2012].

Nicht nur, dass dem Lehrkörper offenbar viel zu viele Wachstumshormone ins Mensaessen gestreut worden sind. Welche Zeitverschwendung, welch sinnloses Beiwerk sind hier zu ertragen! Ich bin daher recht froh, dass die Welle der Second Life-Dissertationen zum Erliegen gekommen ist. Und ich würde mich freuen, wenn Kargheit, Intelligenz, Freundlichkeit, Nachdenklichkeit und Müßiggang auch auf den Computern wieder einzögen in unser durch Neuerungen geplagtes Akadem: auf leisen Sohlen und durch enge Kanäle.

Literatur

Bateson, Gregory (1992): Ökologie des Geistes. Anthropologische, psychologische, biologische und epistemologische Perspektiven, 4. Aufl. Frankfurt am Main: Suhrkamp.

von der Emde, Silke; Schneider, Jeffrey (2000): From Virtual Cultures to Foreign Cultures and Back Again: MOOing at Vassar. Computers and Writing 2000; Onlinedokument http://faculty.vassar.edu/jeschnei/moossiggang/cw2k.html [12.07.2012].

von Foerster, Heinz (2002): Short Cuts. Heinz von Foerster 5. Frankfurt am Main: Zweitausendeins.

Grimm, Jacob; Grimm, Wilhelm (1885): Deutsches Wörterbuch. Leipzig: Hirzel.

Lehmann, Maren (2011): Theorie in Skizzen. Berlin: Merve.

McLuhan, Marshall (1992): Die magischen Kanäle. Düsseldorf: Econ.

Papert, Seymour (1993): The Children's Machine. Rethinking School in the Age of the Computer. New York: HarperCollins.

Warnke, Martin (im Erscheinen): Datenbanken als Zitadellen des Web 2.0. In: Böhme, Stefan; Nohr, Rolf F.; Wiemer, Serjoscha (Hg): Sortieren, Sammeln, Suchen, Spielen. Die Datenbank als mediale Praxis. Medien'welten (= Braunschweiger Schriften zur Medienkultur, Bd. 20). Berlin: LIT.

Über die Bedeutung von Authentizität und Inhalt für die Glaubwürdigkeit von Webvideo-Formaten in der Wissenschaftskommunikation

Stephan Breuer

Für kein Medium sind die Rezeptionszahlen im Internet in den letzten zehn Jahren so stark angewachsen wie für das Webvideo. Es ist daher nicht verwunderlich, dass auch die Wissenschaftskommunikation dieses Medium nutzen möchte. Trotz verstärkter Bemühungen ist es in Deutschland jedoch bisher nicht gelungen, an die Erfolge der Videoportale aus dem angloamerikanischen Raum anzuknüpfen. Über die Gründe für diesen Rückstand kann bislang nur spekuliert werden, es ist jedoch auffällig, dass zwischen den deutschen und den angloamerikanischen Webvideo-Formaten profunde Unterschiede bestehen, mit denen sich die Wissenschaftskommunikation auseinandersetzen sollte, um neue, erfolgreichere Konzepte entwickeln zu können.

Erwählt werden

Es ist eine Binsenweisheit, dass Wissenschaftskommunikation ‚eine breite Öffentlichkeit' erreichen soll. Bei genauerer Betrachtung enthüllt diese Aussage jedoch bereits eines der Hauptprobleme der Wissenschaftskommunikation im Internet: Es sollen nicht nur Menschen erreicht werden, die sich bereits für ein Thema interessieren, sondern auch jene, die bisher nicht mit Wissenschaftskommunikation in Kontakt gekommen sind. Dahinter verbirgt sich, wie Faulstich es formuliert:

> „[...] ein reales Problem, nämlich die Tatsache, dass Wissenschaft immer deutlicher unser Leben bestimmt und ihm gleichzeitig fremd bleibt und sogar immer entfernter wird. Es entsteht eine unaufhebbare Lücke zwischen der Masse der Erkenntnisse und der Fähigkeit diese zu begreifen." (Faulstich 2006, S. 27)

Problematisch dabei ist jedoch der Umstand, dass das Internet eine potenziell unendliche Anzahl von Angeboten zu nahezu jedem Thema beinhaltet. Ein Internetnutzer, der neue Angebote erschließen möchte, muss daher zwangsläufig eine Strategie entwickeln, die es ihm ermöglicht, die Attraktivität von Angeboten möglichst effektiv einzuschätzen, um das für ihn passende Angebot zu finden. Effektiv heißt in diesem Zusammenhang, dass die Attraktivität des Beitrags möglichst schon vor der Rezeption treffend eingeschätzt werden kann.

Erschwerend kommt hinzu, dass die Themen der Wissenschaftskommunikation potenziell eine hohe gesellschaftliche Relevanz haben und haben wollen, weshalb es unter Umständen nicht ausreicht, wenn die Angebote der Wissenschaftskommunikation sich auf einen besonders hohen Unterhaltungswert beschränken.

Ernst gemeinte Wissenschaftskommunikation soll gesellschaftliche Diskurse anregen und deren Qualität positiv beeinflussen können. Wenn man also voraussetzt, dass nur ein wahrhaftiger, mit möglichst objektiven Argumenten geführter Diskurs auch ein guter Diskurs ist und antizipiert, dass ein kritischer Rezipient hinterfragt, welche Ziele eine Institution verfolgt und ob diese Ziele mit seinen eigenen Zielen in Konflikt stehen, kommt die Wissenschaftskommunikation nicht daran vorbei, sich immer wieder damit auseinanderzusetzen, wie sie Glaubwürdigkeit erlangen und behalten kann, um nicht als ‚verlängerter Arm einer PR-Abteilung' oder als ‚Hofberichterstatter' wahrgenommen zu werden.

Vermittlung von wissenschaftlichen Inhalten

Die Ziele der Wissenschaftskommunikation sind sehr vielschichtig, sie reichen von der Schaffung breiter gesellschaftlicher Akzeptanz für wissenschaftliche Forschung über die Förderung interdisziplinärer Zusammenarbeit bis zum Wissenstransfer und Dialog zwischen Forschung und Wirtschaft.

Insbesondere für die Schaffung von Akzeptanz für die Wissenschaft spielt auch die Vermittlung von Wissen eine bedeutende Rolle, zumal sich gesellschaftliche Akzeptanz im Optimalfall über einen informierten gesellschaftlichen Diskurs herausbildet. Dementsprechend bedient sich auch die klassische Wissenschaftskommunikation einer Reihe von Mitteln, wie z.B. Vorträgen, Diskussionsrunden, Publikationen, Seminaren, Ausstellungen und Podiumsdiskussionen, bei denen auch die Vermittlung von Wissen eine wichtige Rolle einnimmt.

Die ARD/ZDF-Langzeitstudie Massenkommunikation (siehe Engel/Mai 2010) belegt, dass auch das Internet mittlerweile von vielen Nutzern als wichtiges Informationsmedium gesehen wird.

Es liegt also nahe, dass Wissenschaftskommunikation versuchen sollte, diesen Informations- und Wissensbedarf zu bedienen. Dabei ist jedoch zu beachten, dass sich das Internet mittlerweile zu einem eigenen Kulturraum mit spezifischen Rezeptionsgewohnheiten und Darbietungsformen entwickelt hat. Klassische Formate, wie sie in Printmedien, Radio und Fernsehen üblich sind, lassen sich daher nicht eins zu eins auf das Internet übertragen (vgl. Gloning/Fritz 2011). Stattdessen müssen also die für das Internet typischen Kommunikations- und Interaktionsformen wie Blogs, Podcasts, Webvideos oder *social media* auf ihre Eignung für die Wissenschaftskommunikation untersucht werden.

⑧ Nutzungsmotivation Internet 2010

BRD gesamt, Pers. ab 14 J., Internetnutzer (mindestens einmal im Monat), in %

	Sinus-Milieus 2010										
	Gesamt	Konser-vativ-etabliert	Liberal-intellek-tuell	Performer	Expeditiv	Adaptiv-prag-matisch	Sozial-öko-logisch	Bürger-liche Mitte	Tradi-tionell	Prekär	Hedo-nistisch
Basis	3 012	337	302	313	248	309	325	331	262	161	424
Fallzahl (ungew.)	3 502	477	421	364	308	298	499	346	186	147	456
Internet											
trifft voll und ganz/weitgehend zu											
damit ich mitreden kann	51	43	48	61	57	61	46	50	51	34	52
weil ich Denkanstöße bekomme	61	57	57	72	68	71	61	56	57	52	57
weil ich mich informieren möchte	91	91	92	90	93	92	91	91	93	88	90
weil ich dabei entspannen kann	37	32	30	53	46	52	27	28	26	27	45
weil es mir Spaß macht	80	76	77	88	90	84	69	76	75	82	81
fühle mich dann nicht allein	14	7	5	21	17	22	10	12	9	7	23
möchte mich ablenken	40	28	33	46	52	49	27	33	39	46	49
gehört aus Gewohnheit dazu	42	34	34	56	52	52	31	31	28	38	54
erfahre Nützliches für den Alltag	81	82	81	85	90	84	78	79	80	67	76

Quelle: ARD/ZDF-Langzeitstudie Massenkommunikation 2010.

Tab. 1: Nutzungsmotivation Internet 2010; Quelle: Engel/Mai 2010.

Wissensvermittlung im Webvideo

Tatsächlich scheint es bei der Wissenschaftskommunikation mit Webvideos noch einen großen Nachholbedarf in Deutschland zu geben, denn in keinem Bereich der Wissenschaftskommunikation tritt die Erfolglosigkeit, Rezipienten zu erreichen, so stark hervor. Legt man die Zugriffszahlen des populären Videoportals YouTube zugrunde, muss man eingestehen, dass es selbst die großen Träger von Wissenschaftskommunikation bisher nicht geschafft haben, eine signifikante Reichweite zu erlangen. Die wenigsten Videoprojekte im deutschsprachigen Raum haben bis zum Jahr 2012 mehr als 20.000 Zugriffe zu verzeichnen, obwohl einige bereits seit mehr als drei Jahren aktiv sind – was selbst bei optimistischer Schätzung darauf hinweist, dass sich nicht einmal in jedem 2000sten deutschen Haushalt eine Person befindet, die ein Video aus einem bestimmten Portal gesehen hat. Das ist insbesondere deshalb beklagenswert, als dass die Akzeptanz für Webvideos und ihre Verbreitungswege sehr hoch ist:

Aktuelle Marktforschungsstudien legen zwar nahe, dass der durchschnittliche Deutsche im Jahr 2011 monatlich etwa 127 Stunden vor dem Fernseher verbrachte (siehe Arbeitsgemeinschaft Fernsehforschung 2011), die Sehdauer bei Webvideos jedoch kontinuierlich zunimmt.

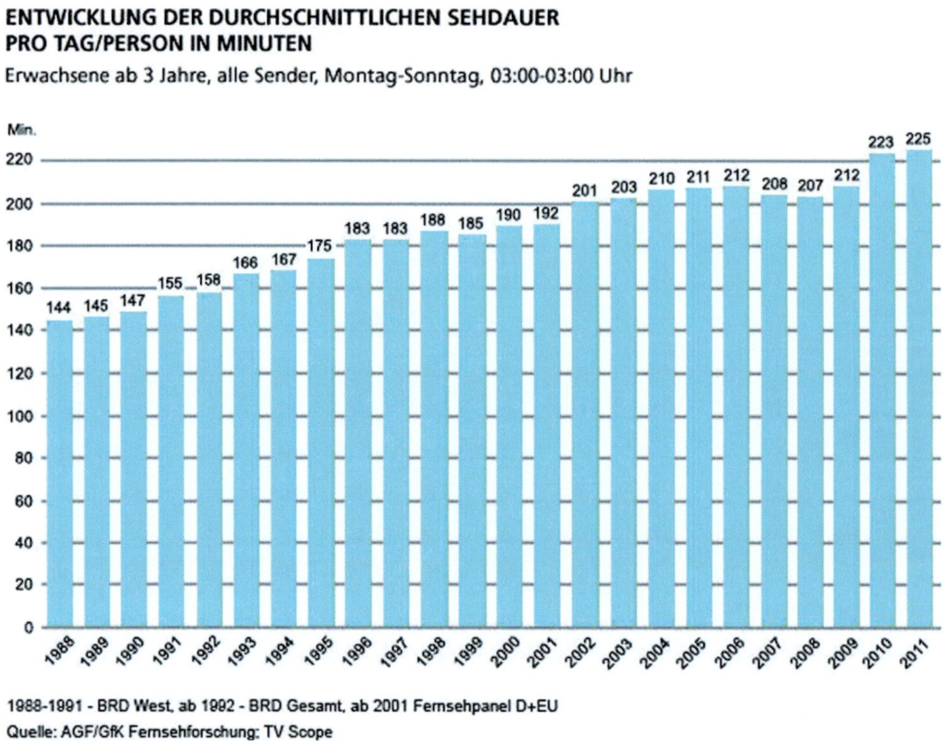

Abb. 1: Entwicklung der durchschnittlichen Sehdauer von Fernsehen in Deutschland; Quelle: Arbeitsgemeinschaft Fernsehforschung 2011.

Im Jahr 2011 belegen deutsche Internetnutzer in Europa den Spitzenplatz bei der Nutzung von Webvideos; sie schauen im Durchschnitt 19 Stunden Webvideo im Monat.

Auch die Verbreitungswege für Webvideos sind erschlossen, so waren im Jahr 2011 ganze 91 % der für die Wissenschaftskommunikation besonders attraktiven Altersgruppe zwischen 16 und 24 Jahren in sozialen Netzwerken aktiv (siehe Statistisches Bundesamt 2012). Die Internetnutzer in Deutschland sind für die Wissenschaftskommunikation also durchaus mit Webvideos zu erreichen, bislang fehlt es aber offenbar noch an Angeboten, die von den Nutzern auch nachgefragt werden. Über die Gründe für diesen Missstand kann bislang nur spekuliert werden – dass die Nachfrage nach Webvideos jedoch nicht zwangsläufig so schlecht sein muss, zeigen Projekte aus dem angloamerikanischen Raum, die mit teilweise sehr einfachen Konzepten eine ungleich höhere Verbreitung erreichen.

Online Video in Selected European Countries Ranked by Videos per Viewer April 2011 Total Audience; Age 15+ - Home & Work Locations Source: comScore Video Metrix			
	Videos per Viewer	Hours per Viewer	Total Unique Viewers (000)
Germany	186.9	19.6	44,928
Turkey	168.6	18.7	20,732
United Kingdom	166.4	17.0	32,594
Spain	150.9	18.4	18,902
France	131.2	12.8	38,658
Italy	114.8	12.8	18,690
Russia	86.8	9.7	39,840

Tab. 2: Sehdauer von Webvideos in Europa; Quelle: Comscore (2011).[1]

Webvideos aus dem angloamerikanischen Raum

Prototypisch für erfolgreiche Wissenschaftskommunikation mit Webvideos im angloamerikanischen Raum sind Videoportale wie *TED, Big Think* und *Sixty Symbols*, deren Angebote sich in Aufbau, Ästhetik und Inhalt sehr stark von den derzeit in Deutschland existierenden Angeboten unterscheiden.

Über die Gründe für die hohe Akzeptanz liegen bislang keine Studien vor, es gibt jedoch zwei Unterschiede zu deutschen Projekten, die unmittelbar auffallen: Dies ist zum einen die starke *Fokussierung auf die Vermittlung von Wissen* und zum anderen die *authentische Inszenierung der Protagonisten*. Bei allen genannten Formaten fällt auf, dass die Wissenschaftler grundsätzlich in den Mittelpunkt des Filmes gestellt werden. Im Gegensatz zu Formaten aus Deutschland wird der Beitrag auch weder durch einen Kommentator gerahmt, noch durch einen Moderator oder einen Journalisten begleitet und kommentiert. Alle Inhalte werden vom Wissenschaftler getragen, orientieren sich an dessen persönlicher Forschung und konzentrieren sich auf die anschauliche Vermittlung von wissenschaftlichen Inhalten. Darüber hinaus fällt auf, dass sich selten Beiträge finden, die sich auf die aus dem Journalismus bekannten ‚Nachrichtenfaktoren' beziehen.

1 Siehe http://www.comscore.com/ger/Press_Events/Press_Releases/2012/5/Engagement_with_-Online_Video_on_the_Rise_in_Germany [12.07.2012].

Abb. 2: Eigene Screenshots der YouTube-Channels von *Sixty Symbols*, *TED* und *Big Think*.

Während bei *TED* und *Big Think* ein hoher Aufwand betrieben wird, um den Wissenschaftlern eine perfekte mediale Bühne zu bieten, die den Fokus auf ihre Person und ihre Forschung richtet, geht *Sixty Symbols* sogar noch einen Schritt weiter: Bei allen *Sixty Symbols*-Videos fällt die wackelige Handkamera und der häufige Einsatz des Kamerazooms auf. Diese Kameraführung gilt in klassischen Filmformaten als störend und unprofessionell. Darüber hinaus bricht *Sixty Symbols* mit dem Dogma, dass der Protagonist nicht direkt in die Kamera schauen sollte. Die Kameraführung ignoriert hier Grundregeln, die normalerweise für eine Filmproduktion gelten, vermittelt dem Zuschauer dafür aber das Gefühl, ein direkter Beobachter zu sein. Auch bei der Gestaltung der Umgebung, in der der Wissenschaftler agiert, geht *Sixty Symbols* eigene Wege. Gefilmt wird nicht in Studios, sondern an authentisch wirkenden Arbeitsplätzen, Werkstätten, Anlagen oder Labors, die scheinbar nicht eigens für den Filmdreh vorbereitet wurden. Das Gleiche gilt für die Inszenierung der Wissenschaftler, die ebenfalls sehr natürlich wirken und z.B. Alltagskleidung tragen und Alltagssprache sprechen. Obwohl *Sixty Symbols* mit filmischen und journalistischen Konventionen bricht, ist dieses Format eines der populärsten der Wissenschaftskommunikation mit Webvideos, welches sich derzeit im Internet finden lässt. Im Mai 2012 hatte der YouTube-Kanal von *Sixty Symbols* 77.662 Abonnenten und 10.018.492 Videoaufrufe zu verzeichnen. Diese Popularität übersteigt die deutscher Portale auch dann noch um ein Vielfaches, wenn man miteinrechnet, dass der englische Sprachraum etwa 6- bis 10-mal größer als der deutsche ist.

Abkehr von journalistischen Formaten

Wie bereits ausgeführt, ist es auffällig, dass die oben genannten Videoportale aus dem angloamerikanischen Raum kaum auf journalistische Formate bei der Filmproduktion zurückgreifen. Dieser Umstand mag mit einem grundsätzlichen Problem zusammenhängen, das der Medien- und Kommunikationswissenschaftler Matthias Kohring in seinem Aufsatz *Die Wissenschaft des Wissenschaftsjournalismus* (Kohring

2004) thematisiert.[2] Kohring macht darauf aufmerksam, dass Wissenschaftskommunikation prinzipiell mit mangelnder Glaubwürdigkeit zu kämpfen hat, wenn sie wahlweise versucht, im Gewand des Journalismus aufzutreten oder diesen für ihre Zwecke zu nutzen:

> „Die Vertrauenswürdigkeit des Journalismus, und dies ist keine neuartige Feststellung, hängt direkt davon ab, inwieweit er Distanz zu seinem Berichterstattungsobjekt hält (das unterscheidet ihn grundlegend von PR). Als ein professioneller Beobachter der Wechselbeziehungen bzw. Interdependenzen, die in einer hochgradig arbeitsteilig organisierten (funktional differenzierten) Gesellschaft an der Tagesordnung sind, muss er diese Distanz wahren – ansonsten würde kein Publikum seine Orientierungsleistung nachfragen." (Kohring 2004, S. 175)

Der entscheidende Punkt ist also, dass der Journalismus die Meinungsbildung in der Gesellschaft ermöglicht, indem er eine Vermittlerrolle zwischen den verschiedenen gesellschaftlichen Systemen wahrnimmt. Die Glaubwürdigkeit des Journalismus beruht dabei auf dem natürlichen Interesse des Journalisten, Missstände zu kommunizieren. Der Journalist kann aber nur dann glaubwürdig sein, wenn er Distanz zu seinem Berichterstattungsobjekt hält, also im Optimalfall nur über Gesellschaftssysteme berichtet, denen er selbst nicht angehört.

Dies gilt in erhöhtem Maße im Internet, weil es den Mediennutzern die Möglichkeit gibt, dort Inhalte und Positionen schneller und gründlicher zu hinterfragen, als dies bislang der Fall war. Während bei klassischen Einkanalmedien der Nutzer seine Meinung nur begrenzt abgleichen konnte, also auf die Meinungen von Familie, Bekannten, Freunden oder anderen Einkanalmedien zurückgreifen musste, können Internetnutzer schnell auf eine Vielzahl von Informationsquellen zurückgreifen und ihre Meinung in Foren, als Kommentar oder in *social media*-Netzwerken zur Diskussion stellen.

Erschwerend kommt hinzu, dass Diskurse per Definition davon geprägt sind, dass unterschiedliche Standpunkte und Meinungen aufeinandertreffen, aus denen sich im Laufe des Diskurses bestenfalls eine stabile Mehrheitsmeinung herausbildet und dass Wissenschaft naturgemäß vorläufige Ergebnisse produziert und produzieren muss. Es ist daher davon auszugehen, dass sich Wissenschaftskommunikation, selbst bei vollem Vertrauen in die eigenen Argumente, nicht nach Belieben gegen andere Positionen durchsetzen kann und immer Gefahr läuft, auf Dauer an Glaubwürdigkeit zu verlieren. Analog dazu ist es also in Zweifel zu ziehen, dass die Wissenschaftskommunikation sich in ähnlicher Weise wie der Journalismus an der Bildung der öffentlichen Meinung beteiligen kann, wenn sie keinen eigenen Weg findet, ihre Glaubwürdigkeit systematisch zu begründen.

2 Siehe auch den Beitrag von Matthias Kohring in diesem Band.

Glaubwürdigkeit und Inhalt

Die Problematik, dass die Wissenschaftskommunikation nicht glaubwürdig als Beobachter und Berichterstatter über die Wissenschaft kommunizieren kann, wirft die Frage auf, in welchen Bereichen Wissenschaft eine hohe Glaubwürdigkeit besitzt und ob es nicht sinnvoller wäre, die Bemühungen auf diese Bereiche zu konzentrieren.

Einer dieser Bereiche ist zweifellos die Erzeugung von wissenschaftlichem Wissen, welches im Vergleich zum Alltagswissen allgemein als systematisch, begründet und reflektiert gilt (vgl. Hug 2003, S. 27f.). Insbesondere für die Wissensvermittlung im Internet mittels Webvideos ergibt sich in dieser Hinsicht eine Reihe weiterer Vorteile. Zum einen hält das Internet eine Überfülle von Webvideos bereit, von denen viele jedoch sehr oberflächlich sind. Dies liegt unter anderem an der großen Zahl von Filmen, die zwar im Internet verfügbar sind, aber ursprünglich für Fernsehen und Kino produziert wurden und daher ein breites Publikum ansprechen sollen. So ist es z.B. derzeit ohne Weiteres möglich, eine hochwertige Dokumentation zum allgemeinen Thema ‚Teilchenphysik' im Internet (z.B. eine BBC-Produktion) anzusehen; es gestaltet sich jedoch schwieriger, spezielle Informationen zu komplexeren, weniger populären Themen zu finden. Die Wissenschaftskommunikation kann hier eine Nische ausfüllen, wenn sie ihren Zugang zu Expertenwissen dazu nutzt, anspruchsvolle wissenschaftliche Themen anschaulich aufzubereiten.

Ein weiterer Vorteil bei der Vermittlung von Wissen ist die längere Gültigkeit. Journalisten sind stets bemüht, Informationen so schnell wie möglich an ihre Rezipienten weiterzugeben. Damit hängt zusammen, dass journalistische Beiträge sehr schnell veralten. Angesichts des hohen Aufwandes, der bei Filmproduktionen betrieben werden muss, ist es daher nachhaltiger, Wissen zu vermitteln, welches seine Aktualität nicht so schnell verliert. Ein solches Format mag zwar auf Anhieb nicht so stark rezipiert werden wie ein nach Nachrichtenfaktoren aufgebauter Beitrag, kann jedoch durch die unbegrenzte Verfügbarkeit im Internet über lange Zeit wirken und steht zur Verfügung, sobald öffentliche Diskurse das Interesse am Thema in der Gesellschaft ansteigen lassen.

Glaubwürdigkeit durch Authentizität

> „Die moderne Gesellschaft scheint eine Grenze erreicht zu haben, an der nichts mehr nicht kommunizierbar ist – mit einer alten Ausnahme: der Kommunikation von Aufrichtigkeit." (Luhmann 1997, S. 311)

Kaum ein Ausspruch dürfte den Wunsch, Aufrichtigkeit im Internet zu kommunizieren, besser illustrieren als das informelle Motto von Google „Don't be evil". Dieses durch die Geschäftspraxis von Google mittlerweile *ad absurdum* geführte Bekenntnis zu Aufrichtigkeit geht auf den Erfinder von Google Mail, Paul Buchheit, zurück und war ursprünglich als Seitenhieb auf die Konkurrenz gedacht, die nach Buchheits

Meinung ihre Nutzer stark ausbeutete. Es findet sich in abgewandelter Form („You can make money without doing evil") noch immer in den Geschäftsbedingungen von Google.[3] Dem Bestreben, Aufrichtigkeit zu kommunizieren, kommt bei der Interaktion im Internet eine wichtige Bedeutung zu, zumal Menschen bereits in der ‚realen' Welt kontinuierlich hinterfragen, mit wem sie über welches Thema kommunizieren, wie Äußerungen zu verstehen sind und wie es um den Wahrheitsgehalt einer Aussage bestellt ist. Diese hochkomplexe Selektionsaufgabe wird im Normalfall über soziale Beziehungen oder Rollenmuster vereinfacht (vgl. Luhmann 1973).

Während Internetnutzer im Web 2.0 viele Möglichkeiten zur Kommunikation innerhalb ihrer sozialen Beziehungen haben, ist die über Rollenmuster vermittelte Kommunikation problematisch. Bei der Einordnung von Menschen in Rollenmuster stellt sich nämlich immer auch die Frage nach der Erkennbarkeit der Rolle. Hierfür dienen in der realen Welt z.B. Kleidung, wertvolle Gegenstände, Uniformen oder besondere Verhaltensweisen. Indem der Interaktionspartner die Rolle wahrnimmt und akzeptiert, verändert sich die Art und Weise, wie er Aussagen interpretiert und welchen Wert er ihnen beimisst.

Durch die Einschränkung des para- und nonverbalen Kanals, die Kanalreduktion und die potenzielle Anonymität, unter der Kommunikation im Internet abläuft, entfallen jedoch meist wichtige soziale Informationen über den Kommunikationspartner, was die Kommunikation von Aufrichtigkeit maßgeblich erschwert (vgl. Kielholz 2008, S. 13). Es ist daher insbesondere bei der Verbreitung kontroverser Inhalte, die entscheidend zur öffentlichen Meinungsbildung beitragen können, notwendig, dass der Sender der Botschaft Anhaltspunkte zu seiner Identität liefert, die es dem Empfänger ermöglichen, die Botschaft einzuordnen. Ein wichtiger Aspekt ist hierbei die Fähigkeit des Senders, zumindest den Eindruck zu erwecken, dass sein Auftreten und seine Aussagen nicht durch äußere Einflüsse bestimmt werden, dass er also *authentisch*, *ehrlich* und *transparent* agiert.

Ein gutes Beispiel für die authentische Selbstdarstellung im Internet aus dem deutschen Raum ist der Blog des IT-Sicherheitsexperten und Mitglieds des ‚Chaos Computer Clubs' Felix von Leitner. *Fefes Blog* verzeichnete laut Googles ‚DoubleClick Ad Planner 2012' im Jahr zuvor etwa 220.000 Zugriffe pro Monat und befindet sich derzeit auf Platz 10 der deutschen Blogcharts (siehe Schröder 2011). Der mit dem Blog assoziierte Podcast *Alternativlos* wurde 2011 von ‚Deutschlandradio Wissen' zum politischen Podcast des Jahres gekürt.[4] *Fefes Blog* unterscheidet sich jedoch stark von anderen etablierten Blogs. Schon die Gestaltung ist sehr auffällig, zumal der Blog auf einer selbst programmierten Blogsoftware betrieben wird, die nur Text und Links, aber keine Bilder oder Videos erlaubt. Inhaltlich versteht sich der Blog als ‚Watchblog', der Links zu anderen Inhalten kritisch kommentiert, es den Nutzern je-

3 Siehe Google Company: Ten Things We Know to Be True; Onlinedokument http://www.google.com/about/company/philosophy [12.07.2012].

4 Siehe http://alternativlos.org [12.07.2012].

doch selbst überlässt, eigene Schlussfolgerungen zu ziehen. Von Leitner bedient sich dabei einer unverstellt wirkenden Alltagssprache mit Jargonelementen aus der IT-Szene und lässt keine Zweifel darüber aufkommen, dass alle seine Äußerungen als Meinungen zu verstehen sind. So weist er in einem Beitrag vom 3. September 2009 darauf hin:

> „Ich habe *nicht* das Ziel, alle Dinge neutral darzustellen und beiden Seiten gleichen Raum für ihr PR-Krisenmanagement einzuräumen.[...] Überhaupt gibt es hier keine Tatsachenbehauptungen, sondern lediglich Meinungsäußerungen und Zitate von anderen Quellen. Wenn ihr also was richtiggestellt haben wollt, geht zu der verlinkten Quelle."[5]

Eine ähnliche Strategie, Authentizität zu erzeugen, lässt sich auch beim Videoportal *Sixty Symbols* beobachten, was bemerkenswert ist, zumal Authentizität und filmische Darstellung grundsätzlich miteinander im Widerspruch stehen. Authentizität beschreibt den Eindruck, dass eine Person oder Situation nicht durch äußere Einflüsse bestimmt wird und sich deshalb so darstellt, wie sie wirklich ist. Film hingegen ist per Definition immer artifiziell. Der Filmemacher inszeniert den Gefilmten und dieser passt sein Verhalten entsprechend an. Selbst wenn der Gefilmte sich nicht darüber bewusst ist, dass er gefilmt wird, bleiben noch immer die Auswahl der gefilmten Motive und die Filmmontage, über die der Filmemacher die Aussage eines Filmes steuern kann, indem er Szenen auswählt, arrangiert oder eben weglässt.

Die Anmutung von Authentizität muss im Film also eigens hergestellt werden. Ob und wie Authentizität über Filme erzeugt werden kann, ist Gegenstand einer regen Diskussion unter Filmemachern und Medientheoretikern (vgl. Wetschanow 2005) und kann hier nicht in der dem Thema angemessenen Ausführlichkeit wiedergegeben werden. Es ist jedoch augenscheinlich, dass Authentizität in gewissem Umfang auch durch den *bewussten Verzicht auf Inszenierung* entstehen kann.

In der Wissenschaftskommunikation durch Webvideos kann dies, wie *Sixty Symbols* vormacht, zum Beispiel durch den Verzicht auf Maske, vorbereitete Texte, Teleprompter, aufwendiges Sounddesign, Postproduktion oder Kamera- und Schnitttechnik geschehen. Diese Form der Herstellung von Authentizität erfordert jedoch eine klare Vorstellung von Inhalt, Ziel und Zielgruppe des Webvideos, da die Filmproduktion auf das unmittelbar Notwendige reduziert werden muss. Erfahrungen aus der Praxis zeigen, dass sich mit der Akzeptanz dieser unwillkürlichen Form der Authentizität auch der Arbeitsaufwand für das Produktionsteam und die beteiligten Wissenschaftler maßgeblich reduzieren lässt. Dies ist insbesondere für die Wissenschaftler, die zumeist wenig Erfahrung vor der Kamera haben und für die Wissenschaftskommunikation nur eine Nebenaufgabe sein kann, eine große Erleichterung,

---

5 http://blog.fefe.de/?ts=b461c1c1 [12.07.2012].

zumal der Wissenschaftler sich zu einem Thema äußern kann, ohne einen festen Text vorbereitet zu haben und ohne dass ihm eine schauspielerische Leistung abverlangt wird. Das Zulassen von Authentizität wirkt sich daher auch positiv auf die Bereitschaft zur Zusammenarbeit aus.

Plädoyer für eine Kultur der ‚Öffentlichen Wissenschaft'

Im vorliegenden Beitrag wurden lediglich zwei Aspekte diskutiert, die deutsche und angloamerikanische Webvideo-Formate in der Wissenschaftskommunikation maßgeblich unterscheiden. Auch wenn die Überlegenheit bei der Verbreitung augenscheinlich ist, so ist es mit dem bloßen Kopieren dieser Formate nicht getan. Versteht man das Internet als einen Kulturraum, kommt die Wissenschaftskommunikation nicht umhin, auch in Deutschland eine eigene Kultur der Tradierung von Wissenschaft über das Internet zu entwickeln. Letztlich wird sich das Ziel, das Gefälle zwischen Gesellschaft und Wissenschaft zu nivellieren, nicht erreichen lassen, wenn einzelne Initiativen punktuell, mit inkonsistenten Formaten, diffusen Zielen und wechselnder Nützlichkeit und Glaubwürdigkeit versuchen, die öffentliche Aufmerksamkeit auf ihr jeweiliges Fachgebiet zu lenken. Die Alternative dazu ist, sich dauerhaft von der Idee, Kontrolle über die Darstellung von Wissenschaft im Internet erlangen zu können, zu verabschieden und stattdessen eine *Kultur der Wissenschaftskommunikation* zu etablieren, die *beständig kommuniziert* und *Vertrauensverhältnisse aufbaut*, in denen sich Rezipienten darauf verlassen können, dass Inhalte zu interessanten, aber auch zu kontroversen Themen im Internet vorhanden und dass diese nützlich und glaubwürdig sind. Wissenschaftskommunikation darf dafür nicht von den Elfenbeintürmen der Wissenschaft hinab betrieben werden, sondern muss dazu dienen, Menschen auf Augenhöhe an der Wissenschaftskultur teilhaben zu lassen, um ihr so den Eingang in die Alltagskultur zu ermöglichen. Die Beschäftigung mit der Glaubwürdigkeit von Webvideo-Formaten kann dazu nur ein erster Schritt sein.

Literatur

Arbeitsgemeinschaft Fernsehforschung (Hg.) (2011): Entwicklung der durchschnittlichen Sehdauer pro Tag/Person in Minuten; Onlinedokument http://www.agf.de/daten/zuschauermarkt/sehdauer [12.07.2012].

Engel, Bernhard; Mai, Lothar (2010): Mediennutzung und Lebenswelten 2010. Ergebnisse der 10. Welle der ARD/ZDF-Langzeitstudie Massenkommunikation. In: Media Perspektiven, H. 12, S. 558-571.

Faulstich, Peter (2006): Öffentliche Wissenschaft. In: ders. (Hg.): Öffentliche Wissenschaft. Neue Perspektiven der Vermittlung in der wissenschaftlichen Weiterbildung. Bielefeld: transcript, S. 11-32.

Gloning, Thomas; Fritz, Gerd (Hg.) (2011): Digitale Wissenschaftskommunikation – Formate und ihre Nutzung; Onlinedokument http://geb.uni-giessen.de/geb/volltexte/2011/8227/pdf/DigitaleWissenschaftskommunikation_2011.pdf [12.07.2012].

Google Company (Hg.) (2012): Ten Things We Know to Be True; Onlinedokument http://www.google.com/about/company/philosophy [12.07.2012].

Hug, Theo (2003): Was ist Wissen? Ausgewählte Unterscheidungen und Differenzierungen. In: ders.; Perger, Josef (Hg.): Instantwissen, Bricolage, Tacit Knowledge. Ein Studienbuch über Wissensformen in der westlichen Medienkultur. Innsbruck: Studia, S. 17-35.

Kielholz, Annette (2008): Online-Kommunikation. Die Psychologie der neuen Medien für die Berufspraxis. Heidelberg: Springer.

Kohring, Matthias (2004): Die Wissenschaft des Wissenschaftsjournalismus. Eine Forschungskritik und ein Alternativvorschlag. In: Müller, Christian (Hg.): SciencePop. Wissenschaftsjournalismus zwischen PR und Forschungskritik. Graz/Wien: Nausner & Nausner, S. 161-183.

Luhmann, Niklas (1997): Die Gesellschaft der Gesellschaft. Erster und zweiter Teilband. Frankfurt am Main: Suhrkamp.

ders. (1973): Vertrauen. Ein Mechanismus der Reduktion sozialer Komplexität, 2., erw. Aufl. Stuttgart: Enke.

Schröder, Jens (Hg.) (2011): (Neue) Deutsche Blogcharts, vom 31.08.2011; Onlinedokument http://www.deutscheblogcharts.de/archiv/2011-8.html [12.07.2012].

Statistisches Bundesamt (Hg.) (2012): Pressemitteilung vom 16. Mai 2012 – 172/12; Onlinedokument https://www.destatis.de/DE/PresseService/Presse/Pressemitteilungen/2012/05/PD12_172_63931pdf [12.07.2012].

Wetschanow, Karin (2005): Die diskursive Aushandlung und Inszenierung von Authentizität in den Medien. In: Wiener Linguistische Gazette. Institut für Sprachwissenschaft der Universität Wien, Sonderausgabe 72-A, S. 1-16.

Im Text erwähnte Blogs, Videoportale und Webseiten

Big Think: http://bigthink.com

Comescore: http://www.comscore.com/ger

DoubleClick Ad Planner: http://www.google.com/adplanner

von Leitner, Felix: Fefes Blog: http://blog.fefe.de

Sixty Symbols: http://www.sixtysymbols.com

TED: http://www.ted.com

Mediatisierte Wissenschaft: Eine theoretische Konzeption tiefgreifender Transformationsprozesse

Corinna Lüthje

Wissen und Wissenschaft sind sozial und kommunikativ konstruiert. In diesem Aufsatz wird der Frage nachgegangen, wie sich der Einfluss des technologischen Medienwandels auf Wissenschaft und Wissenschaftskommunikation theoretisch rahmen lässt. Das Konzept der Mediatisierung geht über die Vermittlungsfunktion von Medien hinaus und umfasst neben Massenkommunikation auch die Auswirkungen anderer Medialisierungsprozesse wie medialisierte interpersonale Kommunikation und interaktive Kommunikation auf Gesellschaft und Kultur, Praktiken und Identitäten. Wissenschaft ist ein hochgradig mediatisiertes Feld. Mediatisierung wirkt sich sowohl auf Praktiken der Kommunikation und Wissensproduktion als auch auf das wissenschaftliche Selbstverständnis aus. Noch stärker ist von diesem Transformationsprozess der Bereich der ‚post-normalen' Wissenschaft betroffen.

Einleitung

In der klassischen sozialkonstruktivistischen Wissenssoziologie wird alles Wissen als gesellschaftliche Konstruktion angesehen (vgl. Berger/Luckmann 1969). Diese gesellschaftliche Konstruktion bedarf aber grundsätzlich der Kommunikation einerseits zum Aushandeln von Konsens innerhalb des wissenschaftlichen Feldes über anerkanntes Wissen und andererseits zum Transfer dieses wissenschaftlich ‚geprüften' Wissens in den sozialen Raum bzw. die Gesellschaft. Nach Auffassung der sozialkonstruktivistischen Wissenschaftssoziologie werden sogar Naturphänomene und ihre Erkenntnis nicht beobachtet, sondern im Labor durch interaktive Interpretation als artifizielle Tatsachen kommunikativ ‚fabriziert' (vgl. Knorr-Cetina 1984; Hitzler/Honer 1984; Müller 2011). Das wissenschaftliche Feld gründet also auf Kommunikation. Wissenschaftskommunikation, sowohl intern als auch öffentlich, ist allerdings einem permanenten Wandel unterworfen. Verantwortlich dafür sind einerseits ein soziokultureller Wandel und andererseits ein Wandel der technischen (Kommunikations-)Medien. Beide Prozesse betreffen die Verfasstheit des wissenschaftlichen Feldes und seine Funktion innerhalb der Gesellschaft. In diesem Aufsatz soll der Frage nachgegangen werden, wie der Einfluss des technologischen Medienwandels auf die Wissenschaft theoretisch aufgearbeitet werden kann. Der erste Teil ist dem Konzept der Mediatisierung gewidmet, gefolgt von der Anwendung des Mediatisierungskonzepts auf das wissenschaftliche Feld. Daran anschließend wird Wissenschaft auf einen bestimmten Bereich eingegrenzt: die post-normale Wissenschaft. Für die gewandelte Form der Wissenschaft gibt es verschiedene Erklärungsansätze, von der Einordnung in die Postmoderne (vgl. Lyotard 1979) über die Beschreibung des ‚Modus 2' (vgl. Gibbons/Limoges/Nowotny 1995) bis zum Konzept der post-normalen Wissenschaft (vgl. Funtowicz/Ravetz 1993; 2003). Systematisiert wurden diese „neue[n] Formen der Wissensproduktion" von Weingart (1997), der auch die Verwandtschaft aller Konzepte bei terminologischer Ausdifferenzierung herausstellte. Im Interesse der Verständlichkeit wird in diesem Aufsatz durchgehend der Begriff der post-normalen Wissenschaft verwendet. Abschließend werden traditionelle/normale und post-normale Wissenschaft einander gegenübergestellt und nach Unterschieden der Mediatisierung überprüft.

Mediatisierung

Der Begriff der Mediatisierung wird in vielen Kontexten unterschiedlich benutzt und erscheint diffus. Zudem ist der Begriff hochgradig kontingent, was sicher mit dem permanenten Wandel dessen, was er beschreibt, zusammenhängt. In den medien- und kommunikationswissenschaftlichen Fächern zeichnet sich jedoch inzwischen auch über Sprachgrenzen und nationale Wissenschaftskulturen hinweg ein bemerkenswerter Konsens ab, zumindest im englischen und deutschen Sprachraum sowie in Skandinavien. Mediatisierung meint, generell gesehen, den Einfluss des Medienwandels (vgl. Krotz 2007) auf menschliche Kommunikation und Interaktion (vgl. Hjarvard 2008, S. 108), auf die soziale und kulturelle Realität und damit auf jedes soziale und kulturelle Phänomen (vgl. Krotz 2009b, S. 24). Medien sind Agenten des sozialen und kulturellen Wandels (vgl. Hjarvard 2008). Mediatisierung ist ein historisch bedingter, permanent fortschreitender Metaprozess (vergleichbar und in Zusammenhang mit Globalisierung und Kommerzialisierung), in dem stetig weitere Medien aufkommen und institutionalisiert werden (vgl. Krotz 2009a). Eingeflossen in das Konzept der Mediatisierung sind damit Aspekte der Medientheorie, der Techniksoziologie sowie der Technikfolgenabschätzung. Krotz (vgl. 2009b, S. 23) weiter folgend operieren Medien gleichzeitig auf vier verschiedenen Ebenen: (1) als Technologie, (2) als soziale Institution, (3) als organisierende ‚Maschine', mit deren Hilfe Inhalte inszeniert werden, und (4) als Erfahrungsraum des Rezipienten. Kern der Mediatisierung als Metaprozess ist die Modifikation von Kommunikation: „Media in a general sense is something that modifies communication" (ebd.). „Being mediated" (oder: medialisiert sein) ist dabei ein Attribut, das generell mit Kommunikation in Zusammenhang steht. „Being mediatized" (oder: mediatisiert sein) hingegen verweist darauf, dass jedes soziale und kulturelle Phänomen von Medien abhängt (vgl. ebd., S. 24). Dies bringt uns zu der kommunikationstheoretischen Basis des Mediatisierungskonzepts. Ausgangspunkt ist *Kommunikation als grundlegende menschliche Praxis* auf der Ebene von direkter Kommunikation (Face-to-Face, Gesten und Sprache). Der Mensch wird als „Bewohner einer kommunikativ konstituierten symbolischen Welt" betrachtet (Krotz 2009a, S. 51). Mit technischen Medien beginnt die Medialisierung von Kommunikation. Krotz (vgl. 2009b, S. 24) unterscheidet drei Formen der Medialisierung:

- *Medialisierte interpersonale Kommunikation*: Damit ist eine reziproke Kommunikation von mindestens zwei Personen unter Nutzung eines technischen Mediums gemeint. Das Medium wird als Transportmittel für die Kommunikate über Raum und Zeit genutzt (z.B. Telefon, Brief, E-Mail, Chat, Forum etc.).
- *Interaktive Kommunikation*: Kommunikation *mit* Maschinen, wobei die Maschine von Menschen programmiert wurde und somit eher indirekte Kommunikation zwischen zwei Menschen beschrieben wird.
- *Massenkommunikation*: Kommunikation als Produktion und Rezeption von allgemein adressiertem, standardisiertem Inhalt.

In der Publizistikwissenschaft und in der Soziologie wurde bis zur Jahrtausendwende der Einfluss der Massenmedien bzw. des Journalismus auf andere soziale Felder (z.B. Politik) als Mediatisierung bezeichnet. Im Zuge der weiteren Ausdifferenzierung der Medienlandschaft mit der Digitalisierung und dem Internet wurde Mediatisierung weiter gefasst. Heute wird zwischen Mediatisierung und Medialisierung (bzw. *mediatization* und *mediated communication*, vgl. Couldry 2008; Imhof 2006; Meyen 2009) unterschieden, wobei die Interaktion zwischen Massenmedien und anderen Feldern als Medialisierung geführt wird. Medialisierung ist jedoch auf jeden Fall ein wichtiger Teil des Mediatisierungsprozesses. Die publizistikwissenschaftliche Gegenwartsdiagnose der Mediengesellschaft erfolgt als Konsequenz von Medialisierungsprozessen (vgl. Imhof 2006). Dabei wird die gesellschaftliche Macht von Massenmedien fokussiert, die jedoch ihrerseits Ökonomisierungsprozessen unterworfen sind. Indirekt geht es hierbei also um die Machtausübung des ökonomischen Feldes auf die Mediengesellschaft mittels der Massenmedien. Und so ist es kein Zufall, dass der Metaprozess der Ökonomisierung direkt mit dem Metaprozess der Mediatisierung in Zusammenhang gebracht wird.

Auf Medialisierung schließlich bauen *mediatisierte Konditionen und Formen des sozialen und kulturellen Lebens* auf (vgl. Krotz 2009b, S. 24). Sie sind die Folgen der medialisierten Kommunikation. Hier geht es um die Relevanz von Medien für Alltag, Arbeit und Freizeit, für soziale Beziehungen, Gruppen und Identität, für Unternehmen und Institutionen, für Politik und Wirtschaft, für Sozialisation, Kultur und Gesellschaft.

Schulz (2004) hat dem Metaprozess der Mediatisierung vier Subprozesse zugeordnet:

- *Extension/Erweiterung*: Die natürlichen Begrenzungen von Kommunikation durch Raum und Zeit werden aufgehoben. Schon der Telegraf und das Telefon haben zur *extension* geführt. Die interpersonalen Internetmedien erleichtern interpersonale Kommunikation über große Entfernungen hinweg.

- *Substitution/Ersetzen*: Ehemalig nicht-mediale, interpersonale soziale Aktivitäten und soziale Institutionen werden durch mediale Aktivitäten und Institutionen ersetzt. Ein Beispiel dafür sind Diskussionen, die nicht mehr am Stammtisch, sondern im Internetforum geführt werden.
- *Amalgamation/Verschmelzung*: Ehemalig nicht-mediale und mediale Aktivitäten gehen ineinander auf, wie z.B. die Freundschaftspflege in ‚Sozialen Medien' wie Facebook. Face-to-Face-Kommunikation wird mit medialisierter Kommunikation kombiniert. Ein anderes Beispiel ist die Domestizierung von Medien in den Alltag.
- *Accomodation/Anpassung*: Medienregeln (z.B. Werte, Formate und Routinen) werden angenommen. Dies trifft z.B. auf journalistische Routinen und Regeln der Selektion und Aufbereitung zu, die Mitgliedern anderer Felder (z.B. Politiker oder Wissenschaftler, die als Experten in den Medien auftreten) aufgezwungen werden. Ein ‚Medienexperte' (also: ein Experte in den Medien, nicht ein Experte für Medien) soll medienwirksam auftreten und eine bestimmte Sprache sprechen.

Diese vier Prozesse lassen sich in zwei Klassen einteilen:

1. *Mediamorphose*[1] umfasst die Subprozesse der *extension, substitution* und *amalgamation* und beschreibt den holistischen technologischen Einfluss auf den sozialen und kulturellen Raum und den individuellen Akteur darin.
2. *Medialisierung* (vgl. Meyen 2009) bzw. *mediated communication* (vgl. Couldry 2008) beinhaltet den Subprozess der *accomodation*. Dies ist ein spezieller Feldeffekt, der am ehesten als Aufweichung von Grenzen zwischen sozialen Feldern aufgefasst werden kann. Ein Beispiel dafür ist das Zusammenspiel von journalistischem und politischem Feld.

Dem Metaprozess der Mediatisierung kann sich niemand entziehen, auch wenn die Mediatisierung von verschiedenen sozialen Feldern und auch des gesamten sozialen Raums graduell in Qualität und Quantität variiert. Mit der Quantität ist die Durchsetzung eines sozialen Raums mit einer bestimmten Medientechnologie gemeint (z.B. die Vollversorgung mit Fernsehgeräten). Diese Durchsetzung ist ein zeitlicher Prozess (‚Diffusion') und gleichzeitig von politischen, wirtschaftlichen und sozialen

1 Der Begriff der ‚Mediamorphose' wurde bereits in den 1980er-Jahren von dem Musiksoziologen Kurt Blaukopf (1982) geprägt. Er umschreibt die nicht rückgängig zu machenden Einflüsse von neuen Technologien auf die Praktiken der Musikproduktion, des Musikvertriebs und der Musikrezeption. Dieser Begriff leuchtet ein, wenn man an den großen Einfluss denkt, den das Mehrspuraufnahmeverfahren auf die Musikproduktion hatte. Plötzlich konnte eigentlich lineare Musik zu verschiedenen Zeiten aufgenommen und übereinandergeschnitten werden. Eine Person konnte nun gar mehrere Stimmen einspielen. Fehler wurden korrigierbar. Damit haben sich unser Hörverhalten und unsere Hörerwartungen verändert. Wir erwarten auch in einem Livekonzert nun immer perfekte Darbietungen. Bei der medienvermittelten Musikrezeption können wir zu Hause unser eigenes Programm zusammenstellen. Der Musikvertrieb hat sich in den 1980er-Jahren durch Digitalisierung und Einführung der CD verändert. Eine noch größere Transformation fand mit der Einführung von MP3 und weiteren Audiodateiformaten statt.

Rahmenbedingungen bestimmt. In Zeitreihen können Diffusionsprozesse dargestellt werden. Die Relevanz von bestimmten Rahmenbedingungen hingegen kann am besten in komparativen Studien erforscht werden.[2] Die Qualitätsdimension betrifft die mediatisierten Konditionen und Formen des sozialen und kulturellen Lebens wie z.B. die Domestizierung von bestimmten Medientechnologien.

Auf der Ebene der medialisierten interpersonalen Kommunikation heißt das, dass durch neue Medientechnologien die kommunikativen Potenziale der Menschen einerseits erweitert werden (bei Schulz: *extension*). Medientechnologien (bzw. digitale Medien) wirken sich andererseits aber auch auf kommunikative Praktiken, Beziehungsmuster und Identitäten aus (vgl. Krotz 2009a, S. 200-209). Dies ist eine Form von Medienwirkung, die direkt auf die Materialität von Technologien zurückzuführen ist und nicht auf medial vermittelte Inhalte. Insofern kann man hier von einer Technikfolge sprechen, die bei Schulz in die Subprozesse der *substitution* und *amalgamation* einzuordnen ist.

Zur interaktiven Kommunikation hat Krotz einige Fallstudien (z.B. über die Kommunikation mit der Haustier-Simulation AIBO von Sony oder das Phänomen des Tamagotchi) veröffentlicht (vgl. 2009a, S. 119-176). Auch hier muss von *extension* gesprochen werden, denn die Maschine hat Fähigkeiten (z.B. mathematische zur Berechnung von Modellen), die der Mensch nicht hat. Auf einer anderen Ebene fehlen dem technischen Interaktionspartner die emotionalen Fähigkeiten des Menschen. Der Roboterhund WALDI in der AIBO-Studie von Krotz ist z.B. nur in der Lage, englische Sprachbefehle zu verstehen. Wie er darauf reagiert, ist jedoch nicht genau vorherzusehen, denn der Roboter ist lernfähig und die exakte Reaktion auf den Befehl wird von einem Zufallsgenerator auf der Basis der bisherigen Erfahrungen (bzw. der gesammelten Daten) berechnet. Durch diese (scheinbare) Unberechenbarkeit hat der Mensch den Eindruck eines, wenn auch nicht beseelten, so doch belebten Gegenübers. Nicht wahrgenommen wird in Kommunikationssituationen, dass das Unvorhergesehene tatsächlich Ergebnis einer Programmierung von Menschen ist. Selbst für die Forscher in dieser Studie veränderte sich die Wahrnehmung der Maschine, der im Laufe der Zeit immer deutlicher eine eigenständige Persönlichkeit zugesprochen wurde. Krotz beschreibt das Erstaunen nach einem Programmupdate, nach dem die ‚Persönlichkeit' von WALDI plötzlich verschwunden war. Dies zeigt, dass, wenn überhaupt von Persönlichkeit gesprochen werden kann, diese nicht an den materialen Roboter gebunden ist, sondern virtuell an das Programm. Gleichzeitig ist die äußere Gestalt des Roboters wichtig dafür, wie wir mit ihm zu kommunizieren versuchen. Das hundeähnliche Aussehen des AIBO bringt Menschen dazu, sich der Maschine wie einem Hund zu nähern, mit Körpersprache und Gesten, die die Maschine natürlich nicht dekodieren kann, was wieder den Unterschied zwischen den Fähigkeiten von Maschinen und Lebewesen illustriert. Trotzdem sind bei dieser Fall-

2 Auf den ersten Blick einleuchtend ist hier z.B. ein Unterschied zwischen industrialisierten Ländern und Schwellen- bzw. Entwicklungsländern.

studie auch die Subprozesse der *substitution* (Ersatz des menschlichen oder tierischen Interaktionspartners durch die Maschine) und *amalgamation* angesprochen (z.B. durch veränderte kommunikative Praktiken mit dem Haustierersatz und Übertragung von Aufgaben, die ein Haustier nicht ausführen kann, wie Musik abspielen oder den Terminkalender führen).

Medialisierte Massenkommunikation (also: gewandelte Massenkommunikation und *accomodation*) ist z.B. das Public Viewing (vgl. Krotz 2009a, S. 237-254). Damit ist Fernsehen im öffentlichen Raum gemeint. Das traditionelle Massenmedium ist selbst einem Transformationsprozess unterworfen auf der Ebene der Erfahrungsräume von Rezipienten. Die ursprüngliche Gruppenrezeption von Fernsehsendungen (vor allem von besonderen Ereignissen wie das der Fußballweltmeisterschaft in Bern 1954) in öffentlichen oder semi-öffentlichen Räumen wie Gaststätten oder bei Nachbarn ist unmittelbare Folge einer gesellschaftlichen Unterversorgung mit Fernsehgeräten in der Anfangszeit des Mediums. Mit fortschreitender Diffusion des Mediums bis zu einer Vollversorgung wurde die Rezeption zunehmend individualisiert. Neben der Verfügbarkeit von Empfangsgeräten sind auch Prozesse der Ökonomisierung zu bemerken. In Deutschland ist dies auf 1984 mit der Einführung des dualen Systems zu datieren. Einerseits ist durch das größere Angebot an Sendern die Individualisierung der Fernsehrezeption befördert worden, andererseits ist aber auch die kommerzielle Fundierung der privaten Sender evident. Seit der Fußballweltmeisterschaft in Deutschland im Jahr 2006 wird zu besonders herausgehobenen Anlässen wieder ent-individualisiert ferngesehen durch Massenrezeption auf öffentlichen Plätzen. Mit Medienereignissen werden Sinn und Orientierung und damit ‚Wirklichkeit' für viele erzeugt (vgl. ebd., S. 255), gleichzeitig mit dem Public Viewing aber auch öffentliche Plätze kommerzialisiert (vgl. ebd., S. 252).

Mediatisierte Wissenschaft

Nachdem zunächst vor allem die Mediatisierung des Alltags wissenschaftlich untersucht wurde, rücken inzwischen auch viele andere Felder in den Fokus der Mediatisierungsforschung wie z.B. Religion oder bestimmte Berufsfelder (vgl. Hartmann/ Hepp 2010). Bisher weitgehend vernachlässigt ist das wissenschaftliche Feld. In der Wissenschaftssoziologie wird Medialisierung (bzw. Anpassungsprozesse zwischen journalistischem und wissenschaftlichem Feld) oft noch immer verkürzend als Mediatisierung geführt (vgl. Weingart 1997). Zum Zusammenhang von medialisierter Massenkommunikation und Wissenschaft gibt es einige empirische Studien (z.B. Peters/Heinrichs 2005; Weingart/Engels/Pansegrau 2008; Post 2009 oder Rödder/ Schäfer 2010). Auch ist dieser Bereich von Schäfer (2008) theoretisch gut erfasst. Zur digitalisierten Wissenschaftskommunikation gibt es inzwischen einige Studien (z.B. Gloning/Fritz 2011). Jedoch werden Kommunikation und Medien hier immer noch auf den Bereich des Wissenstransfers von Wissenschaft in den öffentlichen Raum reduziert. Zur tatsächlichen Mediatisierung von Wissenschaft und zum wissenskonstruktiven Element von Kommunikation gibt es bisher weder empirische Studien noch eine theoretische Rahmung. Dies verwundert, weil die Mediatisierung der Wissenschaft ein fundamentaler, radikaler und fortlaufender Transformationsprozess ist, der sowohl das wissenschaftliche Selbstverständnis als auch wissenschaftliche Praktiken betrifft. Noch stärker als der gesamte soziale Raum ist das wissenschaftliche Feld von Mediatisierung betroffen. Sowohl das wissenschaftliche Feld als auch das darin erzeugte Wissen werden durch Kommunikation und damit durch Medien konstituiert. Alle Subprozesse der Mediamorphose können in allen wissenschaftlichen Disziplinen beobachtet werden, allerdings mit graduellen Unterschieden zwischen den Fächern. So ist z.B. für die Medien- und Kommunikationswissenschaften das Objekt der Forschung (Medien) gleichzeitig Erhebungsinstrument (Onlineforschung) und Treiber der eigenen Transformation, was zu einer permanenten Selbstverständnisdebatte innerhalb der Disziplin führt bezüglich der Definition des Forschungsobjektes, der geeigneten erkenntnistheoretischen Rahmung und der geeigneten Forschungsmethoden. Mediatisierung betrifft die Medien- und Kommunikationswissenschaften also auf einer existenziellen Ebene. Über diese einzelwissenschaftliche Perspektive hinaus ist die Entwicklung neuer Medien Aufgabe bzw. Teil des wissenschaftlichen Feldes, und neue Medien sind ihrerseits integraler Bestandteil des wissenschaftlichen Feldes. Deshalb müssen Mediatisierung der Wissenschaft und Verwissenschaftlichung der Medien als zirkulierende und interdependente Prozesse in einem komplexen und dynamischen System betrachtet werden. Durch die Entwicklung neuer Medien und die Rolle von Wissenschaftlern als *early adopters* hat Wissenschaft die gesellschaftliche Funktion eines *Schrittmachers der Mediatisierung.*

Der gegenwärtige Status kann ‚Science 2.0‘ genannt werden: Internetmedien haben auf der Ebene der mediatisierten Konditionen und Formen des kulturellen und sozialen Lebens neue wissenschaftliche Praktiken, neue wissenschaftliche Methoden und auch neue erkenntnistheoretische sowie wissenschaftstheoretische Perspektiven mit sich gebracht. Vorbedingung dafür ist (neben der Massenkommunikation) medialisierte personale und interaktive Wissenschaftskommunikation: Durch die Entwicklung und Aneignung neuer Medien verändern sich die Praktiken der Produktion und Publikation von Texten (Linearität des Schreibens ist kein Muss mehr, Autorenkollektive können Texte einfach bearbeiten, Onlinepublikation etc.) und die Texte selbst (z.B. durch Interaktive Elemente). Kommunikation über die ‚Neuen Medien‘ erlaubt wissenschaftliche Organisation über regionale Begrenzungen hinweg, auch virtuelle Konferenzen sind möglich. Ebenso sind Forschung und Wissensproduktion direkt angesprochen, z.B. durch Online-Datensammlung und -verarbeitung, Speicherung, Präsentation und Analyse. Analyse-Programme wie SPSS oder MaxQDA (aus dem sozialwissenschaftlichen Bereich) als Beispiele für interaktive Kommunikation gehören in die Liste. Auch das Verhältnis von Wissenschaft und Öffentlichkeit verändert sich im Zuge der Mediatisierung. Partizipation wird durch Soziale Medien und Blogs ebenso erleichtert wie die Einsichtnahme von Laien in wissenschaftliche Primärdaten.

Post-normale Wissenschaft

Wissenschaft hat traditionell einen herausgehobenen und isolierten Expertenstatus innerhalb der Gesellschaft, zu dem die Metapher des ‚Elfenbeinturms' gut passt. Traditionelle Wissenschaft kann als ein geschlossenes System betrachtet werden, das mit verschiedenen anderen gesellschaftlichen Subsystemen strukturell gekoppelt ist. Doch spätestens seit den 1970er-Jahren[3] ist eine Entgrenzung festzustellen durch die Forderung, die Distanz zu verringern und wissenschaftsexterne Akteure einzubinden, sei es (1) durch verbesserte Kommunikation von wissenschaftlichen Erkenntnissen und vermehrte Aufklärung über Risiken oder sei es (2) durch Einbeziehung von wissenschaftsexternen Akteuren in die Wissensproduktion. Technikfolgen, Umweltrisiken und Katastrophen oder medizinische Innovationen und Gesundheit sind in der (post-)modernen Wissensgesellschaft Themen von wachsender gesellschaftlicher Relevanz, die aber unter Experten und in den verschiedenen Öffentlichkeiten durchaus kontrovers diskutiert werden. Nicht nur unterschiedliche Interessen führen zu unterschiedlichen Positionen, sondern auch die Komplexität der Themen. In der „Weltrisikogesellschaft" (Beck 2007) führt das stetige Anwachsen des verfügbaren Wissens zu immer stärkerer Unsicherheit bei der Folgenabschätzung. Gleichzeitig sind diese Themenfelder auch politische Felder, in denen hoher Entscheidungsdruck herrscht. Partizipation an Wissenschaft bzw. Schaffung von Wissen ist, so gesehen, eine Folge des wachsenden gesellschaftlichen Unbehagens in der Moderne (für deren Fortschreiten wiederum das wissenschaftliche Feld immens wichtig ist). Mit diesem soziokulturellen Wandel verändern sich auch die sozialen Praktiken des wissenschaftlichen Feldes, womit sowohl kommunikative Praktiken als auch (und damit verbunden) Praktiken der Wissensproduktion gemeint sind.

Das Konzept der „post-normalen Wissenschaft" (Funtowicz/Ravetz 1993) beschreibt einen speziellen Prozess der Produktion von neuem Wissen und der (zumindest temporären) Schaffung von Institutionen, die dieses Wissen produzieren. Im Gegensatz zur „Wissenschaftsrevolution" als eine Art Mutation (Kuhn 1967) ist der Ursprung für diesen Wissenswandel nicht wissenschaftsintern verortet, sondern wissenschaftsextern in einer ‚post-normalen Situation'. Post-normale Situationen sind Krisensituationen mit einem hohen Grad an Komplexität, großer Unsicherheit, starken Interessen von verschiedenen Gruppen, sie sind mit Werten aufgeladen und erzeugen einen hohen Entscheidungs- bzw. Handlungsdruck. Diese Krisensituationen lassen sich nicht

3 Das 1970 gegründete ‚Max-Planck-Institut zur Erforschung der Lebensbedingungen der wissenschaftlich-technischen Welt' in Starnberg unter der Leitung von Carl Friedrich von Weizsäcker und später Jürgen Habermas ist ein Beispiel für die Institutionalisierung der neuen Wissenschaft.

mehr im wissenschaftlichen Feld bearbeiten, und so werden transdisziplinäre Institutionen mit der Aufgabe betraut, problemlösende Strategien zu entwickeln, die gleichzeitig auch ein neues Wissen darstellen. Post-normale Forschungsfelder sind Technikfolgenabschätzung, Risikoforschung, Umwelt, Klimawandel, Gesundheit, Reproduktionsmedizin, Genetik oder auch Kommunikation und Neue Medien. Hier geht es z.B. um Privatsphäre, Datenschutz, Medienwirkungen, Medieninnovationen, Medienrecht etc. Alle diese Forschungsfelder sind gleichzeitig Politikbereiche.

Die transdisziplinären Institutionen bilden ein neues soziales Feld, in dem sich Vertreter aus Wissenschaft, Politik und andere Interessengruppen treffen. Für die Wissenschaft ist dabei besonders wichtig, dass die *relevant peer community*, die für die Beurteilung von Qualität zuständig ist, über die Grenzen einer bestimmten wissenschaftlichen Gemeinschaft hinweg ausgeweitet wurde zu einer *extended peer community*, in der Bürger an Verhandlungs- und Begutachtungsprozessen partizipieren. Indigenes Wissen wird in der post-normalen Wissenschaft zwar nicht unbedingt dem wissenschaftlichen Wissen als gleichwertig angesehen, ist aber doch ein wichtiger, bei der Wissensproduktion zu berücksichtigender Teil. Partizipation ist also integraler Bestandteil der post-normalen Wissenschaft. Ein typisches Beispiel für eine post-normale Situation ist im Klimawandel-Diskurs gegeben und eine typische post-normale Wissenschaftsinstitution ist das ‚Intergovernmental Panel on Climate Change' (IPCC). Politische Entscheidungen werden jedoch nicht nur auf der Basis des wissenschaftlichen Wissens, sondern auch mit Berücksichtigung von Stakeholder-Interessen getroffen und müssen in demokratischen Gesellschaften öffentlich legitimiert werden. Der Transfer von wissenschaftlichem Wissen durch die Medien (als Vorbedingung für seine gesellschaftliche Implementierung und Umsetzung), aber auch die massenmedial vermittelte Kommunikation von Forschern und Universitäten mit der Öffentlichkeit sind immer wichtiger geworden. Die ‚Fabrikation' von anerkanntem wissenschaftlichem Wissen, dessen Transfer in die Gesellschaft, die Partizipation sowohl an der Produktion von Wissen als auch an Entscheidungsprozessen, die Legitimation von Entscheidungsinstanzen sowie die Akzeptanz von getroffenen Entscheidungen sind von Kommunikation und Medien bestimmt.

Merkmale einer post-normalen Wissenschaft sind zusammenfassend:

1. Komplexität,

2. unsicheres Wissen und interdisziplinäre Wissensproduktion als Folgen der Komplexität,

3. Transdisziplinarität als Folge des neuen Verhältnisses von Wissenschaft zu Politik, Wirtschaft und Gesellschaft,

4. ein spezifisches öffentliches Interesse als Folge von sozialen Werten und individueller Risikowahrnehmung.

5. Forschung ist auf praktische Anwendung ausgerichtet, aber die Implementierung von Ergebnissen in die Gesellschaft ist von Kontroversen begleitet.

6. Zusätzlich zu wissenschaftlichen Kriterien wird Qualität an ökonomischen, politischen und sozialen Kriterien gemessen.

7. Wissensproduktion ist nicht länger Monopol der Universitäten.

Post-normale Wissenschaft ist als komplementäres Konzept zur normalen, disziplinären Wissenschaft gedacht, die die Aufgabe hat, vertieftes Fachwissen zu generieren, das von der post-normalen Wissenschaft neu kombiniert, also in größere Zusammenhänge gestellt werden kann. Eine tabellarische Gegenüberstellung von traditioneller/normaler und post-normaler Wissenschaft zeigt strukturelle Unterschiede:

	Traditionelle/normale Wissenschaft	**Post-normale Wissenschaft**
Wissensbereich	sicheres Wissen, unumstrittene Fakten, Wahrheitsmonopol	unsicheres Wissen, Komplexität, politische Orientierung, Wertebezogenheit
Erkenntnisinteresse	wissenschaftliche Neugier ohne expliziten Nutzen, Grundlagenforschung	Anwendungsoriertierung, hohe soziale Relevanz, Sensibilität für Forschungsfolgen
Beziehung zwischen Wissenschaft und soziokultureller Umwelt	wissenschaftliches Feld als geschlossenes System (Elfenbeinturm)	Wissenschaft in Gesellschaft, offenes System, verbunden mit Politik, Wirtschaft, Gesellschaft, Entgrenzung, Hybridorganisationen
Berücksichtigung von sozialen Werten und subjektiven Risikowahrnehmungen	gering, wenig öffentliches Interesse	hoch
Implementierung von Ergebnissen in die Gesellschaft	selten kontrovers	stark kontrovers
Verhandlungsarena	wissenschaftsintern, keine öffentliche Debatte	veröffentlichter wissenschaftlicher Diskurs
Qualitätskriterien	wissenschaftsrelativ, disziplinäre Standards und Methoden, Validierung innerhalb der Disziplin (*peer review*)	Formulierung von unabhängigen Qualitätsstandards, Erprobung in der Anwendung
Orte der Wissensproduktion	Universität, Labor	Forschungszentren, Regierungsbehörden, Industrielabore, Thinktanks etc.
Massenmediales Interesse	gering, nur bei Sensationen	extrem hoher Grad an Medienaufmerksamkeit

Tab. 1: Gegenüberstellung von traditioneller/normaler und post-normaler Wissenschaft; Quelle: eigene Darstellung angelehnt an Weingart 1997.

Post-normale Wissenschaft hat also einen besonders starken Bezug zur Öffentlichkeit. Nach Weingart (1997) sind die neuen Wissenschaftsstrukturen auf drei interferierende Prozesse zurückzuführen: (a) Verwissenschaftlichung der Politik, (b) Politisierung der Wissenschaft und schließlich (c) Mediatisierung der neuen Beziehung zwischen Politik und Wissenschaft.[4] Damit sind die traditionellen Massenmedien und die medialisierte Massenkommunikation angesprochen. Doch auch die Neuen Medien spielen im Zusammenhang mit post-normaler Wissenschaft eine wichtige Rolle. *Extended peer communities* bekommen durch das Internet eine sehr viel größere Reichweite und Kraft (vgl. Funtowicz/Ravetz 2003). Verhandlungs- und Reviewprozesse als Teil der Partizipation sind in die Neuen Medien abgewandert, sodass die *extended peer communities* inzwischen eher als Onlinecommunitys anzusehen sind.

Fazit: Hypothesen

Als Fazit der vorausgegangenen Ausführungen sollen zwei Hypothesen formuliert werden:

Hypothese 1:

Traditionelle/normale Wissenschaft ist von Mediatisierung in Form der drei Subprozesse der Mediamorphose bzw. der Auswirkungen von medialisierter interpersonaler und interaktiver Kommunikation betroffen. Medialisierte Massenkommunikation hingegen ist kein Grundelement der traditionellen/normalen Wissenschaft, die im Verhältnis zum massenmedialen Feld ein eigenständiges und abgeschlossenes soziales Feld bzw. System bleibt.

Hypothese 2:

Für *post-normale Wissenschaft* ist der Gesamtprozess der Mediatisierung (Mediamorphose + Medialisierung) hingegen eine konstituierende Vorbedingung.

Für Hypothese 1 spricht, dass die Neue Medien integraler Bestandteil des wissenschaftlichen Feldes geworden sind, es hat aber auch schon vor ihrer Entwicklung Wissenschaft gegeben. Obwohl Wissensproduktion von Kommunikation abhängt, werden dafür nicht zwingend die Neuen Medien benötigt. Gleichzeitig ist das partizipative Element bei traditioneller Wissenschaft kaum oder gar nicht vorhanden. Einzig Sensationen (wie z.B. die Entdeckung eines neuen Grundelements) erzeugen Medienaufmerksamkeit. Obwohl aktuell Wissenschaftler aller Disziplinen mit der Forderung nach einer stärkeren Medienpräsenz konfrontiert sind, werden traditionelle Wissenschaftler auf lange Sicht kaum in Scharen zu Medienexperten werden.

4 Wobei Weingart (vor der Jahrtausendwende) Mediatisierung mit dem heute gebräuchlichen Medialisierungskonzept gleichsetzt.

Das traditionelle wissenschaftliche Feld wird also relativ eigenständig bleiben; relativ deshalb, weil es sich natürlich innerhalb des sozialen Raums befindet und dessen grundsätzlichen Veränderungen mitvollzieht. Die Existenz der traditionellen Wissenschaft ist zudem durch ihren Status als Zulieferer von vertieftem Expertenwissen für post-normale Wissenschaftsinstitutionen gesichert.

Für Hypothese 2 hingegen spricht zunächst, dass die Entwicklung des post-normalen Wissenschaftskonzeptes mit der Medienentwicklung parallel verlaufen ist. Das Verständnis von Komplexität ist parallel zu dem Leistungsvermögen von Computern und der Entwicklung von spezieller Software gewachsen. Erst mit Hochleistungscomputern z.B. ist es möglich, mit den diversen Daten der Klimaforscher komplexe Klimaszenarien zu berechnen. Zudem bringen die vielfältigen Verknüpfungen von Wissenschaft mit Politik, Interessengruppen, Wirtschaft und auch Bürgern einen erhöhten Kommunikationsbedarf teilweise über große Entfernungen hinweg mit sich, der mit den neuen Internetmedien erfüllt wird. Partizipatorische Aspekte haben durch die Soziale Medien eine neue Qualität bekommen. Beispiele dafür liefern zahlreiche Bürgerbewegungen. Aber auch Wissenschaftler nutzen die Neuen Medien zum Transfer von Wissen ohne redaktionelle Umleitung. Wissenschaftsblogs (vor allem in aktuellen Bereichen wie Klimaforschung) nehmen an Zahl zu und werden zu immer wichtigeren Quellen einerseits für Bürger, aber andererseits auch für die Berichterstattung in traditionellen Massenmedien. Diese werden jedoch durch die Neuen Medien nicht ersetzt, sondern ergänzt. Durch das große öffentliche Interesse an post-normalen Themen besteht bei den Massenmedien ein großer Bedarf an Experten. In post-normalen Wissenschaftsbereichen wird eine verstärkte Medienkompetenz (was den Umgang mit Medienvertretern betrifft), wenn nicht gar Anpassung an die Selektionskriterien der Medien zur Normalität.

Diese Hypothesen bedürfen noch der empirischen Überprüfung. Sie zeigen jedoch, dass Wissenschaftskommunikation nicht nur auf die Transferleistung von Medien und Kompetenzerweiterungen von Wissenschaftlern im Dialog mit Massenmedien ausgerichtet ist. Mediatisierungsforschung unter Berücksichtigung des allgemeinen sozialen und kulturellen Wandels kann einen wichtigen Beitrag zur Erforschung der Transformation von Wissenschaft und Wissen in Gesellschaft erbringen.

Literatur

Beck, Ulrich (2007): Weltrisikogesellschaft. Auf der Suche nach der verlorenen Sicherheit. Frankfurt am Main: Suhrkamp.

Berger, Peter; Luckmann, Thomas (1969): Die gesellschaftliche Konstruktion der Wirklichkeit. Eine Theorie der Wissenssoziologie. Frankfurt am Main: Fischer.

Blaukopf, Kurt (1982): Musik im Wandel der Gesellschaft. Grundzüge der Musiksoziologie. München: Piper.

Couldry, Nick (2008): Mediatization or Mediation? Alternative Understandings of the Emergent Space of Digital Storytelling. In: New Media & Society, Jg. 10, S. 373-391.

Funtowicz, Silvio; Ravetz, Jerome (2003): Post-Normal Science. Report to International Society for Ecological Economics; Onlinedokument http://www.ecoeco.org/pdf/pstnormsc.pdf [12.07.2011].

dies. (1993): The Emergence of Post-Normal Science. In: von Schomberg, René (Hg.): Science, Politics, and Morality. Scientific Uncertainty and Decisionmaking. Dordrecht/Boston/London: Kluver Academic Publishers.

Gibbons, Michael; Limoges, Camille; Nowotny, Helga (1995): The New Production of Knowledge. The Dynamics of Science and Research in Contemporary Societies. London: Sage.

Gloning, Thomas; Fritz, Gerd (Hg.) (2011): Digitale Wissenschaftskommunikation – Formate und ihre Nutzung; Onlinedokument http://geb.uni-giessen.de/geb/volltexte/2011/8227/pdf/DigitaleWissenschaftskommunikation_2011.pdf [12.07.2012].

Hartmann, Maren; Hepp, Andreas (Hg.) (2010): Die Mediatisierung der Alltagswelt. Wiesbaden: VS Verlag.

Hitzler, Ronald; Honer, Anne (1984): Vom Alltag der Forschung. Bemerkungen zu Knorr Cetinas wissenschaftssoziologischem Ansatz. In: Österreichische Zeitschrift für Soziologie, Jg. 14, H. 4, S. 26-33.

Hjarvard, Stig (2008): The Mediatization of Society. A Theory of the Media as Agents of Social and Cultural Change. In: Nordicom Review, Jg. 29, H. 2, S. 105-134.

Imhof, Kurt (2006): Mediengesellschaft und Medialisierung. In: Medien und Kommunikationswissenschaft, Jg. 54, H. 2, S. 191-215.

Knorr-Cetina, Karin (2007): Culture in Global Knowledge Societies: Knowledge Cultures and Epistemic Cultures. In: Interdisciplinary Science Reviews, Jg. 32, H. 4, S. 361-375.

dies. (1984): Die Fabrikation von Erkenntnis. Zur Anthropologie der Naturwissenschaft. Frankfurt am Main: Suhrkamp.

Krotz, Friedrich (2009a): Mediatisierung: Fallstudien zum Wandel von Kommunikation. Wiesbaden: VS Verlag.

ders. (2009b): Mediatiziation. A Concept with which to Grasp Media and Societal Change. In: Lundby, Knut (Hg.): Mediatization. Concept, Changes, Consequences. New York: Peter Lang, S. 21-40.

ders. (2007): The Meta-Process of ‚Mediatization' as a Conceptual Frame. Global Media and Communication, Jg. 3, S. 256-260.

Kuhn, Thomas (1967): Die Struktur wissenschaftlicher Revolutionen. Frankfurt am Main: Suhrkamp.

Lyotard, Jean-François (1979): La condition postmoderne. Paris: Éditions Minuit.

Meyen, Michael (2009): Medialisierung. In: Medien und Kommunikationswissenschaft, Jg. 57, H. 1, S. 23-38.

Müller, Karl H. (2011): Beobachtungen im Labor. In: Pörksen, Bernhard (Hg.): Schlüsselwerke des Konstruktivismus. Wiesbaden: VS Verlag, S. 239-253.

Peters, Hans Peter; Heinrichs, Harald (2005): Öffentliche Kommunikation über Klimawandel und Sturmflutrisiken. Bedeutungskonstruktionen durch Experten, Journalisten und Bürger. Jülich: Forschungszentrum Jülich.

Post, Senja (2009): Klimakatastrophe oder Katastrophenklima? Die Berichterstattung über den Klimawandel aus Sicht der Klimaforscher. Baden-Baden: Nomos.

Rödder, Sabine; Schäfer, Mike S. (2010): Repercussion and Resistance. An Empirical Study on the Interrelation Between Science and Mass Media. In: Communications, Jg. 35, S. 249-267.

Schäfer, Mike S. (2008): Medialisierung der Wissenschaft? Empirische Untersuchung eines wissenschaftssoziologischen Konzepts. In: Zeitschrift für Soziologie, Jg. 37, H. 3, S. 206-225.

Schulz, Winfried (2004): Reconstructing Mediatization as an Analytical Concept. In: European Journal of Communication, Jg. 19, H. 1, S. 87-101.

Weingart, Peter; Engels, Anita; Pansegrau, Petra (2008): Von der Hypothese zur Katastrophe. Der anthropogene Klimawandel im Diskurs zwischen Wissenschaft, Politik und Massenmedien, 2., leicht veränderte Aufl. Opladen: Budrich.

ders. (1997): Neue Formen der Wissensproduktion: Fakt, Fiktion und Mode, IWT Paper 15; Onlinedokument http://www.uni-bielefeld.de/iwt/publikationen/iwtpapers/paper15.pdf [12.07.2012].

Die Wissenschaft des Wissenschaftsjournalismus. Eine Forschungskritik und ein Alternativvorschlag[1]

Matthias Kohring

1. Einleitung

In der modernen Gesellschaft, die anstatt auf Tradition auf eine offene Zukunft setzt, gibt es kaum eine Handlung, die nicht als riskant wahrgenommen werden kann. Die Produktion kognitiv geprüften Orientierungswissens hat aus diesem Grunde eine immense Bedeutung erlangt und frühere Orientierungsinstanzen wie Religion und Moral zurückgedrängt. Es ist diese Bedeutung der Wissenschaft für die Gesellschaft, die der Diskussion um den Wissenschaftsjournalismus ihre Berechtigung und auch ihre Brisanz verleiht.

Dabei sollte man prinzipiell zwischen dem Wissen aus der Wissenschaft und dem Wissen über die Wissenschaft unterscheiden. Das Wissen *aus* der Wissenschaft dient dazu, den Orientierungsbedarf sozialer Akteure zu befriedigen. Zum Wissen aus der Wissenschaft gehören z.B. Erkenntnisse zu den Ursachen von Krebs oder zur Veränderung von modernen Lebensläufen (‚lebenslanges Lernen') oder die Entdeckung einer neuen Spinnenart im Amazonas-Regenwald. Allerdings ist auch die Wissenschaft ein Produkt der gesellschaftlichen Ausdifferenzierung. Sie fügt zu den schon vorhandenen Perspektiven eine weitere hinzu. Damit erzeugt sie potenziell neue Konflikte und trägt somit selbst zur Unüberschaubarkeit der Gesellschaft bei. Es bedarf also auch eines Wissens *über* die Wissenschaft. Wissen über Wissenschaft berührt z.B. die Finanzierung von Hochschulen oder die Interessenkonstellationen und -kollisionen bei der Ermittlung der wissenschaftlichen ‚Wahrheit'. Beide Wissensformen werden relevant, wenn wissenschaftliche Erkenntnisse oder die WissenschaftlerInnen selbst in außerwissenschaftliche Konflikte geraten, was nicht ungewöhnlich ist und sogar die Bedeutung der Wissenschaft unterstreicht.

In diesem Spannungsfeld der Diskussion über das Verhältnis zwischen Wissenschaft und Gesellschaft ist das Thema Wissenschaftsjournalismus angesiedelt. Es lohnt daher, die Kommunikations- und Medienwissenschaft – als ‚zuständige' Wissenschaft vom Wissenschaftsjournalismus – genauer nach der Funktion der Wissenschaftsberichterstattung zu befragen. Von ihren Antworten hängt z.B. ab, welche Qualitätskriterien man auf die Berichterstattung anwendet, aber auch, worauf Hochschulen bei der Ausbildung von WissenschaftsjournalistInnen Wert legen. Ungenügende oder

1 Der vorliegende, hier geringfügig modifizierte Beitrag wurde zuerst veröffentlicht in: Müller, Christian (Hg.): SciencePop. Wissenschaftsjournalismus zwischen PR und Forschungskritik. Graz/Wien: Nausner & Nausner 2004, S. 161-183. Für die freundliche Genehmigung zum Wiederabdruck danken wir dem Nausner & Nausner Verlag.

sogar falsche Antworten könnten letztlich dazu führen, dass die Gesellschaft über ihr so bedeutendes Subsystem Wissenschaft unzureichend informiert wird – und dies noch nicht einmal merkt. Thema dieses Beitrags ist also, wie die Kommunikations- und Medienwissenschaft ihren Forschungsgegenstand Wissenschaftsjournalismus modelliert und was hiervon zu halten ist.

Zunächst gebe ich einen kurzen Überblick, wie sich die Diskussion zur journalistischen Wissenschaftsberichterstattung historisch entwickelt hat, wobei ich mich hier auf den deutschsprachigen Bereich beschränke (vgl. Kohring 1997; Dornan 1990). Im darauffolgenden Abschnitt meines Beitrags stelle ich die wichtigsten Komponenten der dominierenden Sicht auf den Wissenschaftsjournalismus vor. Hieran schließt sich eine zweifache Kritik der Forschung an: Aus gesellschaftstheoretischer Sicht diskutiere ich zum einen die Auffassung von Wissenschaft als Produzenten eines allgemeinverbindlichen, objektiven Orientierungswissens. Zum anderen erörtere ich die Annahme, durch Wissensvermittlung Akzeptanzprobleme der Wissenschaft lösen zu können. Aus journalismustheoretischer Sicht gehe ich danach auf die Vorstellung ein, dass Wissenschaftsjournalismus in erster Linie als ein Informationsvermittler im Dienste der wissenschaftlichen Aufklärung zu begreifen sei. Abschließend diskutiere ich, wie die Frage nach der Funktion der Wissenschaftsberichterstattung alternativ beantwortet werden sollte.

2. Die Forschung zum Wissenschaftsjournalismus

Eine kontinuierliche Diskussion über die Wissenschaftsberichterstattung setzt in Deutschland zu Anfang des 20. Jahrhunderts ein. „Aschenbrödel Wissenschaft, künstlerische und nützliche Mitteilungen kommen am Ende der langen Reihe. Das ist tief bedauerlich“ (Stoklossa 1910, S. 565). So lautet das Fazit einer Inhaltsanalyse von Tageszeitungen aus dem Jahr 1909. Zu einem gegensätzlichen Ergebnis kommt der bekannte Zeitungswissenschaftler Otto Groth in seiner Dissertation aus dem Jahre 1913. Aus seiner Inhaltsanalyse zieht er den Schluss, dass die „Aufgabe der ‚Popularisierung der Wissenschaft‘ [...] von den Zeitungen durchaus nicht zurückgestellt“ werde (Groth 1915, S. 132). Mit dieser Ansicht steht Groth aber zunehmend alleine da. Bis die deutschsprachige Kommunikations- und Medienwissenschaft sich des Themas wirklich annimmt, vergehen noch über sechzig Jahre. Bis dahin wird die Diskussion über die rechte Form des Wissenschaftsjournalismus weitgehend von Journalisten und Verlegern, Wissenschaftlern, Wissenschaftsfunktionären und Politikern geführt. In den 20er-Jahren erreicht die Diskussion einen ersten Höhepunkt. Betont wird damals vor allem die ökonomische Bedeutung der Technik für das wirtschaftlich angeschlagene Nachkriegsdeutschland.

Nach dem Zweiten Weltkrieg steht zunächst die Medizinberichterstattung im Fokus der Aufmerksamkeit, wobei es vor allem um „Abwehrmaßnahmen“ gegen die „Gefahren medizinischer Sensationsmache“ (Deneke 1959, S. 203) geht. In den 60er und frühen 70er-Jahren wird die Auseinandersetzung – um nur die wichtigsten Begriffe zu nennen – vor dem Hintergrund des Kalten Krieges, des Streits um Hochschulreformen, der Technokratiedebatte und des politischen Konzepts einer kritischen Öffentlichkeit fortgeführt. Hier kommt auch der Begriff der ‚Öffentlichen Wissenschaft' auf. Wissenschaft soll aus zwei Gründen öffentlich sein: Zum Ersten seien in einer Demokratie wissenschaftspolitische Entscheidungen vom wissenschaftlichen Kenntnisstand der Bevölkerung abhängig. So meint 1968 der bekannte Wissenschaftspublizist und Physiker Heinz Haber:

> „Wenn die Öffentlichkeit durch einen falschen Bildungsbegriff, [sic!] die Welt, in der sie lebt, nicht begreift, dann kann sie auch ihr eigenes Schicksal nicht in echtem demokratischem Sinne in die Hand nehmen." (Haber 1968, S. 748)

Neben diesem *Demokratie-Argument*, wie ich es nenne, gibt es zum Zweiten noch das *Sponsor-Argument*: Die (Natur-)Wissenschaft soll öffentlich werden, um ihre Finanzierung aus Steuergeldern zu legitimieren. In diese Zeit fällt auch die Empfehlung der Westdeutschen Rektorenkonferenz, Informations- und Pressestellen an den Hochschulen einzurichten (vgl. WRK 1971). Öffentlichkeitsarbeit wird als eine demokratische Informationspflicht, als „Bringeschuld" (Brügmann 1973, S. 23) der Hochschulen verstanden.

Im Frühjahr 1974 beginnt am Zentrum für interdisziplinäre Forschung der Universität Bielefeld die Forschungsgruppe ‚Journalismus und Wissenschaft' zu tagen. Hiermit setzt eine kontinuierliche kommunikations- und medienwissenschaftliche Beschäftigung mit diesem Thema ein. In der Ausschreibung für diese Forschungsgruppe werden vier sogenannte Problemkreise beschrieben, von denen inhaltlich zwei besonders interessant sind:

1. das Verhältnis des Journalismus zu seinem Berichterstattungsobjekt Wissenschaft:

> „Ist Journalismus auf Wissenschaft angewiesen, wenn er die von ihm berichteten Sachverhalte verständlich machen will – oder hängt seine Vermittlungsfunktion gerade von einer bestimmten Resistenz gegen spezialisierte Erkenntnisformen ab?" (Studiengruppe 1975, S. 197)

2. die Kommunikation der Wissenschaft mit ihrer Umwelt:

> „Ist Wissenschaft zunehmend auf Journalismus angewiesen, wenn sie Wirkungen auf und Unterstützung durch die Öffentlichkeit sucht – oder muß sie sich selber gemeinverständlich machen?" (ebd.)

Die wenigen Publikationen, die aus dieser Forschungsgemeinschaft hervorgehen, behandeln nur das Problem der Vermittlung aus der Wissenschaft in die Öffentlichkeit. Die Frage nach der Resistenz des Journalismus gegenüber der Wissenschaft fällt regelrecht unter den Tisch. Journalismus wird als bloßer Informationsvermittler konzipiert, als ein „Dolmetscher zwischen Forschung und Öffentlichkeit" (Roloff/Hömberg 1975). Die Wissenschaftsjournalismusforschung konzentriert sich fortan auf den Versuch, das angeblich „gestörte Verhältnis von Journalismus und Wissenschaft“ (Hömberg 1974) zu therapieren. Die Kontinuität der dabei vertretenen Standpunkte, die Einheitlichkeit inhaltlicher Vorstellungen und die Tatsache, dass sich diese Standpunkte einer klar abzugrenzenden, homogenen Gruppe von Kommunikations- und Medienwissenschaftlern zuordnen lassen, erlauben es, von einem Paradigma zu sprechen: Ein Paradigma ist eine gemeinsame und vereinheitlichte Vorstellungswelt, in der die grundsätzlichen und erkenntnisleitenden Fragestellungen und theoretischen Annahmen übereinstimmen.

3. Das Paradigma Wissenschaftspopularisierung

Im Folgenden stelle ich die einzelnen Komponenten vor, die in ihrer Gesamtheit das Paradigma Wissenschaftspopularisierung ausmachen.

3.1. Gesellschaftliche Relevanz der Wissenschaft

Als zentrales Argument gilt der Forschung zum Wissenschaftsjournalismus die These von der steigenden Bedeutung der Wissenschaft für die Gesellschaft. Diese steigende Bedeutung drücke sich in einer immer stärkeren Übernahme politischer und ideologischer Orientierungsfunktionen aus, unter anderem sichtbar im expandierenden Expertenwesen. Die Problemlösungskraft von Wissenschaft und Technologie wird als wesentlicher Beitrag zur Gestaltung der Zukunft gewürdigt, Wissenschaft und Forschung gelten als „integrierender und höchst wichtiger Teil unserer Zivilisation“ (Klagenfurter Thesen 1989, S. 313). Stephan Ruß-Mohl – Referent der Robert-Bosch-Stiftung für das Förderprogramm Wissenschaftsjournalismus und später Professor für Kommunikationswissenschaft an der FU Berlin – spricht in Anlehnung an den (allerdings durchaus wissenschaftskritischen) Politologen Wilhelm Hennis sogar von der „Lebensbestimmungsmacht“ Wissenschaft (Ruß-Mohl 1985, S. 266).

Die Diagnose einer immer stärkeren Verwissenschaftlichung der Gesellschaft umfasst nur gelegentlich auch Hinweise auf die Risiken einer solchen Entwicklung. Relativ häufig erscheint dann der Verweis auf das Problem einer demokratischen Steuerung und Kontrolle von Wissenschaft und Technologie. In neuerer Zeit werden Risiken von Hochtechnologien wie z.B. Gentechnologie erwähnt. Solche Hinweise geschehen aber ausschließlich in kursorischer Form. Insgesamt kommt die Behauptung von der wachsenden Bedeutung der Wissenschaft nicht über die Funktion eines bloßen Schlagworts hinaus.

3.2. Kommunikationskrise der Wissenschaft

Die Behauptung von der wachsenden Bedeutung der Wissenschaft ist natürlich noch viel zu allgemein, um ein Paradigma Wissenschaftspopularisierung zu identifizieren. Die zweite Komponente ist, dass dessen Vertreter ein Kommunikationsproblem zwischen Wissenschaft und Öffentlichkeit diagnostizieren. Eine der Ursachen für wachsende Kommunikationsschwierigkeiten zwischen Wissenschaft und Öffentlichkeit sei die steigende Produktivität und immer weitere Spezialisierung der Wissenschaft. Die Autoren greifen zu einer drastischen Metaphorik, um die Dramatik der Situation zu verdeutlichen: So ist wahlweise von einer „Kommunikationslawine“ (Hömberg 1974) oder „Informationslawine“ (Roloff/Hömberg 1975) die Rede, gar von einer „Informationsexplosion“ (Hömberg 1978), von wissenschaftlichen „Publikationshalden“, die auch noch zumeist aus „Informationsmüll“ bestehen. Nach Ansicht der Autoren nimmt es deshalb nicht wunder, dass es zu einer „teilweise heillosen Verstopfung der Informationskanäle“ (Roloff/Hömberg 1975, S. 56) komme.

So lautet denn das einhellige Fazit der Forschung, dass die Krise zwischen Wissenschaft und Gesellschaft „auch oder gar vor allem als Kommunikationskrise“ zu betrachten sei – so Walter Hömberg (1990, S. 15), neben dem schon erwähnten Ruß-Mohl einer der Hauptvertreter der Wissenschaftsjournalismusforschung. Wenn man den Begriff der Kommunikationskrise genauer zu fassen sucht, wird deutlich, dass eigentlich eine *Vermittlungs*krise gemeint ist: Das Verhältnis zwischen Wissenschaft und Gesellschaft wird deshalb als problematisch beurteilt, weil die Vermittlung wissenschaftlichen Wissens, und zwar *aus* der WIssenschaft *in* die Gesellschaft, defizitär erscheint. Die Ausrufung einer Krise erfolgt damit aus der Perspektive und im Namen des Wissenschaftssystems. Auch die Problematik der demokratischen Kontrolle von Wissenschaft wird in einem generellen Wissensdefizit der Bevölkerung gesehen. Dieses könne nur durch „rückhaltlose Aufklärung der Gesellschaft“, und zwar gemeinsam durch Politiker, Wissenschaftler und Journalisten, behoben werden (Klagenfurter Thesen 1989, S. 315, These 3).

Neben diesem schon erwähnten Demokratie-Argument werden auch wirtschaftspolitische Gründe angeführt, die eine Abhilfe des vermeintlichen Vermittlungsproblems dringlich erscheinen lassen. Für Rainer Flöhl, Leiter der Redaktion ‚Natur und Wissenschaft‘ bei der FAZ, kommt es darauf an, wegen der wirtschaftlich existenziellen Bedeutung der Wissenschaft für das rohstoffarme Deutschland „in der Politik mehr Sensibilität für wissenschaftliche Fragen auszulösen.“ (Flöhl 1977, S. 202f.) Auch die Allensbacher Meinungsforscherin und Publizistik-Professorin Elisabeth Noelle-Neumann (vgl. Noelle-Neumann/Hansen 1991, S. 103) betont eindringlich den Zusammenhang von technischem und wirtschaftlichem Erfolg. Überhaupt zeigen sich die Kommunikations- und MedienwissenschaftlerInnen außergewöhnlich besorgt über die angebliche Technikfeindlichkeit und Technikangst der Deutschen. Diese sei auch durch die inkorrekte Wissenschaftsberichterstattung verursacht. Die angebliche Technikfeindlichkeit wird als Gefahr für die gesellschaftliche Orientierung angesehen und darüber hinaus für die nationale Konkurrenzfähigkeit schlechthin. Die Forschung begreift die Kommunikationskrise der Wissenschaft somit in erster Linie als eine *Akzeptanzkrise*. Indem diese wiederum als *Vermittlungskrise* interpretiert wird, rückt das angebliche Informationsdefizit der Öffentlichkeit in den Mittelpunkt der Überlegungen.

3.3. Popularisierung von Wissenschaft

Als Königsweg aus der konstatierten ‚Kommunikationskrise' der Wissenschaft wird die verstärkte Vermittlung von wissenschaftlichem Wissen in die Öffentlichkeit propagiert. Mit dieser Popularisierung von Wissenschaft ist untrennbar die Absicht verbunden, auch die gesellschaftliche Akzeptanz von Wissenschaft und Technologie zu fördern. Die Autoren des Paradigmas Wissenschaftspopularisierung befürworten die Vermittlung von Wissenschaft aus zwei Gründen: zur „Diffusion gesellschaftsrelevanten Wissens und zur Mobilisierung öffentlicher Unterstützung" (Hömberg 1980, S. 42). Diese Kopplung von Wissensvermittlung und gesellschaftlicher Akzeptanz der Wissenschaft lässt sich darauf zurückführen, dass das wissenschaftliche und technologische Wissen – zumeist implizit – als hierarchisch höherwertig bewertet und ihm daher eine Sonderstellung zugesprochen wird: „Wissenschaft soll Licht, sie soll Aufklärung bringen", so lautet ein durchaus noch gemäßigtes Zitat aus der Diskussion (Geretschlaeger 1979, S. 229). Aus dieser Perspektive sorgen sich die Autoren vor allem um die „tiefe Kluft" (Flöhl 1980, S. 162) zwischen Wissenschaft und Öffentlichkeit, die als Vertrauens- und Akzeptanzkrise bewertet wird.

Die starke Orientierung an der Akzeptanz von Wissenschaft schlägt sich auch in der Bewertung der Öffentlichkeit selbst nieder. Diese sei nicht nur unzureichend informiert, sondern auch von Vorurteilen geprägt und insgesamt von einem rückständigen Bewusstsein gegenüber der wissenschaftlich-technischen Entwicklung gekennzeichnet. Popularisierung von Wissenschaft bedeutet demnach, die Relevanz wissenschaftlicher Erkenntnisse zu verdeutlichen, und zwar gegenüber einem wissenschaftlich nicht weiter gebildeten Laienpublikum. Dabei ist Wissenschaftsvermittlung nach Ansicht der Autoren schon dadurch legitimiert, dass sie als ein Akt der Aufklärung betrachtet werden kann. Auf dieses Akzeptanzprogramm richten die Vertreter des Paradigmas Wissenschaftspopularisierung ihr Hauptaugenmerk.

3.4. Popularisierung als Aufgabe des Wissenschaftsjournalismus

Das problematisch gewordene Verhältnis zwischen Gesellschaft und Wissenschaft als ein bloßes Informationsvermittlungsproblem zu interpretieren, ist die entscheidende *gesellschafts*theoretische Weichenstellung im Paradigma Wissenschaftspopularisierung. Die entscheidende *journalismus*theoretische Weichenstellung besteht nun darin, dieses Vermittlungsproblem der Wissenschaft zum Vermittlungsproblem des *Journalismus* zu erklären. Als Konsequenz werden die Aufgabenbeschreibungen des Wissenschaftsjournalismus direkt aus dem Kommunikations- bzw. Vermittlungs- bzw. Akzeptanzbedarf der Wissenschaft abgeleitet. Im Einzelnen soll er folgende Aufgaben erfüllen:

Informationstransfer

Wissenschaftsjournalismus wird als ein Instrument verstanden, um das „kaum ermessene [...] Niemandsland zwischen Wissenschaft und Öffentlichkeit" (Hömberg 1974) zu überbrücken. Das Informationsvermittlungsproblem der Wissenschaft wird damit an den Journalismus delegiert, und zwar deshalb, „weil die Wissenschaftler allein den nötigen Transfer ihrer Arbeiten in die Öffentlichkeit nicht leisten können" (Depenbrock 1976, S. 18f.). Wissenschaftsberichterstattung ist hier nicht Berichterstattung über, sondern aus der Wissenschaft. Heinz-Dietrich Fischer (1984), Professor für Publizistik in Bochum und kooptiertes Mitglied der dortigen medizinischen Fakultät, bezeichnet die „Massenmedien als Transportvehikel der Wissenschaft", und für Flöhl ist der Wissenschaftsjournalismus „gewissermaßen der Transmissionsriemen zwischen Wissenschaft und Öffentlichkeit" (Flöhl 1980, S. 166; vgl. auch Hömberg 1980, S. 46). Im Begriff des Informationstransfers schon implizit enthalten ist die Auffassung, dass diese Art der Wissensvermittlung sich nach wissenschaftlichen Kriterien zu richten hat:

> „In bezug auf die Wissenschaft heißt das nicht nur, Forschungsergebnisse zu ‚übersetzen', sondern auch, ihre Prämissen, ihre Zuverlässigkeit und Gültigkeit, die Probleme der Anwendung und die möglichen Folgen darzustellen." (Hömberg 1990, S. 144)

Auf die vermeintlich überlegene Rationalität von Wissenschaft und Technologie wird auch dann zurückgegriffen, wenn diese Bereiche zum Gegenstand gesellschaftlicher Konflikte werden. So erhofft sich Noelle-Neumann (vgl. Noelle-Neumann/ Hansen 1991, S. 103) von der Medienberichterstattung eine Technikdebatte auf höherem Niveau, so als sei jedes nicht-wissenschaftliche Argument von vornherein minderwertig. Dieser Ansatz wird am konsequentesten von Autoren wie z.B. dem Mainzer Kommunikationswissenschaftler Kepplinger (vgl. Kepplinger/Ehmig/Ahlheim 1991; Rothman 1992) verfolgt, die die Berichterstattung über Themen wie Gentechnik und Atomkraft nicht nur ausschließlich von Wissenschaftlern bewerten lassen, sondern auch noch von denjenigen Wissenschaftlern, die selbst Gegenstand der oftmals kritischen Berichterstattung sind. Deutlicher als in diesen Arbeiten kann die Ausrichtung des Wissenschaftsjournalismus an den Kriterien – oder sogar: Interessen? – der Wissenschaft nicht demonstriert werden.

Bildung und Aufklärung

Über die Informationsfunktion hinaus wird dem Wissenschaftsjournalismus ergänzend eine Bildungs- und Aufklärungsfunktion zugewiesen. Aus der Perspektive des Wissenschaftssystems – und das ist die Perspektive, die das Paradigma Wissenschaftspopularisierung einnimmt – wird die Vermittlung von wissenschaftlichem Wissen als eine Aufwertung der nicht-wissenschaftlichen Kommunikation verstanden. Der Begriff der Bildung umfasst auch kulturelle Bildung und deutet damit auf die angebliche Diskriminierung von Wissenschaft und Technik als bloßes instrumentelles Wissen hin. Deutlich häufiger als die Bildungsfunktion wird die Aufklärungsfunktion des Wissenschaftsjournalismus genannt. Mit dieser von Hömberg (1982, S. 3; 1990, S. 16) feierlich deklamierten Anbindung an einen „emanzipatorischen Impuls, der der Tradition der europäischen Aufklärung folgt", wird die gesellschaftliche Orientierungsfunktion der Wissenschaft noch stärker hervorgehoben. Wissenschaftliche Aufklärung steht für ein kritisch-rationales Problembewusstsein und eine demokratische Steuerung des wissenschaftlichen Fortschritts. So könne z.B. Technikpopularisierung „zu einem besseren Verständnis technischer Entwicklungen und damit auch zu rationaleren, am Gemeinwohl orientierten und von informierten Stimmbürgern demokratisch mitgetragenen technologiepolitischen Entscheidungen" beitragen (Krüger/Ruß-Mohl 1989, S. 413).

Kritik und Kontrolle

Vor allem im Zusammenhang mit dem Aufklärungsbegriff wird dem Wissenschaftsjournalismus bisweilen auch eine Kritik- und Kontrollfunktion zugesprochen. Im Streit darüber, so Hömberg, „ob der Wissenschaftsjournalist nur als Dolmetscher der Wissenschaft neutral Fakten vermitteln oder als Vertreter der Öffentlichkeit Wissenschaft auch kontrollieren solle" (Hömberg 1982, S. 117), lässt sich die Position des Paradigmas Wissenschaftspopularisierung allerdings eindeutig festmachen: Zum Ersten wird eine Kritik- und Kontrollfunktion relativ selten angesprochen, zum Zweiten wird sie stets als eine Kontrolle nach wissenschaftlichen Kriterien konzeptioniert. Damit würde sie aber lediglich eine Zusatzfunktion innerhalb der wissenschaftlichen Selbstkontrolle erfüllen. Insgesamt scheint der gelegentliche Hinweis auf die Kritikfunktion des Wissenschaftsjournalismus also eher auf die pauschale Formel von der Kritik- und Kontrollfunktion des Journalismus zurückzugehen.

Akzeptanz

Schon die Bildungs- und Aufklärungsfunktion behauptet eine gesellschaftliche Vorrangstellung wissenschaftlichen Wissens. Von da ist es nicht mehr weit zu einer Funktionsbeschreibung, die explizit die Akzeptanzfunktion des Wissenschaftsjournalismus betont. Auf der materiellen Ebene bedeutet dies, zwecks „Mobilisierung für Subvention" die Gesellschaft von der Nützlichkeit der Wissenschaft zu überzeugen (Hömberg 1980, S. 45f.). Mindestens genauso bedeutend ist aber auch, das Vertrauen in die gesellschaftliche Führungsrolle der Wissenschaft zu stärken. So stellt Noelle-Neumann den folgenden stattlichen Forderungskatalog auf:

> „Der Öffentlichkeit ein Bild von Wissenschaft zu vermitteln heißt, Isolation der Wissenschaftler aufheben, Mißtrauen zerstreuen, Resonanz verstärken, begabten Nachwuchs zur Wissenschaft ziehen, Bereitschaft zur öffentlichen Unterstützung der Wissenschaft wecken, Wissenschaft zu einem Bestandteil von Bildung und gemeinsamem Interesse einer Bevölkerung machen." (Noelle-Neumann 1978)

Hintergrund dieses Akzeptanzprogramms für den Wissenschaftsjournalismus ist die gesellschaftliche Tendenz zu einer auch kritischen Betrachtung der wissenschaftlich-technischen Entwicklung – bekannt unter dem Begriff der Risikokommunikation und diskreditiert als Wissenschafts- und Technikfeindlichkeit. Dieser Kritik soll Wissenschaftsjournalismus in seiner Vermittlerrolle zwischen Wissenschaft und Öffentlichkeit entgegensteuern:

> „Wie wichtig diese Funktion ist, zeigen die schweren Akzeptanzkrisen, in denen viele neue Technologien heute stecken. Der fortschreitenden Entfremdung von Wissenschaft und Öffentlichkeit muß Einhalt geboten werden." (Krüger/Flöhl 1982, S. 19)

Fazit: Die Funktion des Wissenschaftsjournalismus

Ich habe zuvor den Problembezug des Paradigmas Wissenschaftspopularisierung darin gesehen, dass aus der Perspektive des Systems Wissenschaft eine Akzeptanzkrise festgestellt wird. Diese Akzeptanzkrise wird auf Vermittlungsprobleme zwischen der Wissenschaft und der nicht-wissenschaftlichen Öffentlichkeit zurückgeführt. Wissenschaft soll daher verstärkt popularisiert werden. Fasst man alle einzelnen Funktionszuweisungen zusammen, so soll die Funktion des Wissenschaftsjournalismus darin bestehen, die „,Dauerkommunikation zwischen Wissenschaft und öffentlicher Meinung'", so Hömberg (1980, S. 46), zu bewerkstelligen und auf diesem Wege für die gesellschaftliche Akzeptanz von Wissenschaft und Technologie zu sorgen. Dass für diese Aufgabe der Journalismus ‚ausersehen' wird, verdankt er der rein pragmatischen Annahme, dass eine „breitstreuende Wissenschaftsvermittlung unter heutigen Bedingungen vornehmlich mit Hilfe von Massenmedien möglich" ist (Ruß-Mohl 1982, S. 158). Das Vermittlungs- und Akzeptanzproblem von Wissenschaft und Technologie wird auf diese Weise kurzerhand zu einem Vermittlungs- und Akzeptanzproblem des Wissenschaftsjournalismus erklärt, das dieser – nicht die Wissenschaft! – nun zu lösen hat und an dessen Lösung er auch gemessen wird.

4. Die Ideologisierung des wissenschaftlichen Fortschritts

Die Vertreter des Paradigmas Wissenschaftspopularisierung setzen einseitig und in erkenntnis- und wissenschaftstheoretisch schon naiv zu nennender Weise auf den Primat der wissenschaftlichen Orientierungsfunktion. Dabei übersehen sie einen entscheidenden Aspekt: Es ist gerade die angestrebte kulturelle Normalisierung der Wissenschaft, nämlich die exponenzielle Steigerung der kognitiven und sozialen Wechselwirkungen zwischen Gesellschaft und Wissenschaft, die zu einer weiteren Problematisierung dieses Verhältnisses führt. In dem Maße nämlich, in dem wissenschaftliches Wissen seine Orientierungsfunktion reklamiert, setzt es sich dem Widerstand etablierter Wissensbestände und auch Werte aus. Ihre eigentliche Brisanz erfährt die Verwissenschaftlichung der Gesellschaft aber durch den Umstand, dass wissenschaftlich-technische Innovationen an gesellschaftliche Teilinteressen gekoppelt sind und auf diese Weise nicht nur eine ungleiche Verteilung von potenziellem

Nutzen, sondern auch von potenziellen Schäden zur Folge haben können. Die Vertreter des Paradigmas interpretieren daraus resultierende Konflikte als Krise der Wissenschaft. Weitaus plausibler aber ist es anzunehmen, dass das Verhältnis von Wissenschaft und Gesellschaft in einen Zustand der Normalität eingetreten ist. Für den Jülicher Risikokommunikationsforscher Hans Peter Peters (1994, S. 59) „deutet einiges darauf hin, daß gesamtgesellschaftlich betrachtet tatsächlich ein positives Vorurteil zerfällt und sich keineswegs ein negatives Vorurteil gegen Technik aufbaut." Die Sozialwissenschaftler Ernst Kistler und Dieter Jaufmann gehen noch einen Schritt weiter:

> „Zu allererst aufhören muß das Lamento der Techniker und Naturwissenschaftler, die vielfach in fast narzißtischer Sicht die Medien, die Journalisten und die unverständlichen (sich!) und die unverständigen Geisteswissenschaftler für schuld an einer angeblichen Technikfeindschaft erklären." (Kistler/Jaufmann 1990, S. 90)

Die Vertreter des Paradigmas Wissenschaftspopularisierung sehen sich in einer Linie mit dem historischen Aufklärungsbegriff. Damals wie heute liegt einem solchen Aufklärungsbegriff allerdings das Konzept einer hierarchischen Beziehung zwischen Wissenschaft und Gesellschaft zugrunde. Wer ‚aufklärt', bestimmt – und zwar qua eigener Autorität –, wer sich ebenfalls noch als aufgeklärt betrachten darf: „[...] Aufklärung ist eine Operation, die man am anderen durchführt", hat der Soziologe Niklas Luhmann (1991, S. 40) einmal sehr schön formuliert. Da ein Informationsbegriff, der die Möglichkeit objektiver und wertfreier Informationen behauptet, nicht aufrechterhalten werden kann, muss somit auch die Vorstellung von einer neutralen Aufklärung zurückgewiesen und stets nach den dahinterliegenden Interessen gefragt werden.

Dennoch bleibt diese Auffassung solange unproblematisch, wie es nicht zu einer öffentlichen Problematisierung des Verwissenschaftlichungsprozesses kommt. Mit ihr werden Wissenschaft und Technologie zum Gegenstand gesellschaftlicher Kontroversen, die gerade durch ihren nicht-wissenschaftlichen Ursprung gekennzeichnet sind. Der gesellschaftliche Widerstand gegen z.B. soziale und ökologische Begleiterscheinungen des wissenschaftlichen ‚Fortschritts' wird zunächst noch als eine Reaktion der überkommenen literarischen Kultur und ihrer „Maschinenstürmer" abgetan – wie es z.B. der englische Physiker und Schriftsteller Charles Percy Snow 1959 in seiner viel beachteten Schrift *The Two Cultures and the Scientific Revolution* tut.[2] In der Folgezeit, als die Kritik in Form sozialer Bewegungen auch größere gesellschaftliche Kreise erfasst, wird sie pauschal als Fortschritts- und Technikfeindlichkeit diskriminiert. Auf diese Weise thematisiert man die gerade in den westlichen Industriegesellschaften immer drängender werdenden Folgen der Verwissenschaftlichung der Gesellschaft ausschließlich aus der Perspektive eines um seinen Führungsanspruch bangenden Wissenschaftssystems. Der recht schlichte Gedanke,

2 Vgl. die deutsche Übersetzung von 1967 *Die zwei Kulturen. Literarische und naturwissenschaftliche Intelligenz*, die einen Nachtrag Snows von 1963 enthält.

durch die bloße Vermittlung wissenschaftlichen Wissens eine wissenschaftsfreundliche Bevölkerung zu erzeugen, wird zudem durch Studien widerlegt, die keinen eindeutigen Zusammenhang zwischen wissenschaftlicher Bildung und Wissenschaftsakzeptanz nachweisen können. Besonders augenfällig wird dies an der Etablierung sogenannter wissenschaftlicher Gegenexperten. Es ist gerade die „Verwissenschaftlichung von Kontroversen" (Vowe 1984, S. 43), die gegen einen eindeutigen Zusammenhang von Wissensstand und Akzeptanz spricht. Indem wissenschaftliches Wissen als Legitimationsressource in gesellschaftlichen Konflikten eingesetzt wird, und zwar auf allen Seiten, kann es gar keine Neutralität und übergeordnete Autorität mehr beanspruchen.

Das Paradigma Wissenschaftspopularisierung reagiert auf die Probleme, die sich aus dem zunehmenden Einfluss der Wissenschaft auf die Gesellschaft ergeben, mit einer Strategie, die auf eine weitere Verwissenschaftlichung von Gesellschaft aus ist. Eine solche Strategie – nämlich die fortgesetzte Vermittlung wissenschaftlichen Wissens – erscheint geradezu paradox. Indem man in der kognitiven Dimension auf die Orientierungsfunktion wissenschaftlichen Wissens und in der sozialen Dimension auf die Interessenneutralität und Einheit ‚der' Wissenschaft setzt, forciert man gerade diejenigen Tendenzen, die zu Konflikten zwischen Wissenschaft und Gesellschaft führen. Die Entscheidung, demokratische Willensbildungsprozesse an die Bedingung einer wissenschaftszentrierten Aufklärung zu koppeln, lässt auch das traditionelle Demokratie-Argument fragwürdig erscheinen. Wenn nicht-wissenschaftliche Bewertungskriterien für wissenschaftspolitische Entscheidungen potenziell abgewertet werden, und zwar zugunsten von Expertenwissen, findet nämlich gerade eine Beschränkung freier Willensbildung statt. Das im Paradigma Wissenschaftspopularisierung verwendete Demokratie-Argument zeigt somit deutliche Parallelen zu technokratischen Vorstellungen von Wissenschaftspolitik.

In diesem Zusammenhang ist hervorzuheben, dass auch die Befürworter der Wissenschaftspopularisierung auf nicht-wissenschaftliche Bewertungskriterien angewiesen sind, wenn sie die Akzeptanz der Wissenschaft einfordern. Innerhalb der Wissenschaft ist die Akzeptanz wissenschaftlicher Kommunikation nämlich sichergestellt – und zwar ungeachtet spezifischer Anschauungen und Positionen. Erst im Hinblick auf die Umwelt der Wissenschaft wird die Anerkennung wissenschaftlicher Erkenntnisse ungewiss und muss durch den Verweis auf außerwissenschaftliche Bewertungskriterien wie z.B. Wirtschaftlichkeit oder Erleichterung politischer Planung legitimiert werden. Nur die Beschränkung der Diskussion auf die staatlich finanzierte Forschung erlaubt es dabei übrigens, stets auf den angeblich gesamtgesellschaftlichen Nutzen der Wissenschaft hinzuweisen. Der Popularisierungsbegriff muss sich notwendigerweise auf außerwissenschaftliche, also externe positive Bewertungen der Wissenschaft berufen. Indem er diese aber quasi mit dem ‚Wesen' der Wissenschaft verschmilzt und somit diesen Bewertungszusammenhang unsichtbar macht, kann er abweichende Bewertungen der wissenschaftlich-technischen Entwicklung ausgerechnet mit dem Argument disqualifizieren, dass sie außerwissenschaftlich bedingt und somit nicht angemessen seien. Hinter dieser – logisch betrachtet – schizophrenen Strategie verbirgt sich die Ideologisierung des wissenschaftlich-technischen Fortschritts. Nur dieser ‚Trick' erlaubt es den Vertretern des Paradigmas, eben das, was sie selbst ständig vorführen, dem Wissenschaftsjournalismus und dessen Publikum als unzulässiges Selektionsverhalten vorzuwerfen.

5. Die Zweckprogrammierung des Journalismus

In der hier diskutierten Literatur wird noch nicht einmal ansatzweise in Erwägung gezogen, dass sich die Funktion journalistischer Wissenschaftsberichterstattung auch gegen die Interessen der Wissenschaft richten könnte. Es gibt kein anderes kommunikations- und medienwissenschaftliches Forschungsgebiet, in dem so offen und einmütig gefordert wird, dass sich der Journalismus an den Interessen und Kriterien seines Berichterstattungsgegenstandes auszurichten habe. Eine analoge Forderung wäre z.B., dass ein ‚Religionsjournalismus' für die gesellschaftliche Akzeptanz metaphysischer Orientierungsangebote zuständig sei. Journalismustheoretisch lässt sich dieses Vorgehen als eine Zweckprogrammierung beschreiben. Hierunter wird eine Ausrichtung des Journalismus an journalismusexternen Wirkungsabsichten verstanden, die ihm als invariantes Ziel gesetzt werden. Auch die Kriterien für die Beobachtung und die Auswahl von Ereignissen werden dem Journalismus hierbei vorgegeben. Die Zweckprogrammierung des Wissenschaftsjournalismus ist ein besonders prägnantes Beispiel dafür, wie die ‚eigentümliche' Operationsweise des Journalismus marginalisiert und journalismusexternen Funktionserwartungen untergeordnet wird.

Dies ist umso erstaunlicher, als sich in der Literatur durchaus des Öfteren Hinweise finden lassen, dass Journalismus als ein abgegrenzter Handlungsbereich mit eigenen Sinnstrukturen begriffen wird. So spricht z.B. Hömberg (1987, S. 95) von den „Bauprinzipien der Medienrealität" und erklärt zudem, dass die wissenschaftlichen „Zugriffsweisen auf die Wirklichkeit [...] von ganz anderer Art" sind (ebd., S. 93). Ruß-Mohl (1983, S. 17) bezeichnet Wissenschaft und Journalismus sogar als „Konkurrenzsysteme, die jedoch durch sehr unterschiedliche Erfolgskriterien gesteuert werden." Diese ‚Eigenständigkeit' des Journalismus wird allerdings nie auf ihre mögliche Funktionalität hin befragt. Vielmehr wird sie in geradezu frappierender Einmütigkeit als Beeinträchtigung einer idealen Wissenschaftsberichterstattung interpretiert. Journalismuswissenschaftliche Beobachtungen finden als bloße Beschreibung journalistischer Arbeitsbedingungen und vor allem Selektionskriterien statt. Alleiniger Zweck dieser Deskription scheint es zu sein, die grundsätzliche Unangemessenheit der Selektionsmechanismen aufzuzeigen, mit deren Hilfe Journalismus Gesellschaft beschreibt. Erstaunlich ist die Beharrlichkeit, mit der – trotz immerwährender empirischer Enttäuschungen – diese grundsätzliche Kritik an der journalistischen Selektivität vorgebracht wird. Sie wäre nur dadurch zu erklären, dass die Vertreter des Paradigmas Wissenschaftspopularisierung gerade darauf aus wären, die Dysfunktionalität der journalistischen Operationsweise nachzuweisen.

Das zentrale Manko der gesamten Wissenschaftsjournalismusforschung besteht in der Entscheidung, den journalistischen Selektions- und Darstellungsprogrammen keine eigenständige und unabhängige Funktion zuzugestehen. Mit der unreflektierten Gleichsetzung von Wissenschaftsjournalismus mit Wissenschaftsvermittlung wird Journalismus stattdessen den Eigeninteressen der Wissenschaft untergeordnet. Aus dieser Position muss die spezifische Operationsweise des Journalismus in den Mittelpunkt der Kritik rücken. Dies reicht bis hin zur Forderung, die journalistischen Selektionskriterien, die Ruß-Mohl (vgl. 1985, S. 273) als nur bedingt taugliche Faustregeln bezeichnet, zu modifizieren oder sogar aufzuheben und durch bessere zu ersetzen. Es geht der Forschung daher auch gar nicht darum, die Leistungsfähigkeit eines autonom arbeitenden Journalismus zu erhöhen. Mit der grundsätzlichen Abwertung journalistischer Selektivität wird Journalismus gerade diese Leistungsfähigkeit abgesprochen, um ihn so auf wissenschaftszentrierte Kriterien der Informationsvermittlung verpflichten zu können.

Die Zweckprogrammierung des Wissenschaftsjournalismus ist aber nicht nur darauf angelegt, der journalistischen Selektivität kein eigenes Recht zuzugestehen. Wie die Studien zum *public understanding of science*, also zur öffentlichen Wahrnehmung der Wissenschaft, zeigen, wird auch das journalistische Publikum nur nach dem Grad seiner wissenschaftlichen ‚Aufgeklärtheit' beurteilt. Auch hier zeigt sich, dass das Demokratie-Argument im Grunde auf einer Diskriminierung nicht-wissenschaftlicher Publikumskriterien beruht. Dass auch die Selektivität des journalistischen Publikums als potenziell dysfunktional gilt, erklärt sich aus dem gesellschaftlichen Orientierungsanspruch der Wissenschaft, der im Paradigma behauptet wird. Aufgrund dessen werden andere als die wissenschaftlichen Wissens- und Rationalitätsformen abgewertet – sowohl die des Journalismus, der nur als ein Instrument zum Wissenstransport gilt, als auch die seines Publikums, das ausschließlich als ein Publikum für wissenschaftliche Belehrung konzipiert wird. Die Diskriminierung des sogenannten Laienpublikums geht strategisch sogar der Zweckprogrammierung des Journalismus voraus – schließlich ist es ja die sogenannte ‚breite' Öffentlichkeit, auf die sich die Hoffnungen oder besser Forderungen nach Subvention und Anerkennung der Wissenschaft richten.

Die Zweckprogrammierung des Wissenschaftsjournalismus hat zum Ziel, die spezifischen Selektionskriterien des Journalismus außer Kraft zu setzen. Zur Maßgabe für die journalistische Beobachtung von Wissenschaft wird damit die Perspektive des Wissenschaftssystems selbst. Die Gleichsetzung von Wissenschaftsjournalismus mit Wissenschaftsvermittlung kann daher als eine versuchte Entdifferenzierung von Wissenschaft und Journalismus beschrieben werden. In diese Richtung weist schon die Vorstellung, dass Wissenschaftsjournalismus zur wissenschaftlichen Außenkommunikation zu rechnen sei, genauso wie die zahlreichen Äußerungen zur wünschenswerten Partnerschaft von Wissenschaft und Journalismus, die schon immer zum festen Bestand der Diskussion gehörten. Würde die Zweckprogrammierung des Wissenschaftsjournalismus tatsächlich konsequent umgesetzt werden, so fielen journalistische Beobachtung und Selbstbeobachtung der Wissenschaft in eins. Wenn auf diese Weise eine unabhängige journalistische Beobachtung des Verhältnisses von Wissenschaft und Gesellschaft verloren geht, so ist das die zwangsläufige Konsequenz einer Theorie des Wissenschaftsjournalismus, die sich in ihren zentralen Prämissen an den Interessen und der Rationalität der Wissenschaft ausrichtet. Für die gesellschaftliche Umwelt der Wissenschaft bedeutete das, sich in ihrer Beobachtung der wissenschaftlich-technischen Entwicklung und deren gesellschaftlichen Auswirkungen hauptsächlich auf die Perspektive und damit die Eigenauskunft des Wissenschaftssystems verlassen zu müssen. Diese Konsequenz ist kein Nebenprodukt, sie ist das erklärte Ziel im Paradigma Wissenschaftspopularisierung. Zwar scheinen einigen seiner Vertreter die Konsequenzen, die sich aus der normativen Funktionsbestimmung für den Wissenschaftsjournalismus ergeben, nicht vollständig bewusst zu sein; dies ändert jedoch nichts daran, dass die Zweckprogrammierung des Wissenschaftsjournalismus auf nichts anderes hinausläuft, als eine unabhängige journalistische Beobachtung der Wissenschaft zu verhindern.

Zweckprogrammierungen sind präskriptiv und eignen sich daher nicht zur Erklärung gesellschaftlichen Handelns. Die Wissenschaftsjournalismusforschung kann die empirisch beobachtbare Operationsweise des Journalismus nur noch im Hinblick auf die Erfüllung, in der Regel aber Nicht-Erfüllung ihrer Norm beschreiben. Anstatt eine theoretisch adäquate Beschreibung zu entwickeln, warum Journalismus Gesellschaft so beobachtet, wie er sie beobachtet, begnügt sie sich quasi mit der Verwaltung ihrer Wunschvorstellungen. Eine Theorie des Wissenschaftsjournalismus, die dessen Autonomie grundlegend infrage stellt, läuft – einmal konsequent zu Ende gedacht – darauf hinaus, ihren eigenen Gegenstand zu eliminieren. Das Vorgehen der Forschung erscheint umso erstaunlicher, als sich ihre normative Funktionsbeschreibung auch in empirischer Hinsicht als völlig unangemessen erweist: Seit nunmehr rund neunzig Jahren sieht die Forschung sich mit den immer gleichen ‚Defiziten' der Wissenschaftsberichterstattung konfrontiert. Dennoch denkt die Forschung nicht im Mindesten daran, alternative Erklärungsmöglichkeiten zu entwickeln. Dieser Umstand lässt sich nur dadurch erklären, dass sich die Forschung primär als Wissenschaft von der Wissenschaftskommunikation definiert, nicht aber als Wissenschaft vom Wissenschaftsjournalismus. Vor allem die einseitige Ausrichtung auf einen hierarchischen Begriff von Wissensvermittlung belegt, dass sich die Autoren des Paradigmas in erster Linie als Interessenvertreter der Wissenschaft begreifen. Diese Einstellung wird dann zum Problem, wenn sie nicht genügend reflektiert und in den

Forschungsprozess miteinbezogen wird. Diese Reflexionsfähigkeit ist gerade bei der hier anstehenden Thematik gefordert: Immerhin geht es darum, dass die Wissenschaft denjenigen Journalismus beobachtet, der wiederum die Wissenschaft beobachtet – und dies nicht immer zu deren Gefallen.

Wenn sich so eine komplette Forschungsrichtung vor der reflexiven Kontrolle ihrer impliziten theoretischen Prämissen schützt, wirft das unweigerlich die Frage nach den dahinterstehenden Interessen auf. Meiner Ansicht nach besteht dieses Interesse in der normativen Gleichsetzung von Wissenschaftsjournalismus mit Wissenschaftspopularisierung. Diese erlaubt es, Journalismus wie selbstverständlich auf die Eigeninteressen der Wissenschaft auszurichten. Diese Zweckprogrammierung nimmt die Wissenschaftsjournalismusforschung sozusagen als Stellvertreterin des Wissenschaftssystems vor. Das Postulat der Fortschrittsfunktion von Wissenschaft und Technologie hat sich dabei als sehr wirkungsmächtig erwiesen: Das Paradigma Wissenschaftspopularisierung hat sich nicht nur in der deutschsprachigen und angloamerikanischen Journalismusforschung unabhängig voneinander durchsetzen können, sondern ebenso auch in der materialistischen Kommunikationsforschung der DDR.

Auch die Journalismusforschung selbst wird auf das Ziel der Wissenschaftspopularisierung verpflichtet: So soll sie z.B. den Journalismus „bei der Hilfe geeigneter Selektionsraster [...] unterstützen" (Ruß-Mohl 1985, S. 274). Die Forderung nach einer speziellen Wissenschaftsjournalistik wird mit der Feststellung zu legitimieren versucht, dass man es beim Wissenschaftsjournalismus mit „spezifischen Problemen" zu tun habe, „die sich nicht auch ähnlich in anderen journalistischen Arbeitsfeldern stellen" (ebd., S. 268). Mit diesem Kunstgriff löst Ruß-Mohl die Forschung über Wissenschaftsjournalismus von den Erkenntnissen der übrigen Journalismusforschung ab. Gleichwohl wird behauptet, dass die so entwickelte Wissenschaftsjournalistik als wegweisend für die Wissenschaft vom Journalismus selbst anzusehen sei (vgl. ebd.) Betrachtet man allerdings die Erkenntnisse, die dieser Forschungszweig bislang zusammengetragen hat, kann man diesen optimistischen Anspruch nicht teilen. Zweifellos hat die Wissenschaftsjournalismusforschung auf empirischem Gebiet erhebliche Anstrengungen unternommen. Sie hat es allerdings versäumt, diese Daten in einen erklärungskräftigen gesellschafts- und vor allem journalismustheoretischen Rahmen zu stellen. Gesellschaftstheorie und Journalismustheorie beschränken sich im Paradigma Wissenschaftspopularisierung auf die unreflektierte Setzung normativer Prämissen. Die Forschung verzichtet von vornherein auf den Versuch, die journalistische Berichterstattung über Wissenschaft aus einer journalismuswissenschaftlichen Perspektive zu erklären. Stattdessen misst sie den Wissenschaftsjournalismus ausschließlich am Ideal einer wissenschaftszentrierten Popularisierung.

6. Überlegungen zu einer Theorie des Wissenschaftsjournalismus

Die vorangegangenen Ausführungen sollten verdeutlichen, dass die bisherigen Überlegungen zur Funktion der journalistischen Wissenschaftsberichterstattung journalismustheoretisch in eine Sackgasse geführt haben. Anstatt die auf Dauer wenig ersprießliche Klage über die angeblichen Defizite des Wissenschaftsjournalismus fortzuführen, soll im Folgenden versucht werden, Hinweise zu einer alternativen Betrachtungsweise des Wissenschaftsjournalismus zu geben. Dies geschieht aus einer genuin journalismustheoretischen Sicht, d.h. aus einer Perspektive, die nach dem grundsätzlichen Verhältnis von Journalismus und Gesellschaft fragt und die spezifischen Ausprägungen der Berichterstattung als Ausdruck einer eigenständigen journalistischen Rationalität zu deuten sucht, die – wörtlich verstanden – Sinn macht. Die erste Konsequenz einer solchen Vorgehensweise besteht darin, eine Theorie des Wissenschaftsjournalismus nicht von einer übergreifenden Theorie des Journalismus und der ‚Öffentlichen Kommunikation' zu entkoppeln. Die Funktion des Wissenschaftsjournalismus, so die These, leitet sich vielmehr unmittelbar aus der gesamtgesellschaftlichen Funktion des Journalismus ab. Mit dieser Überlegung wird an die neueren Versuche in der Journalismustheorie angeknüpft, die Funktion des Journalismus mithilfe systemtheoretischer Überlegungen zu bestimmen (vgl. zusf. Kohring 2000).

6.1. Journalismus als Beobachter gesellschaftlicher Interdependenz

Aus Sicht der funktional-strukturellen Systemtheorie besteht das zentrale Problem der Gesellschaft in der Reduktion von Komplexität. Auf die Frage, wie überhaupt soziale Ordnung möglich werden kann (vgl. Luhmann 1981, S. 195ff.), antwortet die Systemtheorie mit dem Begriff der Systembildung. Soziale Systeme reduzieren Komplexität, indem sie sich nach bestimmten Sinnregeln von ihrer Umwelt abgrenzen und sich im Folgenden nur noch mit ihrem eigenen Themenbestand beschäftigen – ohne allerdings für Einwirkungen ihrer Umwelt unempfänglich zu sein. Auf der gesellschaftlichen Ebene spricht die funktional-strukturelle Systemtheorie vom Vorgang der funktionalen Differenzierung. Damit ist gemeint, dass sich im Prozess der gesellschaftlichen Arbeitsteilung spezielle Funktionssysteme ausbilden, die exklusiv die Bearbeitung eines gesamtgesellschaftlichen Problems übernehmen (vgl. Luhmann 1984). Beispiele sind die Politik, die sich um die Herstellung allgemeinverbindlicher Entscheidungen ‚kümmert', oder das Wissenschaftssystem, das für die Produktion kognitiv geprüften Orientierungswissens verantwortlich zeichnet. Den Preis, den die Gesellschaft für diese Komplexitätssteigerung durch Systembildung zahlt, ist der Verlust gesellschaftlicher Einheit. Die wörtlich zu verstehende Eigensinnigkeit der Funktionssysteme führt nämlich dazu, dass es keine gesellschaftliche Position mehr gibt, von der aus über die Richtigkeit eines bestimmten Handelns entschieden werden kann: Was aus Sicht der Wissenschaft falsch ist, mag aus Sicht der Wirtschaft gewinnbringend sein, was aus Sicht der Politik machtpolitisch vorteilhaft erscheint, wird aus Sicht des Rechtssystems als Unrecht verurteilt. Anders ausgedrückt: Das Risiko der funktionalen Differenzierung der Gesellschaft liegt darin begründet, dass jedes Funktionssystem nur im Hinblick auf seine Eigenrationalität und -interessen agiert, potenziell also jederzeit die Interessen der Systeme in seiner Umwelt verletzen kann (so können wissenschaftliche Studien z.B. zum Verbot wirtschaftlich lukrativer Produkte führen). Umgekehrt sind die Funktionssysteme aber auch auf Ressourcen aus ihrer Umwelt angewiesen, um überhaupt fortexistieren zu können: So benötigt die Politik finanzielle Mittel, die sie sich z.B. durch die steuerliche Abschöpfung von Unternehmensgewinnen verschafft, die Wirtschaft ist auf die Ausbildung ihre Arbeitskräfte im Erziehungssystem angewiesen usw.

Insgesamt entsteht so das Bild unserer hochgradig arbeitsteilig organisierten, ausdifferenzierten Gesellschaft, die durch äußerst komplexe Wechselbeziehungen (Interdependenzen) zwischen ihren einzelnen Funktionssystemen gekennzeichnet ist. Die Funktionssysteme müssen diese Interdependenzen ständig im Auge behalten, um sich rechtzeitig auf Veränderungen in ihrer Umwelt einstellen zu können. Würde diese Abstimmung zwischen den unterschiedlichen Operationsweisen der gesellschaftlichen Funktionssysteme nicht stattfinden, wäre die Folge ein Dauerkonflikt, der sämtliche Vorteile der gesellschaftlichen Ausdifferenzierung zunichtemachen würde. Die Aufgabe, ihre gesellschaftliche Umwelt ständig auf solche Ereignisse und Sachverhalte hin zu beobachten, die ihre eigene Operationsweise (positiv oder negativ) beeinflussen und somit zur Modifizierung ihrer Umwelterwartungen führen könnten, würde die einzelnen Systeme aber grundsätzlich überfordern.

Genau dieses Problem übernimmt der Journalismus. Die gesellschaftliche Funktion des Journalismus besteht in der Generierung und Kommunikation von Beobachtungen über die Interdependenzen, also die wechselseitigen Abhängigkeits- und Ergänzungsverhältnisse einer funktional ausdifferenzierten Gesellschaft. Journalismus beobachtet die Gesellschaft stets im Hinblick auf solche Systemereignisse, die auch für andere Systeme von Relevanz sein könnten (sogenannte Mehrsystemereignisse; vgl. Kohring 1997, S. 242ff.). In diesem Sinne bietet Journalismus Orientierungshilfen für gesellschaftliches Handeln an. Entscheidend ist: Journalismus richtet sich in seiner Selektion prinzipiell nicht an den Relevanzkriterien des gerade beobachteten Systems aus, sondern immer an den Relevanzkriterien der gesellschaftlichen Umwelt dieses Systems. Tut er dies nicht, gerät er sofort in Korruptionsverdacht (mit diesem Vorwurf muss z.B. der Reisejournalismus leben), oder es wird ihm zumindest ‚Hofberichterstattung' vorgehalten. Die Vertrauenswürdigkeit des Journalismus, und dies ist keine neuartige Feststellung, hängt direkt davon ab, inwieweit er Distanz zu seinem Berichterstattungsobjekt hält (das unterscheidet ihn grundlegend von PR). Als ein professioneller Beobachter der Wechselbeziehungen bzw. Interdependenzen, die in einer hochgradig arbeitsteilig organisierten (funktional differenzierten) Gesellschaft an der Tagesordnung sind, muss er diese Distanz wahren – ansonsten würde kein Publikum seine Orientierungsleistung nachfragen.

6.2. Die Funktion des Wissenschaftsjournalismus

Betrachtet man noch einmal die gesellschaftstheoretischen Prämissen des Paradigmas Wissenschaftspopularisierung, so wird deutlich, dass auch die Wissenschaftsjournalismusforschung von dem Problem zunehmender gesellschaftlicher Interdependenz ausgeht – um nichts anderes geht es nämlich, wenn sie von der steigenden gesellschaftlichen Bedeutung von Wissenschaft und Technik redet. Auf diese Diagnose hin verpflichtet sie den Wissenschaftsjournalismus zu einer Berichterstattung nach Maßgabe wissenschaftlicher Qualitätskriterien. Eine Funktionsbeschreibung des Wissenschaftsjournalismus, die sich aus der zuvor skizzierten gesamtgesellschaftlich begründeten Funktion des Journalismus ableitet, hat demgegenüber zu betonen, dass es gerade die Distanz zum Wissenschaftssystem und dessen Rationalität und Interessen ist, die die gesellschaftliche Bedeutung des Wissenschaftsjournalismus ausmacht. Aus der oben getroffenen Funktionsbeschreibung des Journalismus ist schlüssig abzuleiten, dass Ereignisse im Wissenschaftssystem allein durch ihren Bezug zur Umwelt dieses Systems zu journalistischen Themen werden können. Das bedeutet, dass wissenschaftliche Kriterien für Neuigkeit und Relevanz für die journalistische Wissenschaftsberichterstattung prinzipiell ohne Bedeutung sind. Ein Journalist informiert nicht schon deshalb über ein wissenschaftliches Ergebnis, *weil* es produziert wurde und schon deshalb einen (Nachrichten-) Wert hätte. Dieser Ansicht sind vor allem Wissenschaftler. Ein Journalist informiert über dieses Ergebnis, weil es einen Bezug zur übrigen Gesellschaft aufweist, und zwar aus der Sicht dieser ‚übrigen Gesellschaft'. Gerade in dieser Außenperspektive liegt für die Umwelt des Wissenschaftssystems der Gewinn der journalistischen Beobachtung. Würde sich der Wissenschaftsjournalismus, wie im Paradigma Wissenschaftspopularisierung gefordert, an den Kriterien des von ihm beobachteten Systems ausrichten, könnte sich die gesellschaftliche Umwelt des Wissenschaftssystems nicht rechtzeitig auf mögliche Irritationen (ob positive oder negative) aus diesem System einstellen und entsprechende Erwartungen ausbilden – sie würde stets aufs Neue kalt erwischt werden.

Für eine zukünftige Theorie des Wissenschaftsjournalismus bedeutet das die generelle Abkopplung journalistischer Wissenschaftsberichterstattung vom Begriff der Wissenschaftspopularisierung. Ein Zusammenhang zwischen den zunehmenden (problematischen) Wechselbeziehungen von Wissenschaft und Gesellschaft und der Forderung nach einer wissenschaftlichen Aufklärung der Gesellschaft kann weder gesellschafts- noch journalismustheoretisch zwingend begründet werden. Mit der gleichen Berechtigung könnte auch ein in Legitimationsschwierigkeiten geratenes Religionssystem vom Journalismus einfordern, die Missionierung einer vermeintlich gottlosen Gesellschaft voranzutreiben. Gegen sämtliche noch so freundlich gemeinten Vereinnahmungsversuche dieser Art ist einzuwenden, dass es die von gesellschaftlichen Teilinteressen prinzipiell unabhängige Beobachterposition des Journalismus ist, die seine gesellschaftliche Funktion und damit auch seine Existenzberechtigung ausmacht. In diesem Sinne könnte gerade der in der Wissenschaftsjournalismusforschung unentwegt erhobene Vorwurf der ‚Realitätsverzerrung' als Indiz dafür gelten, dass der Wissenschaftsjournalismus seine gesellschaftliche Funktion erfüllt.

Abschließend ist zu fragen, wonach ein von seiner Popularisierungsaufgabe befreiter Wissenschaftsjournalismus bewertet und kritisiert werden kann. Wogegen sich jede anspruchsvolle Journalismustheorie wenden sollte, ist die unreflektierte Ausrichtung des Journalismus an Zweckbestimmungen aus seiner gesellschaftlichen Umwelt. Qualitätskriterien für den Wissenschaftsjournalismus müssen stattdessen direkt aus seiner gesellschaftlichen Funktion abgeleitet werden. In diesem Sinne wäre vor allem zu fragen, inwiefern er es der Gesellschaft ermöglicht, ihre Erwartungen gegenüber dem Wissenschaftssystem unabhängig von dessen Selbstdarstellung auszubilden. Hiervon leitet sich grundsätzlich das Vertrauen der Rezipienten in den Journalismus ab (vgl. Kohring 2004). Anhand dieses obersten Qualitätskriteriums sollte die notwendige wissenschaftsjournalistische Fach-, Sach- und Vermittlungskompetenz bestimmt und überprüft werden. Vor allem aber muss der Wissenschaftsjournalist über ein reflektiertes Verständnis seiner Funktion verfügen und sich in erster Linie als Journalist verstehen. Die Wissenschaft vom Wissenschaftsjournalismus könnte ihm gerade hierbei entschiedener zur Seite stehen.

Literatur

Brügmann, Wolf Gunter (1973): Wissenschaft und Gesellschaft. In: die feder, Jg. 22, Nr. 5, S. 22-25.

Deneke, Johann F. Volrad (1959): Arzt und Medizin in der Vor- und Frühgeschichte der modernen Publizistik. In: Publizistik, Jg. 4, S. 195-210.

Depenbrock, Gerd (1976): Journalismus, Wissenschaft und Hochschule. Eine aussagenanalytische Studie über die Berichterstattung in Tageszeitungen. Bochum: Brockmeyer.

Dornan, Christopher (1990): Some Problems in Conceptualizing the Issue of ›Science and the Media‹. In: Critical Studies in Mass Communication, Jg. 7, S. 48-71.

Fischer, Heinz-Dietrich (1984): Massenmedien als Transportvehikel der Wissenschaft. Skizzen eines Spannungsverhältnisses. In: Bertelsmann Briefe, Nr. 115, S. 25-32.

Flöhl, Rainer (1980): Experten und Öffentlichkeit. In: Neuhaus, Günter A.; Seidler, Eduard (Hg.): Pluralität in der Medizin – der geistige und methodische Hintergrund. Frankfurt am Main: Umschau, S. 162-166.

ders. (1977): Die wissenschaftliche Information und die Öffentlichkeit oder „Die meisten Nachrichten sind falsch“. In: Philipp, Franz-Heinrich (Hg.): Information und Gesellschaft. Bedingungen wissenschaftlicher Publikation. Frankfurt am Main/Stuttgart: Wissenschaftliche Verlagsgesellschaft, S. 197-206.

Geretschlaeger, Erich (1979): Wissenschaftsjournalismus in Österreich. In: Institut für Publizistik und Kommunikationswissenschaft der Universität Wien und Salzburg (Hg.): Österreichisches Jahrbuch für Kommunikationswissenschaft. Berlin: Neugebauer, S. 227-237.

Groth, Otto (1915): Die politische Presse Württembergs. Staatswiss. Diss. Stuttgart: Buchdruckerei C. Scheufele.

Haber, Heinz (1968): Öffentliche Wissenschaft. In: bild der wissenschaft, Jg. 5, S. 744-753.

Hömberg, Walter (1990): Das verspätete Ressort. Die Situation des Wissenschaftsjournalismus. Konstanz: UVK.

ders. (1987): Auswahlkriterien für Wissenschaftsnachrichten. In: Ruß-Mohl, Stephan (Hg.): Wissenschafts-Journalismus. Ein Handbuch für Ausbildung und Praxis, 2., aktualisierte Aufl. München: List, S. 90-95.

ders. (1982): Wissenschaftsjournalismus als Beruf. Berufsbild, Arbeitsweise und Selbstverständnis der Wissenschaftsjournalisten in der Bundesrepublik. Unveröffentlichter Forschungsbericht, unter Mitarb. von Werner Degenhardt und Wolfgang Frantz. München.

ders. (1980): Glashaus oder Elfenbeinturm? Zur Entwicklung und zur Lage der Wissenschaftskommunikation. In: Aus Politik und Zeitgeschichte, Nr. 28, S. 37-46.

ders. (1978): Soziologie und Sozialwissenschaften in den Massenmedien. Beobachtungen, Fragen, Vorschläge. In: Soziologie, Nr. 1, S. 5-23.

ders. (1974): Wissenschaft und Journalismus. Forschungsprojekt an der Universität Bielefeld. In: Deutsche Universitätszeitung (vereinigt mit Hochschuldienst), Jg. 30, Nr. 14, S. 583.

Kepplinger, Hans Mathias; Ehmig, Simone Christine; Ahlheim, Christine (1991): Gentechnik im Widerstreit. Zum Verhältnis von Wissenschaft und Journalismus. Frankfurt am Main/New York: Campus.

Kistler, Ernst; Jaufmann, Dieter (1990): Konzepte der Öffentlichkeitsarbeit angesichts des Einstellungswandels der Bürger zur Technik: ‚Selling Science' oder ‚Communicating Science'? In: Zimmerli, Walter Ch.; Sinn, Hansjörg (Hg.): Die Glaubwürdigkeit technisch-wissenschaftlicher Informationen. Düsseldorf: VDI, S. 67-92.

Klagenfurter Thesen zur Wissenschaftspublizistik (1989): Ein Appell an die Öffentlichkeit. In: Bammé, Arno; Kotzmann, Ernst; Reschenberg, Hasso (Hg.): Unverständliche Wissenschaft: Probleme und Perspektiven der Wissenschaftspublizistik. München: Profil, S. 313-319.

Kohring, Matthias (2004): Vertrauen in Journalismus. Theorie und Empirie. Konstanz: UVK.

ders. (2000): Komplexität ernst nehmen. Grundlagen einer systemtheoretischen Journalismustheorie. In: Löffelholz, Martin (Hg.): Theorien des Journalismus. Ein diskursives Handbuch. Opladen: Westdeutscher Verlag, S. 153-168.

ders. (1997): Die Funktion des Wissenschaftsjournalismus. Ein systemtheoretischer Entwurf. Opladen: Westdeutscher Verlag.

Krüger, Jens; Ruß-Mohl, Stephan (1989): Popularisierung der Technik durch Massenmedien. In: Boehm, Laetitia; Schönbeck, Charlotte (Hg.): Technik und Bildung. Düsseldorf: VDI, S. 387-415.

ders.; Flöhl, Rainer (1982): Kein Platz auf dem Stundenplan. Wissenschaftsjournalismus in Forschung und Lehre. In: Deutsche Universitätszeitung (vereinigt mit Hochschuldienst), Jg. 38, Nr. 6, S. 18-21.

Luhmann, Niklas (1991): Über die Funktion der Negation in sinnkonstituierenden Systemen. In: ders.: Soziologische Aufklärung 3. Soziales System, Gesellschaft, Organisation, 2. Aufl. Opladen: Westdeutscher Verlag, S. 35-49.

ders. (1984): Soziologische Aufklärung 1. Aufsätze zur Theorie sozialer Systeme, 5. Aufl. Opladen: Westdeutscher Verlag.

ders. (1981): Gesellschaftsstruktur und Semantik. Studien zur Wissenssoziologie der modernen Gesellschaft, Bd 2. Frankfurt am Main: Suhrkamp.

Noelle-Neumann, Elisabeth; Hansen, Jochen (1991): Technikakzeptanz in drei Jahrzehnten – in der Bevölkerung und in den Medien. Ein Beitrag zur Medienwirkungsforschung. In: Krüger, Jens; Ruß-Mohl, Stephan (Hg.): Risikokommunikation. Technikakzeptanz, Medien und Kommunikationsrisiken. Berlin: edition sigma, S. 91-108.

Noelle-Neumann, Elisabeth (1978): Wissenschaft bedarf der Dolmetscher. In: bild der wissenschaft, Jg. 15, Nr. 6, S. 32.

Peters, Hans Peter (1994): Risikokommunikation und Akzeptanz. In: Deutsches Atomforum e.V. (Hg.): Kernenergie in der Verantwortung. Bonn: INFORUM, S. 53-78.

Roloff, Eckart Klaus; Hömberg, Walter (1975): Wissenschaftsjournalisten. Dolmetscher zwischen Forschung und Öffentlichkeit. In: bild der wissenschaft, Jg. 12, Nr. 9, S. 56-60.

Rothman, Stanley (1992): Expertenurteil und Medienberichterstattung. In: Wilke, Jürgen (Hg.): Öffentliche Meinung. Theorie, Methoden, Befunde. Freiburg/München: Alber, S. 143-155.

Ruß-Mohl, Stephan (1985): Journalistik-„Wissenschaft" und Wissenschafts-Journalistik. Anmerkungen zu Theorie und Praxis des Wissenschaftsjournalismus. In: Publizistik, Jg. 30, S. 265-279.

ders. (1983): Sozialwissenschaften in der Medienberichterstattung. Streitbare Thesen zum Verhältnis von Medien- und Wissenschaftsbetrieb. In: Soziologie, Nr. 1, S. 13-27.

ders. (1982): Öffentliche Wissenschaft und professionelle Medienberichterstattung. Wissenschaftsvermittlung als Herausforderung für Wissenschaftler und Wissenschaftsjournalisten. In: Ermert, Karl (Hg.): Wissenschaft – Sprache – Gesellschaft. Über Kommunikationsprobleme zwischen Wissenschaft und Öffentlichkeit und Wege zu deren Überwindung. Rehburg-Loccum: Evangelische Akademie, S. 156-163.

Snow, Charles Percy (1967): Die zwei Kulturen. Literarische und naturwissenschaftliche Intelligenz. Stuttgart: Klett.

Stoklossa, Paul (1910): Der Inhalt der Zeitung. Eine statistische Untersuchung. In: Zeitschrift für die gesamte Staatswissenschaft, Jg. 66, S. 555-565.

Studiengruppe ‚Journalismus und Wissenschaft' (1975). In: Universität Bielefeld (Hg.): Forschungsbericht 1974, S. 197-202.

Vowe, Gerhard (1984): Information und Kommunikation. Brücke zwischen Wissenschaft und Gesellschaft. Opladen: Westdeutscher Verlag.

WRK (= Westdeutsche Rektorenkonferenz) (Hg.) (1971): Zur Öffentlichkeitsarbeit der Hochschulen und zur Einrichtung von Presse- und Informationsstellen. Erklärung der 86. Westdeutschen Rektorenkonferenz Bonn-Bad Godesberg, 26. Januar 1971.

Urheberrecht in digitalisierter Wissenschaft und Lehre

Mina Kianfar

I. Einleitung

Die Digitalisierung hat im Bereich des wissenschaftlichen Publizierens eine grundlegende Wende herbeigeführt. Spürbar wird sie nicht nur angesichts der rasant steigenden Geschwindigkeit des Informations- und Kommunikationsflusses, sondern auch hinsichtlich der Teilnehmer des Kommunikationsvorgangs. Neue Formen des wissenschaftlichen Austausches fördern die direkte Kommunikation zwischen ‚Wissenschaftlern' und ‚Nicht-Wissenschaftlern' und machen erstmals die Einbindung einer sehr breiten Öffentlichkeit in den wissenschaftlichen Diskurs möglich.

Trotz dieser herausragenden Möglichkeiten stellt sich die Digitalisierung für einige Interessengruppen doch mehr als Fluch denn als Segen dar. Vor der Digitalisierung war die Printveröffentlichung in vielen Bereichen die einzige Möglichkeit des wissenschaftlichen Publizierens. Daraus ergab sich eine besondere Stellung der Fachverlage, die in der Wissenschaft notwendigerweise als Informationsmittler in den Kommunikationsvorgang eingebunden waren. Umso nachvollziehbarer erscheint die Befürchtung der Fachverlage, durch den vereinfachten Zugcherweise auch ihre Existenzberechtigung einzubüßen. Das kommerzielle Interessang zu digitalisierter Wissenschaft zunächst an Bedeutung, irgendwann aber möglie der Fachverlage daran, die Zugänglichkeit wissenschaftlicher Informationen möglichst gewinnbringend zu monetarisieren, steht dabei im Widerspruch zum Interesse der Allgemeinheit, schnell, einfach und vorzugsweise kostenlos auf wissenschaftliche Werke zuzugreifen. Dieser grundsätzliche Konflikt ist im Urheberrecht (§ 52a UrhG) durch die Schaffung der Schranke der öffentlichen Zugänglichmachung für Unterricht und Forschung akut geworden. Die Vorschrift erlaubt es Bildungs- und Forschungseinrichtungen in einem ersten Schritt analoge Werke zu digitalisieren, um sie dann in ein Netzwerk einzustellen, von dem aus Schüler, Studenten und Wissenschaftler auf die Werke zugreifen können.

II. Hintergrund der Regelung des § 52a UrhG

§ 52a UrhG ist im Zuge der Umsetzung der Richtlinie 2001/29/EG zur Informationsgesellschaft im September 2003 in das Urheberrechtsgesetz aufgenommen worden.[1] Zugleich wurde in § 19a UrhG das Recht des Urhebers auf öffentliche Zugänglichmachung statuiert.[2] Danach steht dem Urheber das ausschließliche Recht zu, sein Werk drahtgebunden oder drahtlos der Öffentlichkeit in einer Weise zugänglich

1 Siehe Berger 2010, S. 1058.
2 Siehe Dreier. In: Dreier/Schulze 2008, § 19a Rdnr. 2.

zu machen, dass es Mitgliedern der Öffentlichkeit von Orten und zu Zeiten ihrer Wahl zugänglich ist. Der sprachlich etwas unschön geratene Gesetzeswortlaut statuiert, vereinfacht ausgedrückt, das Recht auf Online-Übermittlung. Wer das Werk zum Abruf durch die Öffentlichkeit bereitstellen möchte, benötigt die Zustimmung des Urhebers.[3]

Für gewöhnlich räumt ein Urheber, der sein Werk als Fachliteratur veröffentlicht, dem Verlag ausschließliche Nutzungsrechte ein, sodass nicht mehr er als Urheber, sondern der Verlag über die Rechteeinräumung in Bezug auf eine Onlinepublikation des Werkes entscheidet. Da ein Großteil der Fachverlage der digitalen Entwicklung kritisch gegenübersteht, wird diese Rechteeinräumung tendenziell die Geschwindigkeit des Kommunikationsflusses eher hemmen als beschleunigen. Um diesen Effekt in den Bereichen Wissenschaft und Lehre abzufedern, hat der Gesetzgeber das Recht auf öffentliche Zugänglichmachung nach § 19a UrhG insoweit eingegrenzt, als dass eine Verwertung des Werkes zu den Zwecken von Unterricht und Forschung in dem von § 52a UrhG abgesteckten Rahmen erlaubnisfrei zulässig ist.[4] Mit der Schaffung der Schrankenregelung des § 52a UrhG wollte der Gesetzgeber – in ganz eng definiertem Umfang – den berechtigten Interessen von Unterricht und Forschung an der Nutzung moderner Kommunikationsmittel Rechnung tragen.[5] Dass er sich mit Blick auf die entgegenstehenden Interessen der Fachverlage seiner Sache nicht ganz sicher war, belegt der komplizierte Wortlaut der Norm, der die Befugnis zur öffentlichen Zugänglichmachung an die Einhaltung zahlreicher Tatbestandsvoraussetzungen knüpft. Des Weiteren hat sich der Gesetzgeber hier für eine im deutschen Rechtsraum mehr als nur ungewöhnliche zeitliche Befristung der Schranke entschieden.[6] Diese doppelte Absicherung macht deutlich, wie behutsam der Gesetzgeber die nicht nur für Forschung und Innovation, sondern auch für die gesellschaftliche Entwicklung zentrale Frage des Zugangs zu Informationen angeht.

III. Die Zugangsproblematik im Urheberrecht

Dass sich der Gesetzgeber bei der Schaffung von Zugangserleichterungen in Bezug auf urheberrechtlich geschützte Werke zurückhaltend zeigt, verwundert indes nicht, ist doch der Zugang zum Werkexemplar traditionell gar keine Thematik, mit der sich die urheberrechtlichen Schrankenbestimmungen befassen.

3 Siehe Schack 2007, Rdnr. 414, 416.
4 Siehe Loewenheim. In: Schricker/Loewenheim 2010, § 52a Rdnr. 1.
5 Siehe BT-Drucks. 15/38, S. 20.
6 In seiner ursprünglichen Fassung befristete § 137k UrhG die Anwendbarkeit des § 52a UrhG bis zum 31.12.2006. Diese Frist ist zuerst bis zum 31.12.2008 und zuletzt bis zum 31.12.2012 verlängert worden.

Die Ergebnisse der Wissenschaft und Forschung manifestierten sich bisher hauptsächlich auf Papier. Zugang zu den Werken kann sich der Leser dabei anhand von Büchern und Zeitschriften verschaffen, die er aus einer Bibliothek ausleiht oder im Buchhandel käuflich erwirbt – beides Konstellationen, mit denen sich das Bürgerliche Gesetzbuch (BGB) befasst. Die urheberrechtlichen Schrankenbestimmungen werden dann erst relevant, wenn der Zugang zum urheberrechtlich geschützten Werk bereits zustande gekommen ist. Sie beschäftigen sich mit den zulässigen Verwendungsformen eines Werkes, von dem vorausgesetzt wird, dass der Nutzer in irgendeiner Weise bereits Zugang zu ihm hat.

Ein Beispiel hierzu: Gemäß § 16 Abs. 1 UrhG darf das Werk ohne Zustimmung des Urhebers nicht vervielfältigt werden. Die Schrankenregelung des § 53 UrhG befreit den Nutzer von der Zustimmungserfordernis, wenn die Vervielfältigungen für den privaten oder sonstigen eigenen Gebrauch hergestellt werden. In welcher Weise der Nutzer Zugang zu der Kopiervorlage erhalten hat, spielt dabei keine Rolle; einzig offensichtlich rechtswidrig darf der Beschaffungsvorgang nicht gewesen sein (vgl. Stieper 2009, S. 243). Weitere zustimmungsfreie Nutzungsmöglichkeiten werden unter anderem durch das Zitatrecht nach § 51 UrhG und durch die Panoramafreiheit des § 59 UrhG eröffnet.

Die Frage des Zugangs zu geschützten Werken spielte im Rahmen der urheberrechtlichen Schrankenbestimmungen demnach zunächst keine Rolle. Durch die ‚digitale Wende' hat sich dem Gesetzgeber die Regelung dieser Thematik jedoch förmlich aufgedrängt. Die Onlinenutzung ermöglicht die Rezeption des Werkes, ohne dass man je ein körperliches Werkexemplar in den Händen gehalten haben müsste. Ist das Werk im Internet frei verfügbar, entfällt auch der dem Zugang zum Werkexemplar vorgelagerte bürgerlich-rechtliche Vertrag. Mehr noch, bedingt durch die technischen Gegebenheiten ist bereits der erste Aufruf der Internetseite, auf der das Werk dargestellt wird, mit einer urheberrechtlich relevanten Vervielfältigung verbunden.[7] Damit wird bereits beim Vorgang der Zugangsbeschaffung nicht das BGB, sondern das UrhG relevant.

IV. Die Regelung des § 52a UrhG im Einzelnen

§ 52a UrhG besticht durch eine Vielzahl an Tatbestandsvoraussetzungen, die ihrerseits so offen formuliert sind, dass sie einer richterlichen Auslegung bedürfen (vgl. von Olenhusen 2003, S. 232, 234). Damit ist die Rechtsprechung dazu berufen, diese sogenannten unbestimmten Rechtsbegriffe anhand des zu entscheidenden Falls zu konkretisieren. Das Landgericht (LG) Stuttgart als Eingangs- und das Oberlandesgericht (OLG) Stuttgart als Berufungsinstanz hatten Gelegenheit, zu einigen strittigen

7 Die Online-Übermittlung urheberrechtlich geschützter Werke unterfällt dem grundsätzlich weitgefassten § 16 Abs. 1 UrhG. Die Schrankenbestimmung des § 44a UrhG stellt demgegenüber sicher, dass vorübergehende Vervielfältigungshandlungen nichtsdestotrotz zulässig sind (vgl. Dreier/Schulze 2008, § 44a Rdnr. 1).

Fragen des § 52a UrhG Stellung zu beziehen und gelangten dabei zu recht unterschiedlichen Ergebnissen.[8] In dem den Entscheidungen zugrunde liegenden Rechtsstreit wandte sich ein Fachverlag gegen das Vorgehen der Fernuniversität Hagen, ihren 4.000 Studierenden des Bachelorstudiengangs Psychologie 91 Seiten eines Lehrbuchs auf einer universitätsinternen elektronischen Lernplattform zur Verfügung zu stellen. Auf einige in dem Urteil abgehandelte Fragen wird im Folgenden eingegangen.

1. Gegenstand der Zugänglichmachung

§ 52a Abs. 1 UrhG lässt für Bildungszwecke nur die Veröffentlichung *„kleiner Teile* eines Werkes" zu, während in der Forschung *„Teile* eines Werkes" zugänglich gemacht werden dürfen. Im Regierungsentwurf war zunächst vorgesehen, grundsätzlich auch die Zugänglichmachung ganzer Werke zu ermöglichen.[9] Schließlich hat sich die vom Rechtsausschuss erarbeitete Begrenzung des Umfangs des verwendeten Werkes durchgesetzt, allerdings ohne dass dem Rechtsanwender Anhaltspunkte für die Bestimmung des zulässigen Werkumfangs im konkreten Fall mitgegeben worden wären.[10]

Zunächst stellt sich die Frage nach der Bezugsgröße. Dem LG Stuttgart zufolge ist nicht der gesamte Werkumfang in die Betrachtung einzubeziehen. Vielmehr müsse allein auf die relevanten Textseiten abgestellt werden, sodass Inhaltsverzeichnis, Vorwort, Einleitung, Literatur-, Namens- und Sachregister außer Betracht blieben.[11]

Auch die Mengenangabe „Teile" bzw. „kleine Teile" ist von sich aus kein handhabbarer Maßstab. Als äußerste Grenze wird angenommen, dass Teile eines Werkes jedenfalls keinen solchen Umfang annehmen dürfen, dass sie das Werk praktisch ersetzen.[12] Im Vergleich dürften nach dem allgemeinen Sprachverständnis „kleine Teile eines Werkes" einen deutlich geringeren Umfang aufweisen als die „Teile eines Werkes".

8 LG Stuttgart, Urteil vom 27.09.2011 – 17 O 671/10, GRUR-RR 2011, 419 – Elektronische Lernplattform (nicht rechtskräftig); OLG Stuttgart, Urteil vom 04.04.2012 – 4 U 171/11, siehe Juristischer Informationsdienst dejure.org (nicht rechtskräftig).

9 BT-Drucks. 15/38, S. 7.

10 BT-Drucks. 15/837, S. 8, 34.

11 LG Stuttgart = GRUR-RR 2011, S. 419-422.

12 Siehe Loewenheim. In: Schricker/Loewenheim 2010, § 52a Rdnr. 13; so auch Lüft. In: Wandtke/Bullinger 2009, 52a Rdnr. 12. Lüft fordert einen deutlich unter 50 % des Gesamtwerkes liegenden Werkbestandteil.

Das LG Stuttgart legt seiner Bestimmung der ‚kleinen Werkteile' eine relative Größe von 10 % des für den Unterricht ausschließlich relevanten Werkumfangs zugrunde.[13] Zwar sieht auch das OLG Stuttgart die 10 %-Grenze als einen durchaus geeigneten Wert an, verneint jedoch im vorliegenden Fall seine Anwendbarkeit. Der „kleine Teil" könne nicht nur zahlenmäßig bestimmt werden. Im Einzelfall müsse anhand einer inhaltlichen und wertenden Betrachtung geprüft werden, ob die Urheberinteressen tatsächlich hinter dem Zweck des § 52a UrhG zurücktreten müssen.[14] Das verwendete Buch *Meilensteine der Psychologie* bestünde aus einer Aneinanderreihung von Einzelbeiträgen zu Personen, sodass hinsichtlich der jeweiligen Person 100 % des Buchtextes zugänglich gemacht worden seien. Bezüglich der auf die elektronische Plattform eingestellten Personen erübrige sich die Anschaffung des Buches, sodass die berechtigten Interessen der Rechtsinhaber unzumutbar beeinträchtigt seien.[15] Ob und wie Lehrende und Forscher in die Lage versetzt werden sollen, den speziellen Einzelfall, der die Faustformel der 10 % außer Kraft setzt, aus einer Masse von Standardfällen zu erkennen, bleibt ungewiss.

2. Privilegierter Zweck

Die nach § 52a Abs. 1 UrhG privilegierte öffentliche Zugänglichmachung ist zweckgebunden. Forschungseinrichtungen dürfen Werke ausschließlich zum Zwecke der eigenen wissenschaftlichen Forschung zugänglich machen, wobei die Gewinnung neuer wissenschaftlicher Erkenntnisse im Vordergrund steht.[16] Für Bildungseinrichtungen muss die öffentliche Zugänglichmachung der Veranschaulichung im Unterricht dienen. Dazu genügt es, dass der zugänglich gemachte Abschnitt dabei hilft, den Schülern und Studenten den zu behandelnden Unterrichtsstoff besser und verständlicher darzustellen.[17]

In dem zu entscheidenden Fall war das LG Stuttgart der Ansicht, dass die von der Fernuniversität Hagen verwendeten Buchseiten die Studenten in die Lage versetzten, durch Vor- und Nacharbeit das im Unterricht Erlernte zu festigen und abzurunden,[18] während das Berufungsgericht die Zwecksetzung der Veranschaulichung im Unterricht verneinte. Es hielt die zugänglich gemachten Werkteile für eine über den eigentlichen Unterrichtsinhalt hinausgehende Ergänzung, durch die sich die Universität eigene Ausführungen erspare.[19]

---

13 LG Stuttgart = GRUR-RR 2011, S. 419-422; so bereits für § 53 Abs. 3 Satz 1 UrhG des OLG Karlsruhe, Urteil vom 27.05.1987 – 6 U 31/86 Referendarkurs (GRUR 1987, S. 818, 820).
14 OLG Stuttgart, a.a.O., unter II. 1.
15 OLG Stuttgart, a.a.O., unter II. 1. b. und c.
16 Siehe Dustmann. In: Fromm/Nordemann 2008, § 52a Rdnr. 13.
17 Ebd.
18 LG Stuttgart = GRUR-RR 2011, S. 419, 421.
19 OLG Stuttgart, a.a.O., unter II. 2. d. bb.

3. Zugänglichkeit für einen abgegrenzten Personenkreis

Die Zugänglichmachung der Werke darf nach § 52a Abs. 1 UrhG ausschließlich für einen abgegrenzten Kreis von Personen erfolgen. Konsequenterweise hantiert weder das LG noch das OLG Stuttgart auch bei einer Zahl von 4.000 Unterrichtsteilnehmern einer Fernuniversität nicht mit einer absoluten Obergrenze. Es käme nicht darauf an, dass die Anzahl der Teilnehmer einer Kurseinheit größer sei als bei einer Universität mit Präsenzunterricht. Ausreichend sei, dass mittels Benutzername und Passwort nur denjenigen Studenten der Zugriff ermöglicht werde, die sich für einen bestimmten Kurs angemeldet haben.[20]

4. Gebotenheit der Zugänglichmachung

Die öffentliche Zugänglichmachung muss ferner zu dem jeweiligen Zweck geboten sein. Eine absolute Notwendigkeit zum Erreichen des Lernziels wird dadurch nicht gefordert. Die Gebotenheit entfällt auch nicht bereits dadurch, dass andere Möglichkeiten zur Beschaffung der Informationen existieren.[21] Beide Gerichte beziehen an dieser Stelle die wirtschaftlichen Interessen des Verlages mit ein. Das LG Stuttgart vermag eine unangemessene Beeinträchtigung der Primärmarktinteressen der Klägerin nicht festzustellen. Da die Universität das gesamte Buch als Pflichtlektüre angegeben habe, sei ein negativer Umsatzeffekt nicht gegeben.[22] Das OLG Stuttgart sieht dies anders. Da zum Bestehen der Klausur die Kenntnis der zugänglich gemachten Werkteile ausgereicht habe, liege eine unverhältnismäßige und unmittelbare Beeinträchtigung der Primärmarktinteressen des Verlages vor.[23]

V. Fazit

Die erstinstanzliche Entscheidung erweckte zunächst den Anschein, als würde sie Licht in das vom Gesetzgeber hinterlassene Dunkel bringen. Nachdem die Berufungsentscheidung nun vorliegt, weiß der Rechtsanwender noch weniger als vorher, wie er sich in dem rechtsunsicheren Raum elektronischen Lernens zu verhalten hat. Es bleibt zu hoffen, dass das zu erwartende Revisionsurteil des Bundesgerichtshofs in Sachen § 52a UrhG Klarheit schafft.Ohnehin stellt § 52a UrhG nur einen kleinen Schritt in Richtung öffentlicher Wissenschaft dar; dennoch ist es außerordentlich begrüßenswert, dass der Gesetzgeber hier ein positives Zeichen für den freien Zugang

---

20 LG Stuttgart = GRUR-RR 2011, S. 419-422; OLG Stuttgart, a.a.O., unter II. 3.

21 Siehe Loewenheim. In: Schricker/Loewenheim 2010, § 52a Rdnr. 14; a.A. Lüft. In: Wandtke/Bullinger 2009, § 52a Rdnr. 14. Lüft billigt eine öffentliche Zugänglichmachung nur dann, wenn das Werk nur unter erheblichem Aufwand beschafft werden kann.

22 LG Stuttgart = GRUR-RR 2011, S. 419, 422.

23 OLG Stuttgart, a.a.O., unter II. 5. d. bb.

zu Werken der Wissenschaft und Lehre gesetzt hat. Trotz andauernder Rechtsstreitigkeiten um die Auslegung der Norm wäre es schade, wenn sie Ende des Jahres einfach auslaufen würde.

Literatur

Berger, Christian (2010): Die öffentliche Zugänglichmachung urheberrechtlicher Werke für Zwecke der akademischen Lehre – Zur Reichweite des § 52a I Nr. 1 UrhG. In: GRUR, Jg. 112, H. 12, S. 1058-1064.

Deutscher Bundestag (2003): Beschlussempfehlung und Bericht des Rechtsausschusses (6. Ausschuss). Drucksache 15/837, vom 09.04.2003; Onlinedokument http://dipbt.bundestag.de/dip21/btd/15/008/1500837.pdf [12.07.2012].

Deutscher Bundestag (2002): Gesetzentwurf der Bundesregierung. Drucksache 15/38, vom 06.11.2002; Onlinedokument http://dip21.bundestag.de/dip21/btd/15/000/1500038.pdf [12.07.2012].

Dreier, Thomas; Schulze, Gernot (2008): Urheberrechtsgesetz. Urheberrechtswahrnehmungsgesetz, Kunsturhebergesetz. Kommentar, 3. Aufl. München: C.H. Beck.

Dustmann, Andreas (2008): § 52a Rdnr. 9. In: Fromm, Friedrich Karl; Nordemann, Wilhelm (Hg.): Urheberrecht. Kommentar zum Urheberrechtsgesetz, Urheberrechtswahrnehmungsgesetz, Verlagsgesetz, 10., überarb. und erg. Aufl. Stuttgart: Kohlhammer.

Fromm, Friedrich Karl; Nordemann, Wilhelm (Hg.) (2008): Urheberrecht. Kommentar zum Urheberrechtsgesetz, Urheberrechtswahrnehmungsgesetz, Verlagsgesetz, 10., überarb. und erg. Aufl. Stuttgart: Kohlhammer.

LG Stuttgart (2011): Umfang der urheberrechtlichen Unterrichtsprivilegierung einer Fernuniversität. In: GRUR-RR, H. 11, S. 419-423; Onlinedokument http://beck-online.beck.de/default.aspx?typ=reference&y=300&z=GRUR-RR&b=2011&s=419&n=1 [12.07.2012].

Lüft, Stefan (2009): § 52a Öffentliche Zugänglichmachung für Unterricht und Forschung. In: Wandtke, Artur-Axel; Bullinger, Winfried (Hg.): Praxiskommentar zum Urheberrecht, 3., neu bearb. Aufl. München: C.H. Beck, S. 766-772.

von Olenhusen, Albrecht Götz (2003): Digitale Information- und Wissensgesellschaft und das Urheberrecht. In: ZRP, Nr. 7, S. 232-235.

OLG Stuttgart (2012): Rechtssprechung. OLG Stuttgart, Urteil vom 04.04.2012, 4 U 171/11. In: Juristischer Informationsdienst dejure.org; Onlinedokument http://lrbw.juris.de/cgi-bin/laender_rechtsprechung/document.py?Gericht=bw&nr=15634 [12.07.2012].

Schack, Heimo (2007): Urheber- und Urhebervertragsrecht, 4., neu bearb. Aufl. Tübingen: Mohr Siebeck.

Schricker, Gerhard; Loewenheim, Ulrich (Hg.) (2010): Urheberrecht. Kommentar, 4., neu bearb. Aufl. München: C.H. Beck.

Stieper, Malte (2009): Rechtfertigung, Rechtsnatur und Disponibilität der Schranken des Urheberrechts. Tübingen: Mohr Siebeck.

Wandtke, Artur-Axel; Bullinger, Winfried (Hg.) (2009): Praxiskommentar zum Urheberrecht, 3., neu bearb. Aufl. München: C.H. Beck.

Institutionelle Wissenschaftskommunikation 2.0: Akteure und ihre neuen Rollen

Klaus Rümmele

Traditionell ist es ein zentrales Anliegen großer Forschungs- und Bildungseinrichtungen, mit *einer* Stimme zu sprechen: Im Spannungsfeld zwischen wissenschaftlicher Komplexität und hierarchischer Struktur, zwischen ministeriellen Vorgaben und wirtschaftlichen Beziehungen müssen sie jedes Wort auf die Goldwaage legen. Daraus leitet sich eine institutionelle Wissenschaftskommunikation ab, die dem Verkehr in einer Einbahnstraße gleicht: Für Presseinformationen, Reportagen für Magazine, Drehbücher und Sprechertexte für Videos und anderes mehr führen die Akteure der institutionellen Wissenschaftskommunikation in langen Abstimmungsprozessen eine einhellige Aussage herbei, bevor sie diese veröffentlichen.

Motive für diese Vorgehensweise der Akteure liegen in dem Wunsch, einheitlich vor der Öffentlichkeit aufzutreten, Qualitätsstandards zu sichern und dem Anspruch der Professionalität zu genügen. Sie haben in den vergangenen Jahren noch an Bedeutung gewonnen, weil sich gerade die Universitäten und Hochschulen in Deutschland unter einem enormen Wettbewerbsdruck sehen. Sie kämpfen um Spitzenplätze in nationalen und internationalen Rankings, sie ringen aber auch um finanzielle Mittel. Eine Reaktion darauf ist eine öffentlich sichtbare Profil- und Imagebildung – das belegt eine aktuelle Studie der Universitäten Münster und Mannheim zur Beziehung von Öffentlichkeit und Organisation an Hochschulen, die das Bundesministerium für Bildung und Forschung gefördert hat.[1] Ein Ergebnis: die zunehmende Bedeutung der Öffentlichkeitsarbeit. 60 % der Pressestellen wurden in den vergangenen fünf Jahren personell aufgestockt, 69 % haben heute mehr Geldmittel zur Verfügung als vor fünf Jahren.

Die Vorab-Resultate der Studie beantworten die Frage nicht, in welche Strategien und Instrumente die Pressestellen ihre zusätzlichen Ressourcen stecken. Dafür legen sie offen, dass der Untersuchung selbst eine alte Sicht auf Kommunikation und Öffentlichkeitsarbeit zugrunde liegt: 2010 und 2011 befragten die Forscherinnen und Forscher Mitglieder der Hochschulleitung, Professorinnen und Professoren im Senat, Pressesprecherinnen und Pressesprecher sowie Vorsitzende oder Mitglieder des Hochschulrates oder des Beirats. Die Studie vergleicht den Einfluss von Pressestellen und Aufsichtsgremien und hat bei der Frage nach dem Verhältnis von Hochschule und Medien offenkundig klassische Journalisten im Blick, die im engen Kontakt mit den Entscheidungsträgern an den Hochschulen in Zeitungen, Radiostationen und Fernsehsendern Leistungen und Profil der Hochschule thematisieren und diskutie-

1 Vorschau auf die Ergebnisse des BMBF-Forschungsprojekts ‚Organisation und Öffentlichkeit von Hochschulen' unter http://hs-forschung.uni-muenster.de [12.07.2012].

ren. Sowohl die Befragten als auch die Studie selbst setzen voraus, dass Kommunikation ein Geschäft der oberen Etagen ist, eine Frage der Position in Hierarchien, ein Austausch unter Profis.

Aber die Welt des Sendens und Empfangens ändert sich, da mittlerweile, wie der bekannte Autor, Blogger, Mikroblogger und Strategieberater Sascha Lobo schreibt, „das Volk im Internet angekommen ist“.[2] Das zeigt ein Ausflug in die Sphären des Business und des Marketing. Martin Sorrell, CEO des Unternehmens WWP, das weltweit Medien- und Kommunikationsdienstleistungen anbietet, eröffnete 2011 eine internationale Tagung von Geschäftsmännern und -frauen in Paris mit dem Statement, die Bewegung von der Push- zur verteilten Kommunikation, von der Einwegkommunikation zur Konversation sei unübersehbar.[3] Deutlicher formulierte es im gleichen Kontext Xavier Duchemin, Direktor für Marketing und Kommunikation bei Citroën: „L'explosion des réseaux sociaux bouleverse le rôle du Directeur Marketing.“[4] Für Duchemin ist klar, dass das gewaltige Wachstum der sozialen Netzwerke die Rolle seines Berufsstandes radikal verändert. In die gleiche Kerbe schlägt der Jungunternehmer Maximilian Kil: *social media* und Web 2.0 hätten „die PR-Landschaft stetig immer weiter revolutioniert“.[5]

Geht dieser Trend an der institutionellen Wissenschaftskommunikation, für die zweifellos andere Regeln gelten als die der Unternehmens-PR, vorbei? Nein. Auch sie passt sich an aktuelle Entwicklungen an: In Blogs und auf Plattformen sozialer Netzwerke äußern sich schon jetzt Wissenschaftlerinnen und Personalentwickler, diskutieren Studienberater und Bibliothekarinnen.

Gerade Wissenschaftlerinnen und Wissenschaftler nutzen neue Formate, um sich direkt an die Öffentlichkeit zu wenden: So erklärt Stefan Rahmstorf, aktiver wie streitbarer Professor am Potsdam-Institut für Klimafolgenforschung, *Wissenschaftskommunikation in einer unsicheren Welt: Kommunikation für die kritische Öffentlichkeit*[6] – und meint damit seinen Blog, auf dem er seine kritische Sicht auf die oberflächliche bis einseitige Berichterstattung in Medien, zum Beispiel zum Thema Klimawandel, ausbreitet. Er sieht einen wichtigen Grund im Zeitmangel vieler Journalistinnen und Journalisten, die in der Not auf unsichere oder unseriöse Quellen zurückgriffen und in der Folge häufig falsche Berichte übernähmen. Aber auch das aus Sicht etwa der Printmedien professionelle Redigieren wissenschaftlicher Bei-

2 Zu diesem Schluss kam Sascha Lobo Anfang März 2011 auf seinem Blog ‚saschalobo.com‘, als er die Echtheit der Facebook-Seite *Wir wollen Guttenberg zurück* untersuchte – und bestätigt fand. Onlinedokument http://saschalobo.com/2011/03/08/das-facebook-novum [12.07.2012].

3 Sorrells Statement bildete den Auftakt zu der Tagung ‚If You Sleep, You Die – Mobile & Social Media‘, veranstaltet von der Electronic Business Group in Paris, November 2011; siehe http://www.ebg.net/mobile-social [12.07.2012].

4 Zitat im Programmheft der unter Fußnote 3 genannten Tagung, S. 28.

5 So äußert sich Kil auf seiner Plattform http://www.socialmedia.de [12.07.2012].

6 Dies war der Titel des Vortrags von Stefan Rahmstorf beim Forum Wissenschaftskommunikation, das die Initiative Wissenschaft im Dialog 2010 in Mannheim veranstaltete. Siehe http://www.wissenschaft-im-dialog.de/index.php?id=828 [12.07.2012].

träge, um sie anschaulicher oder kürzer zu gestalten, führe zu Ergebnissen, die seinem Anliegen und seinen Erkenntnissen nicht gerecht würden. Rahmstorf hat vor diesem Hintergrund für sich die *social media*-Kanäle als Möglichkeit erkannt, gegenzusteuern und seine Argumentation ungefiltert darzulegen.

Abstrahiert man von diesem exponierten Beispiel, so ist allgemein der Trend festzustellen, dass Kommunikation mit dem Aufschwung von Blogs, Netzwerken und Portalen sozialer und schneller wird. Er führt außerdem dazu, dass Dialog und Interaktion zwischen Wissenschaft und Öffentlichkeit wichtiger werden. Zudem bekommen die Akteure in der Kommunikation im Gegensatz zu früher nun ein Gesicht: Wer spricht, wird als Person sichtbar und bleibt nicht hinter der Institution verborgen. So wird die Kommunikation authentischer. Vieles spricht dafür, dass Pressesprecherinnen und Onlineredakteure, die diesen Weg mitgehen, wichtige Zielgruppen auf anderen, neuen Wegen besser erreichen als mit klassischen Instrumenten wie der Presseinformation, der Magazinreportage oder dem Radiointerview, welche schon alleine die für soziale Netzwerke typische Art der Ansprache (personalisiertes Auftreten, Umgangssprache etc.) in der Regel nicht erlauben.

Es ist offensichtlich, dass es dabei im Besonderen um eine Gruppe geht, die den Forschungs- und Bildungseinrichtungen sehr am Herzen liegt: junge Menschen. Die aktuelle JIM-Studie des Medienpädagogischen Forschungsverbunds Südwest 2011 belegt, dass mehr als 90 % der 16 bis 19-Jährigen neben anderen Medien das Internet stark nutzen.[7] Bei der Kommunikation setzen sie vor allem auf soziale Netzwerke. Eine von Studierenden der Hochschule Bonn-Rhein-Sieg erstellte Studie wiederum belegt, dass Studieninteressierte Informationen über Standorte und Hochschulen gerade auch über *social media* suchen: um mit Hochschulen in Kontakt zu treten, um ein schnelles Feedback zu bekommen, um ihre Erkenntnisse und Eindrücke in ihrem Netzwerk zu verbreiten. Hochschulen, bei denen regelmäßig neue Inhalte und Angebote zu finden sind, wirken auf die Studierenden serviceorientiert, glaubwürdig und lebendig (vgl. Bode 2011).

Mehr noch als diese Untersuchungen zu einzelnen Zielgruppen sprechen die Einschätzungen vieler Kommunikationsprofis – nicht nur im wissenschaftlichen Bereich – selbst dafür, dass sich ihre Arbeit im Umbruch befindet: Im European Communication Monitor 2011 prognostizieren sie diesen Wandel. Onlinekommunikation und dabei vor allem *social media* sind ihrer Ansicht nach in den vergangenen Jahren immer wichtiger geworden – und dieser Trend, mit seinen Chancen und Risiken, werde sich bis 2014 verstärken. Sie erwarten einen starken Zuwachs an Bedeu-

7 Siehe auch im Anhang Abb. 1: JIM-Studie (Medienpädagogischer Forschungsverbund Südwest 2011). Für die Untersuchung werden jährlich rund 1000 Jugendliche telefonisch befragt. Kooperationspartner bei der Studie sind die Landesanstalt für Kommunikation Baden-Württemberg, die Landeszentrale für Medien und Kommunikation Rheinland-Pfalz, die SWR Medienforschung sowie die Zeitungs Marketing Gesellschaft.

tung aller *social media*-Werkzeuge (vgl. European Communication Monitor 2011).[8] Verschließen können sie sich dieser Entwicklung nicht – Marshall McLuhans Postulat *The Medium Is the Message* bekommt für sie einen neuen Sinn: Es ist mit einer Botschaft verbunden, ob man die ‚Neuen Medien' bedient oder nicht. Wenn man sich aber dafür entscheidet, dann muss man sie mit Inhalt und Engagement, mit Ernsthaftigkeit und Respekt bedienen.

Was bedeutet das für die Pressesprecherinnen und Onlineredakteure in den Forschungs- und Bildungseinrichtungen? Sie schlüpfen – zumindest teilweise – in neue Rollen. Sie laden interne wie externe Öffentlichkeit ein zum Dialog, zur gemeinsamen Kommunikation, vernetzen und moderieren, geben Regeln vor und schützen die Mitwirkenden. Sie kontrollieren weniger und gestalten mehr.

Zwei Beispiele aus der Wissenschaftskommunikation des Karlsruher Instituts für Technologie (KIT) können diesen Wandel und die Ausprägung neuer Rollen veranschaulichen: Unter ‚www.stuser.de' haben Studierende für Studierende eine Plattform aufgesetzt, damit diese aus erster Hand Informationen zum Studium erhalten. Um diese Community zu unterstützen, verlinkte die Onlineredaktion des KIT die Plattform an prominenter Stelle mit dem KIT-Webauftritt. Das löste bei der institutionellen Studienberatung am KIT Sorgen aus: Was passiert, wenn die Aussagen nicht stimmen? Schnell zeigte sich aber, dass in den Fällen, in denen sich die Akteure auf der Plattform über eine Antwort unsicher waren, sie von sich aus für die fragenden Studierenden die Verbindung zu den Beratern herstellten. Mittlerweile suchen institutionelle Studienberatung und Studierendenplattform nach Möglichkeiten der Kooperation.

Das zweite Beispiel entstammt der Facebook-Seite des KIT: Wie viele andere Universitäten und Forschungszentren ist auch das KIT erst seit kurzer Zeit in der weltweiten Onlinecommunity präsent – an den schnell steigenden Fanzahlen seit 2010 ist zu erkennen, dass das KIT damit einen Bedarf vor allem junger Menschen trifft.[9] Sie stellen vielfältige Fragen vornehmlich zum Studium – die meisten davon beantworten die Moderatoren aus der KIT-Onlineredaktion selbst oder leiten sie weiter an zuständige und kompetente Einrichtungen, häufig aber beantworten auch andere Studierende diese Fragen schneller als die Redakteurinnen und Redakteure. Es liegt nahe, an dieser Stelle nach Anknüpfungspunkten zu der oben erwähnten Kooperation zwischen institutioneller Studienberatung und Studierendenplattform zu suchen.

---

8 Siehe auch im Anhang Abb. 2.

9 Seit 2010 betreibt die Abteilung Neue Medien der Dienstleistungseinheit Presse, Kommunikation und Marketing (PKM) eine zentrale KIT-Facebook-Seite. Zahlreiche der mehr als 4400 Fans (Stand Februar 2012) nutzen sie für Kommentare, Fragen etc. Unter den TU9-Universitäten liegt das KIT damit auf Platz drei (hinter der RWTH Aachen und der Universität Stuttgart) und unter den Helmholtz-Zentren auf Platz eins.

Bei allen sehr ernst zu nehmenden Bedenken gegen die kommerzielle Ausrichtung von Facebook und den Umgang des Unternehmens mit persönlichen Daten: In solchen Fällen leistet die Internetplattform (und in Zukunft möglicherweise auch ihr Konkurrent Google+) Networking im besten der Wissenschaft förderlichen Sinne. Es zeichnet sich ab, dass das KIT auf diese Weise mit einer jungen Community in einen Austausch treten kann, der für seine Glaubwürdigkeit in den Augen dieser Zielgruppe sehr entscheidend sein kann.

Die Interaktion mit den Studierenden ist aber nur der erste Schritt. Eine Bildungseinrichtung wie das KIT, die *social media* nutzen will, muss auch die Wissenschaftlerinnen und Wissenschaftler sowie die Beschäftigten in der Dienstleistung ermuntern und beraten, wenn diese sich auf Facebook oder Twitter äußern oder einen eigenen *social media*-Kanal eröffnen wollen. Dafür braucht es die Einsicht, dass Wissenschaftskommunikation 2.0 nicht ausschließlich von Profis in eine Richtung, sondern zumindest in Teilen von vielen und mit vielen Akteuren betrieben wird.

Um diese Herausforderung zu meistern, müssen sich die Verantwortlichen der institutionellen Wissenschaftskommunikation neuen Aufgaben stellen:

1. Sie übernehmen die Moderation des Dialogs und achten auf die Einhaltung der Netiquette, also das gute Benehmen in der elektronischen Kommunikation. Eine Arbeitsgruppe von Onlineredakteurinnen und -redakteuren aus den Forschungszentren der Helmholtz-Gemeinschaft hat entsprechende Vorgaben gemacht.[10] Ein Auszug hieraus:

> „Wer sich in sozialen Netzwerken äußert, sollte höflich sein, niemanden beleidigen und Respekt im Umgang mit anderen Menschen zeigen. Provokationen und Diskriminierungen sind zu vermeiden, Gespräche abzubrechen, wenn der Gesprächspartner beleidigend wird. Autorinnen und Autoren sollten auch kulturelle Gepflogenheiten beachten. Wichtig ist, dass sie ihre Quellen offenlegen. Das zeugt von Respekt dem Urheber gegenüber, die Autorinnen und Autoren gewinnen an Glaubwürdigkeit."[11]

2. Sie fördern die Vernetzung – intern wie extern. Dafür müssen sie die technischen Möglichkeiten von Plattformen wie Facebook nutzen, ohne den Datenschutz zu verletzen (zum Beispiel den Button ‚empfehlen' verwenden), gleichzeitig aber auch inhaltliche Reize setzen, die eine Interaktion stimulieren (Votings, Umfragen, Einladungen zu Veranstaltungen, Hinweise auf kontrovers diskutierte Themen etc.).

---

10 Sie sind Teil der Empfehlungen, auf die sich die Internet-AG der Onlineredakteurinnen und -redakteure aus den Forschungszentren der Helmholtz-Gemeinschaft im Sinne von Punkt 3 verständigt hat.

11 Die Empfehlungen lehnen sich mit freundlicher Genehmigung an Empfehlungen von Daimler: http://www.daimler.com/Projects/c2c/channel/documents/1895106_Social_Media_Leitfaden-_Final.pdf [12.07.2012], 1&1: http://blog.1und1.de/2010/04/16/die-social-media-guidelines-von-11/ [12.07.2012] und Mathias Richel: http://blog.mathias-richel.de/2010/10/21/10-social-media-gesetze [12.07.2012] an.

3. Sie formulieren Strategie und Richtlinien für den Einsatz von *social media* an ihren Institutionen. Die Arbeitsgruppe der Onlineredakteurinnen und -redakteure aus den Forschungszentren der Helmholtz-Gemeinschaft hat Empfehlungen für Studierende und Beschäftigte herausgegeben, die in sozialen Netzwerken aktiv sind. Eine Auswahl hieraus:

> „[Sie] müssen das Gesetz achten, insbesondere Datenschutz, Urheberrecht, Markenrecht, Persönlichkeitsrechte Dritter und das Recht am eigenen Bild. Sie dürfen keine verleumderischen, beleidigenden und rechtswidrigen Inhalte veröffentlichen. Inhalte ohne entsprechende Urheberverweise dürfen sie nicht ins Netz stellen. Persönliche Aussagen von Dritten dürfen nur mit deren Zustimmung veröffentlicht werden. Es gelten die arbeitsrechtlichen Bestimmungen.“[12]

4. Sie beraten Studierende und Beschäftigte, die in sozialen Netzwerken wie Facebook aktiv sind.

5. Sie verantworten das *social media*-Monitoring. Es ist von großer Bedeutung, über Diskussionen in sozialen Netzwerken Bescheid zu wissen, die sich um die Institution oder für sie relevante Themen drehen. So können *social media*-Kanäle ein Frühwarnsystem für die Krisenkommunikation sein. Das KIT setzt dafür mit anderen Helmholtz-Zentren ein Monitoring-Werkzeug ein und moderiert, wenn kritische Stimmen laut werden – etwa wenn Studierende die Überlastung der Verwaltung monieren. Noch ist die Aussagekraft dieses und anderer Tools nicht klar – die Akteure der institutionellen Wissenschaftskommunikation müssen ihre Qualität testen.

6. Sie probieren und bewerten neue Formen der Kommunikation in sozialen Netzwerken. Dazu gehören Verbindungen von *social media* und mobiler Kommunikation, etwa bei der Entwicklung von Applikationen oder speziellen Webseiten für mobile Endgeräte. Bei der Entscheidung für oder gegen bestimmte Anwendungen, Gestaltungen oder Technologien binden sie die Community mit ein.

7. Sie stellen und beantworten Fragen an der Schnittstelle von Technik und Redaktion – dafür braucht es Know-how, das in den Teams der institutionellen Wissenschaftskommunikation vorhanden oder für sie einfach zugänglich ist. Gerade sie achten darauf, dass Technologien, die zum Einsatz kommen, einfach zu bedienen sind.

Mit der zunehmenden Relevanz dieses Anforderungsprofils sind die Zeiten vorbei, in denen Postings auf Community-Plattformen oder Beiträge zu Blogs Hobby oder Beschäftigung nach Feierabend waren. *Wir nennen es Arbeit* (Friebe/Lobo 2006), schreiben die profilierten Onlineautoren Holm Friebe und Sascha Lobo zu Recht. Auch wenn sie vor allem Selbstständige im Blick haben – generell entstehen neue Berufsbilder. Das bekannteste ist der *social media*-Manager oder die *social media*-

12 Ebd.

Managerin. Wenn auch nicht überall unter diesem Namen, so gibt es ihn oder sie doch immer häufiger: Bereits jedes zehnte Unternehmen in Deutschland hat Mitarbeiter, die sich gezielt um die Aktivitäten im Web 2.0 kümmern. Das hat eine repräsentative Umfrage im Auftrag des Hightech-Verbands BITKOM im vergangenen Jahr ergeben, bei der 1500 Firmen aus unterschiedlichen Branchen befragt wurden.[13]

In der Wissenschaftskommunikation sind *social media*-Manager oder -Managerinnen bislang nur vereinzelt anzutreffen, etwa beim Fraunhofer-Institut für Arbeitswirtschaft und Organisation IAO Stuttgart. Aktuell hat auch die Helmholtz-Gemeinschaft eine entsprechende Stelle ausgeschrieben, deren Aufgaben sich in dem Bereich zwischen Technik und Redaktion bewegen. Er oder sie soll unter anderem über *social media* in der Helmholtz-Gemeinschaft bloggen, Ansprechpartner für die Forschungszentren sein bei Fragen zu sozialen Netzwerken, einen ‚Helmholtz-*social media*-Newsroom' betreuen, die *social media*-Strategie der Helmholtz-Gemeinschaft weiterentwickeln, Zielgruppen und neue Trends im Bereich *social media* beobachten, neue Formate und Kampagnen vorschlagen, Erfahrungsaustausch und Schulungen organisieren sowie im Internet offen im Namen der Helmholtz-Gemeinschaft auftreten – als eine Art Pressesprecher 2.0.

Noch sind solche klaren Zuteilungen von Aufgaben im Bereich *social media* in der institutionellen Wissenschaftskommunikation eher die Ausnahme. Das heißt nicht, dass ihre Akteure in Forschungseinrichtungen und Universitäten die Bedeutung des Web 2.0 nicht erkannt hätten. Das zeigt sich etwa an den Handreichungen der Hochschulrektorenkonferenz (HRK) von 2010. Die Autorinnen und Autoren stellen klar, dass die vormals deutlicher getrennten Rollen zwischen Produzenten und Rezipienten verschwimmen: Neben anderen „gewinnen insbesondere partizipative Mechanismen für die Herstellung von Öffentlichkeit an Bedeutung" (HRK 2010, S. 21). Das führe freilich auch dazu, dass die Grenzen zwischen Öffentlichkeit und Privatsphäre undeutlicher werden,

> „was wiederum neue Kompetenzen erforderlich macht, um den Anforderungen von Datenschutz, informationeller Selbstbestimmung und angemessener Informationsverarbeitung gerecht zu werden. Dies betrifft zum einen das Verhältnis der Nutzer gegenüber dem Plattformanbieter, der unter Umständen umfangreiche persönliche Daten sammelt und aggregiert. Zum anderen müssen Nutzer aber auch Routinen und Normen für den Umgang untereinander entwickeln." (Ebd., S. 22)

Im Folgenden skizzieren die Handreichungen der HRK konkrete Einsatzbeispiele von Web 2.0-Formaten wie Netzwerk- oder Multimediaplattformen, Blogging, Mikroblogging oder Podcasting, Feedreader und Wikis in Forschung, Lehre und Verwaltung.

13 Näheres zur Studie auf den Seiten der BITKOM: http://www.bitkom.org/de/presse/70864_69713.aspx [12.07.2012].

Diese durchaus weitreichenden Empfehlungen münden aber nicht in klar umrissene neue Tätigkeitsbeschreibungen zusätzlicher Akteure oder in die Aufforderung, die Prioritäten in der institutionellen Wissenschaftskommunikation neu zu setzen. Sie haben bislang auch nicht zur Folge, dass Universitäten und Hochschulen das neue Aufgabenfeld in Disziplinen für ihre Studierenden umsetzen. Ende 2011 fand sich im Hochschulkompass der HRK noch kein Studiengang, der sich dezidiert um *social media* dreht. Oft integrieren Universitäten und Hochschulen, darunter auch das KIT, das Thema in Studiengänge wie Informationswirtschaft.

Vorherrschend aber sind Weiterbildungsangebote: So bietet die Fachhochschule Köln seit März 2011 eine berufsbegleitende Qualifizierung zum *social media*-Manager an, die Social Media Akademie Mannheim eine Zertifizierung. Auf diesem Gebiet konkurrieren die Universitäten und Hochschulen unter anderem mit den Journalistenschulen in Deutschland, bei denen sich das Training für *social media*-Akteure freilich auch erst allmählich entwickelt. Beliebte Einrichtungen wie die Akademie für Publizistik in Hamburg oder die Akademie der Bayerischen Presse in München bieten Seminare und Ausbildungsgänge an, etwa 20 % der Onlineveranstaltungen drehen sich um *social media*.

So tut sich eine Lücke auf in der – gerade auch theoretisch – fundierten Ausbildung, welche die Universitäten und Hochschulen füllen können, indem sie das neue Berufsfeld des *social media*-Managers oder der *social media*-Managerin zum Anlass nehmen, neue grundständige oder konsekutive Lehrangebote zur Web 2.0-Kommunikation zu entwickeln.

Vor allem aber können Universitäten und Hochschulen entscheidend zu jener Professionalisierung der Senderinnen und Sender beitragen, die nötig ist, wenn die journalistische Aufarbeitung der Inhalte nur noch ein Kommunikationsweg unter vielen ist. Dabei geht es vor allem um Wissenschaftlerinnen und Wissenschaftler, die in sozialen Netzwerken im Dialog mit der Öffentlichkeit komplexe Forschungsvorhaben und -ergebnisse erläutern oder die Relevanz ihrer Studien diskutieren.

Einer, der in diesem Sinne ‚Öffentliche Wissenschaft' betreibt, die möglichst verständliche Informationsgrundlagen zur Verfügung stellt (vgl. Robertson-von Trotha 2007), ist Alexander Knoll, Biologe am KIT, der seit 2006 bloggt:

> „Wir Blogger posten aus Leidenschaft und aus der tiefen Überzeugung, dass Wissenschaft der Gesellschaft, die uns finanziert, verpflichtet ist und damit auch dem Dialog mit der Öffentlichkeit. Ein anderer Aspekt ist, dass wir Wissenschaftler immer ein Stück weit um Rechtfertigung kämpfen. Also: Wieso forscht ihr über ein Unkraut und tut als Botaniker nicht lieber etwas gegen den Welthunger? Ich kann dann nicht sagen: Lies meine Papers! Dafür braucht es andere Ansätze. Das Bloggen hat einen persönlichen Faktor, der Interessierte direkt erreicht – womit ich auch das Bild vom verwirrten, weltfremden Forscher korrigiere. Und wir beugen dem wissenschaftlichen Analphabetismus vor. Eine informierte Gesellschaft kann auch Entscheidungen besser abwägen." (Siehe Rauch, Interview mit Alexander Knoll, 2011, S. 73f.)

Universitäten und Hochschulen könnten es sich stärker zur Aufgabe machen, bloggende Wissenschaftlerinnen und Wissenschaftler, aber auch Autorinnen und Autoren auf Facebook, Twitter oder YouTube sowohl auf das Schreiben, Posten und Filmen als auch auf den Diskurs mit kritischen Stimmen aus der Gesellschaft vorzubereiten.

Und genau an dieser Stelle könnten gerade die Akteure der institutionellen Wissenschaftskommunikation eine wichtige Rolle übernehmen: zum Beispiel indem sie ein Medientraining anbieten, das sich dezidiert *social media* zuwendet. Wie ein solches Angebot erfolgreich funktionieren kann, führt am Beispiel von Videoaufnahmen das Projekt ‚InsideScience' vor, das die Deutsche Forschungsgemeinschaft (DFG) seit 2010 fördert.[14] Wissenschaftlerinnen und Wissenschaftler lernen, mit den Medien umzugehen, sicher und authentisch mit der Öffentlichkeit zu kommunizieren und vor der Kamera aufzutreten. Die Teilnehmerinnen und Teilnehmer erleben sich in verschiedenen Interview- und Gesprächssituationen, das Training umfasst praktische Übungen und individuelle Feedbacks.

Daneben sind Akteure der institutionellen Wissenschaftskommunikation in der Lage, den Wissenschaftlerinnen und Wissenschaftlern Praktika anzubieten, in denen sie *social media* kennenlernen und erste Erfahrungen sammeln können. Denkbar ist zudem, dass Pressesprecherinnen und Onlineredakteure an ihrer Institution Beiträge zur Forschung und Lehre auf dem Gebiet *social media* leisten. Am KIT spielen diese Überlegungen auch bei der Konzeption eines Nationalen Instituts für Wissenschaftskommunikation eine Rolle, das sich unter anderem mit Formaten, Strukturen und Konsequenzen des Web 2.0 beschäftigen will.

Klar ist Folgendes: Die Akteure der institutionellen Wissenschaftskommunikation können diese neuen und zusätzlichen Aufgaben nur übernehmen, wenn sich die Rahmenbedingungen in ihren Einrichtungen ändern. Das heißt zum einen, dass die Institutionen zusätzliche Ressourcen freigeben oder aber Prioritäten in der Kommunikation – beim Einsatz der finanziellen Mittel oder bei der fachlichen Qualifikation des Personals – anders setzen müssen.

Von mindestens ebenso großer Bedeutung ist zum anderen die Bereitschaft der Leitungen der Institutionen wie auch ihrer Pressesprecherinnen und Onlineredakteure, den Wandel der Kommunikation anzunehmen und mitzugestalten. Dafür müssen sich die Akteure der institutionellen Wissenschaftskommunikation von der Vorstellung lösen, ihr Auftrag bestehe ausschließlich darin, dass sie Presse, Rundfunk und Fernsehen mit Informationen füttern, woraufhin professionelle Journalistinnen und Journalisten diese für die Öffentlichkeit verarbeiten, die sich damit wiederum zufrieden gibt und nicht weiter regt. Sie müssen es zulassen und unterstützen, dass sich auch interne wie externe Communitys über die Institution äußern, sie müssen mit-

14 Eine ausführliche Beschreibung findet sich auf den Webseiten des Projekts: http://inside-science.forschung.kit.edu/weblog/?p=387 [12.07.2012].

diskutieren, auf Augenhöhe und nicht von oben herab. Wenn sie das tun, fördern sie nicht das Chaos, sondern den Dialog. Sicher, sie werden weniger kontrollieren können – aber dafür mehr gestalten und sich mit der Öffentlichkeit austauschen.

Literatur

Bode, Jürgen (Hg.) (2011): Social Networks in the International Marketing of German Universities, Hochschule Bonn-Rhein-Sieg, unterstützt von Gate-Germany; Onlinedokument http://www.gate-germany.de/fileadmin/bilder/dokumente/pdf/sonim.pdf [12.07.2012].

European Communication Monitor (Hg.) (2011): Empirical Insights into Strategic Communication in Europe. Results of a Survey in 43 Countries; Onlinedokument http://www.communicationmonitor.eu/ECM2011-Results-ChartVersion.pdf [12.07.2012].

Friebe, Holm; Lobo, Sascha (2006): Wir nennen es Arbeit. Die digitale Boheme oder Intelligentes Leben jenseits der Festanstellung. München: Heyne.

HRK (= Hochschulrektorenkonferenz) (Hg.) (2010): HRK-Handreichungen. Herausforderung Web 2.0. Beiträge zur Hochschulpolitik Nr. 11; Onlinedokument http://www.hrk.de/de/download/dateien/Herausforderung_Web2.0.pdf [12.07.2012].

Lobo, Sascha (2011): Das Facebook-Novum; Onlinedokument http://saschalobo.com/2011/03/08/das-facebook-novum [12.07.2012].

Medienpädagogischer Forschungsverbund Südwest (Hg.) (2011): JIM-Studie 2011. Jugend, Information, (Multi-)Media. Basisstudie zum Medienumgang 12- bis 19-Jähriger in Deutschland; Onlinedokument http://www.mpfs.de/fileadmin/JIM-pdf11/JIM2011.pdf [12.07.2012].

Rauch, Tatjana (2011): Nischensport mit Zukunftspotenzial. Interview mit Alexander Knoll über Lust und Verpflichtung an einer neuen Form des Dialogs mit der Öffentlichkeit. In: lookKIT. Das Magazin für Forschung, Lehre, Innovation, Nr. 2, S. 72-74.

Robertson-von Trotha, Caroline Y. (2007): Öffentliche Wissenschaft – ein notwendiger Dialog. In: Klaus, Joachim; Vogt, Helmut (Hg.): Wissensmanagement und wissenschaftliche Weiterbildung. Dokumentation der Jahrestagung der Deutschen Gesellschaft für wissenschaftliche Weiterbildung und Fernstudium an der Universität Karlsruhe (TH). Hamburg: DGWF, S. 7-20.

Anhang

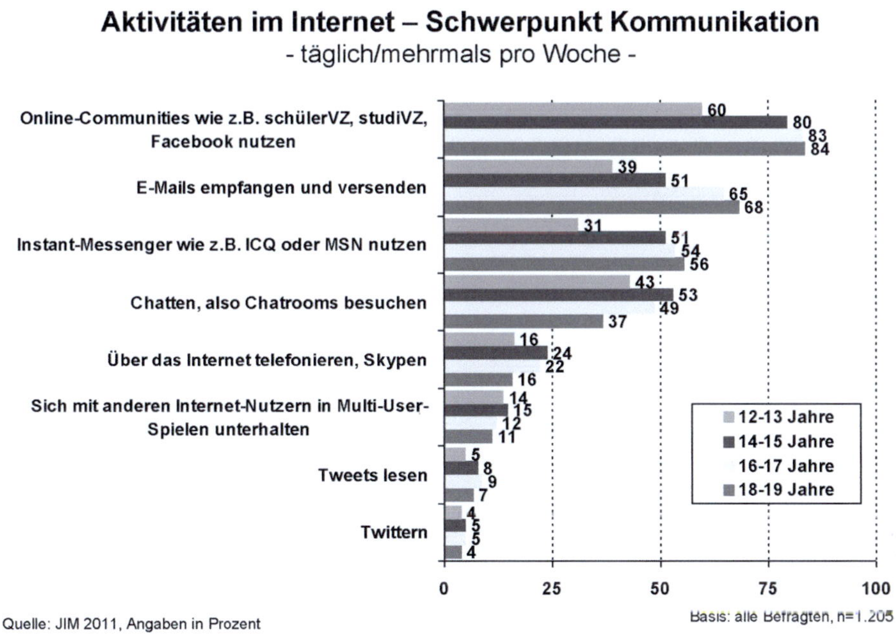

Abb. 1: Aktivitäten im Internet – Schwerpunkt Kommunikation; Quelle: Medienpädagogischer Forschungsverbund Südwest 2011.

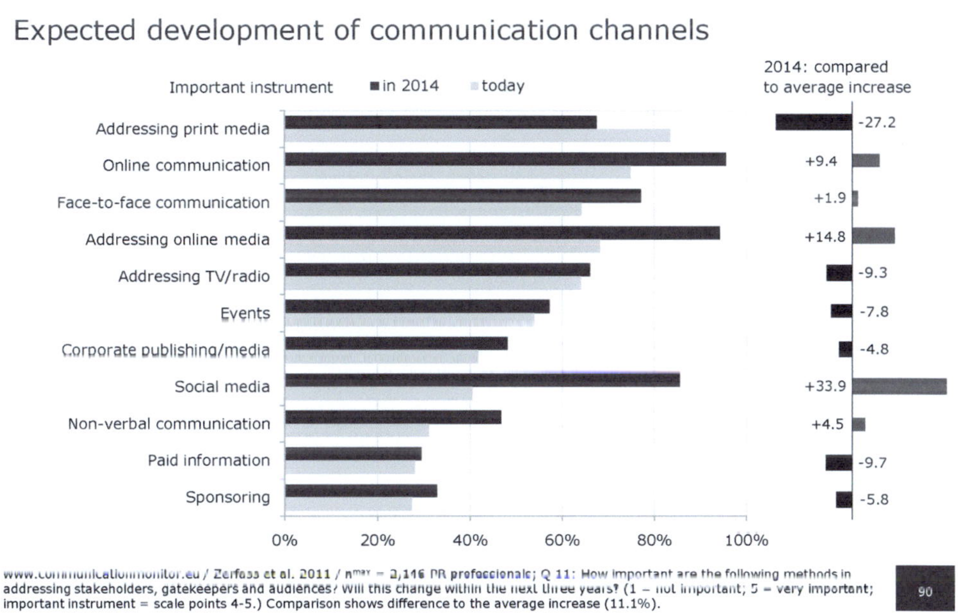

Abb. 2: Expected Developement of Communication Channels; Quelle: European Communication Monitor 2011.

Wissenschaft 2.0: Transparenz und Partizipation

Anna Moosmüller

Der Wissenschaftsbetrieb im Internet rückt zunehmend in den Fokus der Wissenschaftskommunikation. Anders als in traditionellen Medien, in denen die Wissenschaft einen etablierten Platz einnimmt bzw. deren sich Forscher bereits selbstverständlich bedienen, bilden die ‚Neuen Medien', zu denen das Internet unbestritten gehört, ein noch sehr breites und unüberschaubares kommunikatives Terrain. Vor allem der interaktive Charakter des Webs, der im Zusatz ‚2.0' seinen Ausdruck findet, bietet der Wissenschaft neue, unerschöpfliche Möglichkeiten sich zu äußern. Hier darf und kann schließlich jeder jederzeit und überall Content produzieren und kommentieren. Vor dem Hintergrund dieser Entwicklung soll nun die Frage nach den Möglichkeiten und Chancen der ‚Wissenschaft online' gestellt werden. Wohin führt die Individualisierung der wissenschaftlichen Kommunikation und die gleichzeitige Vernetzung und Verlinkung innerhalb von digitalen globalen Wissensräumen? Wie und was kommunizieren Wissenschaftler im Internet?

Ausgangslage Weblog

Fakt ist, Wissenschaftler sind online: In einer Umfrage der Universität Düsseldorf aus dem Jahr 2009 gaben 98 % der teilnehmenden Wissenschaftler – d.h. wissenschaftliche Angestellte, Professoren und Lehrbeauftragte – an, das Internet beruflich täglich zu nutzen (vgl. Perez 2010). In der gleichen Studie haben 77 % der Befragten den Begriff Web 2.0 als bekannt angegeben (vgl. ebd.).[1] Und obwohl die Mehrheit der Wissenschaftler betonte, Web 2.0-Tools wie Wikis, Blogs und soziale Netzwerke in erster Linie privat zu nutzen, scheint das Bild des Wissenschaftlers als digitaler Hinterwäldler längst fehl am Platz zu sein.

Bereits das Web 1.0 stellte brauchbare Werkzeuge zur Verfügung wie Mailinglisten oder Newsgroups, mit deren Hilfe sich Wissenschaftler austauschen, organisieren und ihre Forschung veröffentlichen konnten. Das Web 2.0 erweitert die Möglichkeiten um Tools wie Institutsblogs, offene *peer review*-Plattformen oder Online-Rezensionsjournale (vgl. Gloning/Fritz 2011).[2] Die genannten Instrumente ermöglichen jedoch in erster Linie eine Kommunikation und Vernetzung ‚unter sich', sprich innerhalb der gegebenen Wissenschaftsdisziplin. Reizvoll – und ganz im Sinne des

1 Es ist davon auszugehen, dass eine aktuelle Befragung einen noch höheren Prozentsatz ergeben würde.

2 Siehe bspw. Kunstgeschichte. Open Peer Reviewed Journal: http://www.kunstgeschichte-ejournal.net [12.07.2012] oder Kult_online. Rezensionsmagazin des Gießener Graduiertenzentrums Kulturwissenschaften: http://kult-online.uni-giessen.de [12.07.2012].

Projektes ‚InsideScience'[3] – wäre aber hier ein Blick auf die Kommunikation ‚nach außen', das heißt auf den Austausch zwischen Wissenschaftler und Laie. Es stellt sich die Frage nach der digitalen ‚Öffentlichen Wissenschaft'. Dabei baut vornehmlich ein Tool auf das dialogische Potenzial und ist für ‚InsideScience' von besonderem Interesse: das Weblog.

Die Kommunikationsforschung steckt hinsichtlich der Wissenschaftsvermittlung 2.0 im Allgemeinen und wissenschaftlichen Blogs im Speziellen noch in den Kinderschuhen. Schwierigkeiten ergeben sich aus der Tatsache, dass Erhebungen längerfristig angelegt werden müssten, das Medium Internet hingegen schnelllebig ist. Die meisten Studien basieren deshalb vielmehr auf Umfragen und Beobachtungen, weniger auf quantitativen Untersuchungen (vgl. Gerber 2011; Lange 2008). Auch dieser Aufsatz beruht in erster Linie auf den Erfahrungen aus ‚InsideScience': Im Rahmen des Projektes entstand ein Blog, das die im Folgenden ausgeführten Erkenntnisse zu subsumieren versuchte.[4]

Weblogs – sowohl die Urformate als auch deren krisenfeste Überlebende – besitzen, generell gesprochen, die reizvollen Eigenschaften des Subjektiven und Vernetzten. Sie haben unterschiedliche Feedback-Funktionen wie etwa Kommentar-, Teil- oder Bewertungsmöglichkeiten, die User zur aktiven Teilnahme animieren.

Da es keine Registrierungspflicht für Blogs gibt, ist die Anzahl der deutschsprachigen Blogs nicht zu beziffern.[5] Die Google-Blogsuche gab im Dezember 2011 etwa 450.000 Seiten an; es ist jedoch davon auszugehen, dass viele nicht mehr aktiv sind.[6] Betrachtet man hingegen die Anzahl der deutschsprachigen Blogger und Bloginteressierten, so ist eine mäßige Begeisterung für das Format festzustellen. Die aktuelle ARD/ZDF-Onlinestudie von 2011 führte zu folgender ernüchternden Erkenntnis:

> „Weblogs fristen weiterhin ein Schattendasein im Web-2.0-Universum. Nur 1 Prozent aller Onliner nutzt solche Webpublikationen regelmäßig […]." (Busemann/Gscheidle 2011, S. 362)

Gelegentlich finden immerhin 7 % der User den Weg zu einem Blog – das sind hochgerechnet 3,67 Millionen Onliner (siehe ebd.). In diesem Zusammenhang müssen auch Wissenschaftsblogs gesehen werden – also Blogs, die ein bestimmtes wissenschaftliches Themengebiet behandeln und von Wissenschaftlern geführt werden. Denn auch hier geht die Auslastung des Formats noch längst nicht an ihre Grenzen. Anders als im angloamerikanischen Raum, wo Wissenschaftsblogs ein selbstver-

3 Das DFG-geförderte Projekt ‚InsideScience' am Karlsruher Institut für Technologie (KIT) hat sich zum Ziel gesetzt, Dialogformen zwischen Wissenschaft und Gesellschaft zu erproben und zu reflektieren. Die Autorin ist Redakteurin im Projekt und zuständig für die inhaltliche Dissemination im Web. Weitere Infos zum Projekt unter www.kit.edu/inside-science [12.07.2012].

4 Siehe InsideScience – Weblog: http://inside-science.forschung.kit.edu/weblog [12.07.2012].

5 Vgl. Schmidt, Jan: Schmidt mit Dete. Wie viele Blogs gibt es in Deutschland?; http://www.schmidtmitdete.de/archives/707/comment-page-1#comment-2379 [12.07.2012].

6 Die Google-Blogsuche der Autorin erfolgte im Dezember 2011; und wie bei vielen Web 2.0-Anwendungen fallen auch bei Weblogs Qualität, Traffic und Akzeptanz verschieden aus.

ständlicher Bestandteil sowohl der Blogosphäre als auch der wissenschaftlichen Betriebe sind, können sie hierzulande als Randerscheinung betrachtet werden.[7] Viele Wissenschaftsblogs sind unter Portalen zusammengefasst, deren Vorteil die gegebene Infrastruktur und Auffindbarkeit im Netz ist. Die beiden bekanntesten deutschsprachigen Portale für Wissenschaftsblogs sind das vom *Spektrum der Wissenschaft* geführte und damit der Verlagsgruppe Georg von Holtzbrinck zugehörige *SciLogs*[8] mit rund 65 Bloggern sowie *ScienceBlogs*,[9] das mit etwa 35 Blogseiten dem US-amerikanischen Verlag Seed Media Group zugeordnet ist. In den Leitlinien des Portals ist zu lesen:

> „Auf ScienceBlogs schreiben Forscher, was sie bewegt. Journalisten veröffentlichen unredigiert. Das ist die Basis für einen neuen Dialog aus erster Hand über die Rolle der Wissenschaft in Politik, Religion, Philosophie, Kunst und Wirtschaft."[10]

Zur Partizipation

Doch wie wird diese Basis genutzt oder, anders gefragt, warum sollten Wissenschaftler ihre kostbare Zeit in das Medium investieren? Und was macht sie zu Bloggern? Ginge man nach den üblichen Vorstellungen von einem Wissenschaftler, scheint hier vielmehr ein Widerspruch zu herrschen: Wissenschaftler teilen nicht gerne, sie haben ausschließlich Zeit für Forschung und Lehre und müssen mit ihren Mitteln sparsam umgehen, sie legen hohen Wert auf traditionelle Publikationsformen und sind bei Weitem keine Onlinepioniere. Doch längst wird Wissenschaftlern eine kommunikative Seite abverlangt: Sie müssen im Sinne des PUSH-Memorandums öfter Einblicke in Labore und Hörsäle gewähren und die Öffentlichkeit an ihrer Forschung teilhaben lassen.[11] Mehr noch, sie sollen Impulse aus der Gesellschaft aufnehmen und zur Diskussion stellen. Das Weblog weist hier einige Vorteile auf. Der Forscher kann relativ einfach, schnell, aktuell, spontan und multimedial den direkten Dialog mit Fachfremden suchen und seine Arbeit erklären. Alexander Knoll, Blogger und Biologe am Karlsruher Institut für Technologie, sagt dazu:

> „Wir Blogger posten aus Leidenschaft und aus der tiefen Überzeugung, dass Wissenschaft der Gesellschaft, die uns finanziert, verpflichtet ist und damit auch dem Dialog mit der Öffentlichkeit. Ein anderer Aspekt ist, dass wir Wissenschaftler immer ein Stück weit um Rechtfertigung kämpfen. Also: Wieso forscht ihr über ein Unkraut und

7 Die Suche bei Google-Blogsuche nach deutschsprachigen Blogartikeln zu wissenschaftlichen Themengebieten brachte beispielsweise folgende Ergebnisse: Teilchenphysik: 212, Molekularbiologie: 264, Hydromechanik: 23, Stochastik: 404, Anthropomatik: 1.

8 SciLogs. Tagebücher der Wissenschaft: http://www.scilogs.de [12.07.2011].

9 ScienceBlogs. Wissenschaft, Kultur, Politik: http://scienceblogs.de [12.07.2012].

10 ScienceBlogs. Über ScienceBlogs; http://www.scienceblogs.de/ueber-scienceblogs.php [12.07.2012].

11 Siehe Wissenschaft im Dialog 1999.

> tut als Botaniker nicht lieber etwas gegen den Welthunger? Ich kann dann nicht sagen: Lies meine Papers! Dafür braucht es andere Ansätze." (Siehe Rauch, Interview mit Alexander Knoll, 2011, S. 73f.)[12]

Die möglichen Themen und Disziplinen, zu denen Blogs eingerichtet werden, sind unterschiedlich und bunt wie die Wissenschaftslandschaft selbst. Bei Usern besonders beliebt sind Themen, die Diskussionspotenzial aufweisen – beispielsweise Homöopathie[13] – oder tagesaktuell sind. So erhöhten sich nach der Erdbeben- und Tsunamikatastrophe in Japan 2011 die Zugriffszahlen von *ScienceBlogs* um mehr als 80 %. Interesse finden auch Beiträge, die gesellschaftspolitische oder kulturelle Gegebenheiten verdeutlichen. Zum Beispiel erklärt der Mathematiker Thilo Kuessner den Usern in seinem *Mathlog* den 50-Milliarden-Euro-Rechenfehler der ‚Hypo Real Estate Group',[14] und der Astronom Florian Freistetter beruhigt, dass die Welt nicht mit dem Inka-Kalender 2012 untergeht.[15]

Was die Leserschaft angeht, so ist davon auszugehen, dass sie genauso bunt ist wie die Themenvielfalt. Allerdings liegen hierzu keine quantitativen oder qualitativen Studien vor und die Anzahl der Visits, mit der sich so mancher Blogbetreiber rühmt, sagt weder etwas über die Rezeption noch über die tatsächliche Verweildauer der User aus. Wünschenswert wäre hier eine Untersuchung der Kommentare, Feeds und *trackbacks*, da diese Funktionen die Dialogbereitschaft der Leser verdeutlichen.

Wie bereits erwähnt, ist jene Dialogbereitschaft auch die große Chance des Formats für die Wissenschaftskommunikation. Es ist die Möglichkeit der Partizipation, die die Herzen der Kommunikatoren höherschlagen lässt: Der Laie kann sich ohne Umwege mit dem Experten beraten und diskutieren. Er kann ihn gradewegs zum Thema befragen, auf Unklarheiten aufmerksam machen oder seine Forschung kommentieren. Diese direkte Kommunikation geschieht – und das ist besonders hervorzuheben – nicht nach dem Prinzip der Einbahnstraße. Das heißt, der User ist nicht nur passiver Leser mit einer Meinung, sondern er kann auch aktiver Impulsgeber in Richtung Wissenschaftler sein. Oder wie Stefan Rahmstorf, Blogger und Klimaforscher am Potsdamer Institut für Klimafolgenforschung, sagt: „Fragen der Leser bringen uns auf neue Forschungsideen" (siehe Zickgraf 2010).

12 Siehe auch ScienceBlogs. Alles was lebt; http://www.scienceblogs.de/alles-was-lebt [12.07.2012].

13 Siehe Laborjournal Blog. Homöopathie ist nicht nur unplausibel, sondern auch unethisch!; http://www.laborjournal.de/wordpress/?p=2888 [12.07.2012]; ScienceBlogs. Astrodicticum simplex; http://www.scienceblogs.de/astrodicticum-simplex/2011/06/gwuptagung-in-wien-zweiter-tag-homoopathie-und-der-mozarteffekt.php [12.07.2012].

14 ScienceBlogs. Mathlog; http://www.scienceblogs.de/mathlog/2011/10/finanzkrise-nur-ein-rechenfehler.php [12.07.2012].

15 ScienceBlogs. Astrodicticum simplex; http://www.scienceblogs.de/astrodicticum-simplex/2009/07/kein-weltuntergang-am-21122012-teil-2.php [12.07.2012].

Es ist darüber hinaus vor allem das subjektive Moment des Formats, das die Interaktion und Kollaboration fördert. Die Befunde oder Erzeugnisse, von denen der Wissenschaftler berichtet, sind bei Weitem nicht endgültig und können durch die Standpunkte Außenstehender gänzlich novelliert oder ratifiziert werden. Es werden neue Ergebnisse erzielt. Diese Interaktion verändert die traditionelle Hierarchie zwischen dem ,heiligen' geschriebenen Wort und seiner Rezeption. Der Autor und der Leser sind gleichgestellt: Beide befinden sich auf demselben thematischen Level, auf dem sie Fehler diskutieren, Konsequenzen relativieren oder Behauptungen richtigstellen, kurz, auf dem sie den wissenschaftlichen Diskurs fördern. Beispiele für diese Interaktion finden sich viele: So wurde Ende 2010 ein ,spektakulärer' Bakterienfund der NASA nach massiver Kritik in der Blogosphäre bald wieder relativiert. Die User hatten die Vorgehensweise der Studie hinterfragt und festgestellt, das Bakterium sei nicht so außergewöhnlich, wie die US-Behörde es gerne dargestellt haben wollte.[16] Ähnlich verlief die Diskussion um die Existenz des Planeten *Gliese 581g*: Die Existenz der ,zweiten Erde', wie ihn seine Entdecker nannten, wurde durch Blogger und deren Leser infrage gestellt, indem sie auf gravierende Fehler in der Datenanalyse aufmerksam gemacht hatten (vgl. Becker 2010).

Bei aller Begeisterung für die Partizipation muss jedoch gesagt werden, dass der Dialog nicht stets gewinnbringend ausfällt. Es liegt in der Natur des Internets, dass es durch seine Breite und Zugänglichkeit auch denen die Teilnahme ermöglicht, die nicht sachlich diskutieren möchten. So kommt es oft zu wissenschaftsideologischen Debatten, die parteiisch und befangen geführt werden. Ebenso wenig findet ein Austausch im Sinne der Öffentlichen Wissenschaft statt, wenn User eine unnachgiebige Meinung verfestigen, indem sie ausschließlich Blogs lesen, die eben diesen Standpunkt vertreten. Doch die genannten Mängel sind häufig offensichtlich und können als solche berücksichtigt werden.

Zur Transparenz

Neben der Partizipation stellt die Transparenz eine weitere nennenswerte Chance des Mediums Weblog für die Wissenschaftskommunikation dar. Während Forscher Einblicke in ihr Denken und Tun gewährleisten, entsteht ein offener Zugang zur Wissenschaft insgesamt und nicht nur zu ihren Ergebnissen. Es sind nämlich nun auch die Arbeitsweisen und Prozesse, die wahrgenommen werden – vorausgesetzt natürlich der Wissenschaftler macht diese auch zugänglich.

Der bereits erwähnte persönliche Charakter des Blogs hilft zudem, das Interesse an der Person des Wissenschaftlers zu steigern: Erfolge und Rückschläge, Unzufriedenheit und Begeisterung kann der Onliner nachempfinden. Der Wissenschaftler wird zum ,normalen Menschen', das Labor zum ,normalen Arbeitsplatz' und die For-

16 Siehe Kottke, Jason: Kottke.org: http://kottke.org/10/11/has-nasa-discovered-extraterrestrial-life [12.07.2012].

schung damit im Sinne der Öffentlichen Wissenschaft zum integralen Teil der Gesellschaft. Darüber hinaus fördert die direkte Beziehung zwischen User und Wissenschaftler die Authentizität und Glaubwürdigkeit der Forschung. Der Blogger schildert unbefangen, was er wie erforscht und der Leser weiß, dass kein Lobbyist, kein Verleger ihm vorgibt, was er schreiben soll. Dies ist auch ein gewisser Vorteil zur gängigen Berichterstattung, die diese Zwanglosigkeit und Direktheit nicht bietet und oftmals rein ergebnisorientiert arbeitet.

Nichtsdestotrotz wird das Blog nicht das viel beschworene Ende des traditionellen ‚Gatekeeper-Modells' einläuten (vgl. Neuberger 2005). Die Korrelation zwischen Wissenschaftsjournalist und bloggendem Wissenschaftler hat sich zwar durch die Neuen Medien stark verändert und auch die Themensetzung wird stark durch das Internet beeinflusst, doch nach wie vor erfreuen sich redaktionelle Erzeugnisse einer gewissen Beliebtheit.[17] Sowohl der bloggende Wissenschaftler als auch der Journalist – der übrigens auch nicht unwesentlich mitbloggt – findet ein gleichberechtigtes Dasein. Sie ergänzen sich sogar: Denn schließlich bietet die journalistische Vermittlung genau das, was der bloggende Wissenschaftler nicht bieten kann und will: Orientierung und Distanz.

Fazit

Zusammenfassend lässt sich sagen, dass Weblogs öffentliche Partizipation und wissenschaftliche Transparenz nicht nur ermöglichen, sie praktizieren sie auch erfolgreich. Beklagenswert ist jedoch die Tatsache, dass so wenige – Wissenschaftler wie Fachfremde – den Weg zu diesem Tool finden. Dabei ist das Format zu alt, um von einer Vorhut auszugehen und auf eine wachsende wissenschaftliche Gemeinde zu hoffen. Vielmehr scheint dem Blog die Gefahr zu drohen, stellvertretend für weitere Web 2.0-Anwendungen zu stehen. Wird die Chance einer Öffentlichen Wissenschaft online verpasst? Was kann getan werden, um die digitale Wissenschaftskommunikation zu fördern?

Zum einen gilt es, die User zu verstehen, und das heißt: Die Leserschaft sollte untersucht werden. Es wäre interessant zu wissen, wer den Dialog aufnimmt und wie jener geführt wird. Womöglich kann dadurch ermittelt werden, wer nicht am Diskurs im Netz teilnimmt und warum, und wie man die Nicht-User zur Teilnahme aktivieren kann. Zum anderen sollten Wissenschaftler für ihre digitalen Kommunikationsleistungen Anerkennung erfahren. Und das in zweierlei Hinsicht: zum einen seitens ihrer kollegialen Umgebung, sprich, der Wissenschaftscommunity, und zum anderen seitens der Institutionen, für die sie stehen, wie etwa Universitäten und Institute.

17 Dies wird am seit einigen Jahren anhaltenden Boom der Wissenschaftsmagazine deutlich.

Noch immer gehen Wissenschaftler skeptisch mit den Neuen Medien um, nicht etwa weil sie im Umgang mit ihnen nicht sicher wären. Auch die sogenannten *digital natives* – darunter mittlerweile auch junge Doktoranden und andere Nachwuchswissenschaftler – finden seltener den Zugang zu Blogs. Das Schreiben von Blogposts gilt vermutlich vielen noch immer als Zeitverschwendung. Aus diesem Grund müsste die Reputation des Digitalen gefördert werden: Wissenschaftsblogger sollten für ihre Kommunikationsleistung belohnt werden, indem man ihre Abhandlungen im Blog etwa als mit ihren Papers gleichberechtigt anerkennt. Auf diesem Weg würde das Medium innerhalb der Wissenschaftswelt seinen unseriösen Ruf verlieren. Dabei hilft neben der Aufklärung über die Möglichkeiten und Chancen des Weblogs auch der Verweis auf die international durchaus erfolgreichen Forschungsblogs.

Von institutioneller Seite kann das Bewusstsein für den notwendigen Dialog online durch die Unterstützung neuer Kommunikationswege gefördert werden. Dabei muss die gegebene Institution sich von der traditionellen Einwegkommunikation – vom Wissenschaftler über den Referenten zur Öffentlichkeit – abkehren und alternative Formen entwickeln. *Social media*-Manager etwa können Pressereferenten ergänzen und sowohl den Wissenschaftlern als auch der Öffentlichkeit den Weg zum Web ebnen. Darüber hinaus können wissenschaftliche Einrichtungen Tools wie Blogplattformen bereitstellen und damit sowohl den Wissenschaftlern den Zugang erleichtern als auch, mit den sogenannten Corporate Blogs, die eigene Institution authentisch vorstellen (vgl. *Fraunhofer forschungs-blog.de*). Es ist nicht leicht, stressgeplagten Wissenschaftlern Blogs und andere Web 2.0-Anwendungen schmackhaft zu machen. Doch es wäre im Sinne der Öffentlichen Wissenschaft sehr schade, das Potenzial der Anwendungen unausgeschöpft zu lassen.

Literatur

ARD/ZDF-Onlinestudie (2011): Fernsehinhalte im Internet in Deutschland immer beliebter; Onlinedokument http://www.ard-zdf-onlinestudie.de [12.07.2012].

Becker, Markus (2010): Zweifel an Existenz von lebensfreundlichem Planeten. In: Spiegel online, vom 14.10.2010; Onlinedokument http://www.spiegel.de/wissenschaft/weltall/0,1518,723165,00.html [12.07.2012].

Busemann, Katrin; Gscheidle Christoph (2011): Web 2.0: Aktive Mitwirkung verbleibt auf niedrigem Niveau. Ergebnisse der ARD/ZDF-Onlinestudie. In: Media Perspektiven, H. 7-8, S. 360-369; Onlinedokument http://www.ard-zdf-onlinestudie.de/fileadmin/Online11/07082011_Busemann_Gscheidle.pdf [12.07.2012].

Gerber, Alexander (2011): Trendstudie Wissenschaftskommunikation: Vorhang auf für Phase 5: Chancen, Risiken und Forderungen für die nächste Entwicklungsstufe der Wissenschaftskommunikation. Berlin: Innokomm Forschungszentrum.

Gloning, Thomas; Fritz, Gerd (Hg.) (2011): Digitale Wissenschaftskommunikation – Formate und ihre Nutzung; Onlinedokument http://geb.uni-giessen.de/geb/volltexte/2011/8227/pdf/DigitaleWissenschaftskommunikation_2011.pdf [12.07.2012].

Lange, Volker (2008): Video & Co. Wie lernt man, über das Web multimedial zu kommunizieren. In: Hermannstädter, Anita; Sonnabend, Michael; Weber, Cornelia (Hg.): Wissenschaft kommunizieren. Die Rolle der Universitäten. Dokumentation des Symposiums Wissenschaftskommunikation im öffentlichen Raum. Welche Rolle spielen die Universitäten? 12. bis 13. April 2007 Berlin-Brandenburgische Akademie der Wissenschaften. Berlin/Essen: Edition Stifterverband, S. 88-92.

Neuberger, Christoph (2005): Das Ende des »Gatekeeper«-Zeitalters. In: Lehmann, Kai; Schetsche, Michael (Hg.): Die Google-Gesellschaft. Vom digitalen Wandel des Wissens. Bielefeld: transcript, S. 205-213.

Perez, Maredith (2010): Web 2.0 im Einsatz für die Wissenschaft. In: Information, Wissenschaft & Praxis, Jg. 61, H. 2, S. 129-134.

Rauch, Tatjana (2011): Nischensport mit Zukunftspotenzial. Interview mit Alexander Knoll über Lust und Verpflichtung an einer neuen Form des Dialogs mit der Öffentlichkeit. In: lookKIT. Das Magazin für Forschung, Lehre, Innovation, Nr. 2, S. 72-74.

Wissenschaft im Dialog (Hg.) (1999): PUSH-Memorandum zum Auftakt der Initiative 1999. Dialog Wissenschaft und Gesellschaft; Onlinedokument http://www.wissenschaft-im-dialog.de/fileadmin/redakteure/dokumente/push_memorandum_1999.pdf [12.07.2012].

Zickgraf, Arnd (2010): Wissenschaftsblogs. Die Hintertür zur Foschung. In: Zeit online, vom 18.01.2010; Onlinedokument http://www.zeit.de/wissen/2010-01/wisssenschafts-blogger [12.07.2012].

Im Text erwähnte Blogs und Webseiten

Fraunhofer forschungs-blog.de: http://www.forschungs-blog.de

InsideScience – Öffentliche Wissenschaft in SFB: http://inside-science.forschung.kit.edu

InsideScience – Weblog: http://inside-science.forschung.kit.edu/weblog

Kottke, Jason: http://kottke.org

Kult_online. Rezensionsmagazin des Gießener Graduiertenzentrums Kulturwissenschaften: http://kult-online.uni-giessen.de

Kunstgeschichte. Open Peer Reviewed Journal: http://www.kunstgeschichte-ejournal.net

Laborjournal Blog: www.laborjournal.de/wordpress

Schmidt, Jan: Schmidt mit Dete: http://www.schmidtmitdete.de/archives/707

ScienceBlogs. Wissenschaft, Kultur, Politik: http://scienceblogs.de

Scilogs. Tagebücher der Wissenschaft: http://www.scilogs.de

Sehepunkte. Rezensionsjournal für Geschichtswissenschaften: http://www.sehepunkte.de

Schnittstelle zur Öffentlichkeit oder virtueller Elfenbeinturm? Inhaltsanalytische Befunde zur Leserschaft von Wissenschaftsblogs

Merja Mahrt und Cornelius Puschmann

Blogs stellen eine neue Schnittstelle zwischen Wissenschaft und Öffentlichkeit dar. Doch inwiefern lösen sie ihr Potenzial für die Popularisierung von Wissen und Wissenschaft ein? Diese Studie untersucht anhand von Leserkommentaren, wer über Blogs mit wem über welche Themen kommuniziert. Einige Blogs und ihre Leser orientieren sich stark an Fachdiskursen, während andere tatsächlich Verständnis und Austausch zwischen Experten und Laien fördern und Wissenschaft öffentlich werden lassen. Nicht immer liegt eine klare Trennung von Fachdiskursen und der Vermittlung wissenschaftlicher Inhalte an ein gänzlich unkundiges Publikum vor. Vielmehr vollziehen sich in wissenschaftlichen Blogs Mischdiskurse zwischen Experten, Hobby- oder Freizeitforschern, interessierten Laien und Amateuren, die jeweils mit unterschiedlichen Erwartungen an Blogs herantreten.

Wissenschaft und Öffentlichkeit

Onlinemedien haben eine Vielzahl an Schnittstellen zwischen Wissenschaft und der allgemeinen Öffentlichkeit geschaffen. Das Internet ist ursprünglich für den Austausch von Wissenschaftlerinnen und Wissenschaftlern entwickelt worden und erfreute sich an Universitäten und Forschungseinrichtungen früh einer verhältnismäßig weiten Verbreitung (vgl. Berker 2001). Durch die entsprechenden Onlineaktivitäten sind Zugangshürden zu Publikationen, Informationen über Forschungsprojekte und Wissenschaftler wesentlich niedriger geworden. Damit tritt die Wissenschaft direkter an die nicht-fachliche Öffentlichkeit heran, die bislang durch die gängigen Kanäle des Informationsaustauschs (wissenschaftliche Tagungen, Fachzeitschriften) keine unmittelbare Möglichkeit der Partizipation hatte, obwohl sie eine wichtige Anspruchsgruppe ist. Die Relevanz wissenschaftlicher Forschung selbst ergibt sich nicht selten aus der Nützlichkeit für die Allgemeinheit oder der Möglichkeit, Zustände im realen Leben zu verbessern. Und selbst in Forschungsbereichen, die weniger direkt nutzbare Ergebnisse hervorbringen, hat die Wissenschaft eine gewisse Verpflichtung der Öffentlichkeit gegenüber, nicht zuletzt weil ein Großteil wissenschaftlicher Forschung, wenn nicht mit öffentlichen Mitteln finanziert, so doch gefördert wird (vgl. Willinsky 2006).

Neben Webauftritten von Universitäten und Forschungseinrichtungen bewegen sich Wissenschaftler heute aber auch auf vielfältige andere Weise im Netz. Wissenschaftliche Blogs richten sich dabei häufig gerade *nicht* an Peers, sondern z.B. an ein interessiertes Laienpublikum. Entsprechende Veränderungen in der Kommunikation von Wissenschaftlern (und Organisationen) führen zu verschiedenen Konsequenzen, die bisher unterschiedlich stark fokussiert worden sind. Im Vordergrund stehen bislang hauptsächlich die Kommunikatoren: Wissenschaftler oder andere Vermittler wie z.B. Lehrer oder Wissenschaftsjournalisten. Das Publikum dieser Kommunikatoren oder die Öffentlichkeit ganz allgemein finden meist nur indirekt Beachtung. Beispielsweise nehmen Bemühungen zur Verbesserung der Wahrnehmung von Wissenschaft durch die Öffentlichkeit (*public understanding of science* oder *public awareness of science*) oft Umfrageergebnisse zur Unwissenheit breiter Bevölkerungsgruppen über ein Thema zum Anlass, Modelle und Strategien für eine verbesserte, stärker auf die Allgemeinheit als Zielgruppe ausgerichtete wissenschaftliche Kommunikation zu entwickeln (zusf. z.B. Brossard/Lewenstein 2010). Hier geht es darum, wie ein Publikum angesprochen werden sollte, um für Aufklärung, Bildung oder auch die gewünschte Wahrnehmung der eigenen Interessen zu sorgen. Wie das Publikum mit dem Informationsangebot umgeht und welche Folgen die Nutzung hat, bleibt offen.

Wissenschaftliche Blogs und Blogger

Einen frühen Beitrag zur Erforschung von Blogs im wissenschaftlichen Kontext liefern Mortensen und Walker (2002) mit einer vorwiegend autoethnografischen Untersuchung wissenschaftlicher Blogs unter Doktoranden. In einem späteren Beitrag stellt Walker (2006) fest, dass sich ihre Nutzungsweise über einen längeren Zeitraum deutlich veränderte. Während das eigene Blog für die Jungwissenschaftlerin ein idealer Ort für die Erprobung neuer Ideen und die Diskussion mit anderen Interessierten über Hierarchiegrenzen hinweg war, nahm ihr Engagement mit dem graduellen Aufstieg innerhalb des Wissenschaftssystems und der zunehmenden professionellen Etablierung immer weiter ab, eine Entwicklung, die von ihr als karrieretypisch charakterisiert wird. Ähnliche Schlüsse zieht Gregg (2009) in ihrer kritischen Untersuchung der Nutzung von Blogs durch Nachwuchswissenschaftler und der damit verbundenen Chancen und Risiken. Aufbauend auf der von Walker erarbeiteten Typologie stellt sie Wissenschaftsblogs als subkulturelle Ausdrucksform des akademischen Nachwuchses dar, ohne diese Charakterisierung allerdings empirisch zu untermauern.

Im Gegensatz hierzu stark datengetrieben ist die Untersuchung von Bar-Ilan (2004), die inhaltsbezogene Statistiken zu 15 wissenschaftlichen Blogs zusammenstellt und schlussfolgert, deren Autoren seien primär an der Verbreitung und Kommentierung der besprochenen Inhalte interessiert. Sehr ähnlich verfährt Luzón (2009) in ihrer Studie, die den Gebrauch von Hyperlinks in wissenschaftlichen Blogs erforscht und deren überproportionale Nutzung im Vergleich zu privaten Blogs feststellt.

Wissenschaftliche Blogs im Kontext der Naturwissenschaften (insbes. Physik, Chemie, Lebenswissenschaften) werden von Bonetta (2007) diskutiert. Ihr Kurzbeitrag stellt zwei populäre US-amerikanische Wissenschaftsblogs vor, die inzwischen zum Teil in von Verlagen gesponserten Plattformen wie *PLoS Blogs* und *Nature Network* inkorporiert worden sind. Dabei wird eine unterschiedliche Vorstellung von Blogs deutlich: Hier werden sie weniger als persönlicher Reflexionsraum von Nachwuchswissenschaftlern verstanden, wie noch bei Walker und Gregg, sondern als Schnittstelle mit einer erweiterten Öffentlichkeit, der (natur-)wissenschaftliche Inhalte in verständlicher Form vermittelt werden sollen. Ähnlich argumentiert Wilkins, der Blogs (von Wissenschaftlern, aber auch Wissenschaftsjournalisten) die Rolle einer vermittelnden Instanz zwischen Forschung und Öffentlichkeit zuschreibt und für mehr Transparenz plädiert:

> „Blogging is also a way to demythologize science. Unlike laws and sausages, the public should see science during its manufacture, but the lay public is generally ill-equipped to interpret what they see, and science bloggers play a crucial role here." (Wilkins 2008, S. 411)

Koupers (2010) Untersuchung von elf Wissenschaftsblogs zeigt allerdings, dass dieser Anspruch oft nicht eingelöst wird: Themenwahl und (sprachliche) Darstellungsweise der Blogger eignen sich nur selten zur Vermittlung an Laien. Wenig überraschend scheinen diese Blogs auch eher von Wissenschaftlern oder wissenschaftsnahen Personen gelesen zu werden. Wissenschaftliche Blogs scheinen so primär als virtuelle Kaffeepause, analog zum Büro- oder Konferenzalltag, zu fungieren und die in sie gesetzten Erwartungen bezüglich ihrer öffentlichen Relevanz nicht zu erfüllen. Dennoch ist es einigen Bloggern ein Anliegen, der Öffentlichkeit ihre wissenschaftliche Arbeit oder ein wissenschaftliches Verständnis zu vermitteln (vgl. Colson 2011).

Den bislang umfassendsten Beitrag zur Motivation bloggender Wissenschaftler liefert Kjellberg (2010). In ihrer qualitativen Untersuchung schwedischer und niederländischer Forscher verschiedener Disziplinen stellt sie die komplementäre Funktion von Blogs für die Verbreitung von Inhalten und das eigene Wissensmanagement heraus. Neben der (willkommenen) Gelegenheit, sich mitzuteilen und ohne die üblichen Beschränkungen durch Verlage und Herausgeber auszudrücken, bieten Blogs auch die Möglichkeit, mit anderen in Kontakt zu treten. Einigen Bloggern fällt es hierbei schwer, ihr Publikum konkret zu beschreiben, weil es mehrere heterogene Lesertypen zu geben scheint. Schmidt (2011) differenziert in diesem Zusammenhang zwischen empirischer und antizipierter Leserschaft, Puschmann (2012, S. 85) spricht von „audience design".

Die Akzeptanz wissenschaftlicher Blogs variiert stark, analog zum Stellenwert von Blogs insgesamt. Die französischsprachige Plattform ‚hypotheses.org', auf der Wissenschaftler sogenannte *cahiers de recherches* (Forschungsnotizbücher) betreiben, ist bspw. so erfolgreich, dass der Betreiber das Konzept mittlerweile auf den deutschsprachigen Raum ausgeweitet hat (‚de.hypotheses.org'). Während in außerwissenschaftlichen Diskursen häufig die Erwartung geäußert wird, Blogs würden langfristig die Kommunikationsgewohnheiten in der Wissenschaft verändern und etablierte Publikationsformen ersetzen (vgl. Puschmann 2012), deuten Ergebnisse wie die von Kjellberg eher darauf hin, dass es eine komplementäre Beziehung von Wissenschaftsblogs und klassischen wissenschaftlichen Veröffentlichungen gibt und Blogs zusätzliche Funktionen übernehmen.

Leser von Blogs

Über die Leser von wissenschaftlichen Blogs liegen keine systematischen Befunde vor; es ist weitgehend offen, wer auf die verschiedenen Angebote zugreift und zu welchen Zwecken. Repräsentative Zahlen zur Nutzung von Web 2.0-Angeboten allgemein lassen aber vermuten, dass nur ein sehr geringer Teil der Bevölkerung wissenschaftliche Blogs liest. In Deutschland nutzen nur in der Altersgruppe der unter 30-Jährigen mehr als 10 % Blogs wenigstens gelegentlich (siehe Busemann/Gscheidle 2011). Blognutzung bedeutet dabei fast ausschließlich passives Konsumieren anstatt aktives Schreiben.

Aus anderen Ländern liegen exemplarische Studien zu Wissenschaftsblogs vor. Für die wissenschaftliche Blogosphäre in China weisen Netzwerkanalysen auf eher kleine Netzwerke mit starken gegenseitigen Beziehungen zwischen den Bloggern hin (vgl. Wang/Jiang/Ma 2010). Blognutzung zu wissenschaftlichen Themen ist also auch hier kein weitverbreitetes Phänomen. Es gibt allerdings einzelne Wissenschaftsblogs, die zu den sogenannten A-List-Blogs gehören und mehr als eine Million Besucher pro Monat zählen (siehe Batts/Anthis/Smith 2008).

Die nicht-repräsentative Befragung von Bloglesern durch Yu (2007) liefert zumindest explorative Befunde zur Nutzung von wissenschaftlichen Blogs. Bildung und Wissenschaft stoßen auf mittleres Interesse, deutlich nachrangig zu eher unterhaltenden Themen. Zu den Hauptmotiven der Blognutzung gehört allerdings die Informationssuche. Im Anschluss an den ‚Uses-and-Gratifications'-Ansatz hat Kaye (2005; 2010) Motive von Bloglesern systematisch erhoben. Auch hier stellt sich der einfache Zugriff auf vielfältige Informationen als Hauptmotivation für das Lesen von Blogs heraus. Auch wenn mutmaßlich u.a. regelmäßige Leser von wissenschaftlichen Blogs in der Studie befragt wurden, lässt sich nur vermuten, für welche Arten von Blogs welche Motive besonders relevant sind.

Fragestellung und Anlage der Studie

Der Forschungsstand zu wissenschaftlichen Blogs und ihrer Bedeutung für die Öffentlichkeit kann als heterogen und unvollständig bezeichnet werden, obwohl seit den Anfängen des Bloggens immer wieder auf entsprechende Potenziale hingewiesen wird (vgl. Mortensen/Walker 2002). Blogs sind in der Regel öffentlich einsehbar – aber tragen sie auch dazu bei, Wissenschaft öffentlich zu machen? Direkter Austausch zwischen Wissenschaftlern und Laien findet für gewöhnlich nur selten statt, dies könnte aber in der Blogosphäre anders sein.

Die vorliegende Studie geht den Nutzern, d.h. Lesern von wissenschaftlichen Blogs und den Gratifikationen ihrer Nutzung nach. Welche Interessen haben sie, jenseits vom Thema eines Blogs? Finden um diese Themen eher Experten mit ähnlichem fachlichem Hintergrund zueinander oder findet ein Transfer von Wissen und Bewertung über die Grenzen der Fachwelt hinaus statt?

Zur Beantwortung dieser Fragen wird eine explorative Inhaltsanalyse von Kommentaren durchgeführt, die Leser zu wissenschaftlichen Blogbeiträgen hinterlassen haben. Dabei erscheint es zweckmäßig, unterschiedliche Blogs und Themen zu betrachten, die möglicherweise auch unterschiedliche Leser und Interaktionen untereinander bzw. mit dem Blogger anregen. Es werden zwei Fallstudien vorgestellt, die beide einen mikrobiologischen Hintergrund haben, allerdings sehr unterschiedliche Anlässe für die Blogbeiträge sowie Kommentare bieten. Pro Fallstudie werden mehrere Blogbeiträge untersucht, die ein möglichst breites Spektrum an Stilen abdecken.

In der ersten Fallstudie steht die Veröffentlichung einer Studie zu Bakterien und ihrer Fähigkeit, Arsen zu verstoffwechseln, im Vordergrund. Die Studie erschien im Dezember 2010 in der Zeitschrift *Science* und löste umgehend Diskussionen in der Blogosphäre aus. Neben simplen Hinweisen auf die Veröffentlichung kritisierten andere Blogger die Vorgehensweise der Studie und stellten die Interpretation der Autoren infrage, die besagten Bakterien wären möglicherweise für das Leben auf dem Mars geeignet. Unter anderem unter letzterem Blickwinkel wurde über die Arsen-Studie auch in traditionellen Medien berichtet, sodass zumindest Leser von Wissensseiten in der Tagespresse und andere Interessierte sie wahrgenommen haben dürften.

Auf das zweite hier ausgewählte Thema wird hingegen der überwiegende Teil der (deutschen) Öffentlichkeit aufmerksam geworden sein: die epidemische Verbreitung des EHEC-Bakteriums und der dadurch ausgelösten schweren Darmerkrankungen im Mai und Juni 2011. Intensive Berichterstattung durch die Massenmedien, umstrittene politische Entscheidungen wie das temporäre Einfuhrverbot spanischer Gurken, die zwischenzeitlich als Träger der Erreger galten, sowie Unsicherheiten zu Ansteckungsgefahr und Wirksamkeit von Präventionsmaßnahmen prägten diese Zeit. Auch Wissenschaftsblogger behandelten das Thema, allerdings weniger diszip linär beschränkt als in der ersten Fallstudie.

Deutsch- und englischsprachige Wissenschaftsblogs zu beiden Themen wurden über allgemeine Suchmaschinen, Anbieterplattformen für wissenschaftliche Blogs wie ‚scienceblogs.com' oder ‚wissenslogs.de' und daran anschließende Schneeballrecherche gefunden. Rein politische Blogbeiträge, die etwa nur die Entscheidungen von Regierung und Behörden während der EHEC-Epidemie kommentierten, wurden ausgeschlossen. Bei beiden Themen bilden komplexe mikrobiologische Zusammenhänge den Anlass der Berichterstattung; die Relevanz des ersten Themas dürfte eher auf die Fachöffentlichkeit beschränkt sein, während das zweite breite Teile der Gesellschaft betroffen haben könnte.

Zu beiden Fallstudien finden sich unter den Blogbeiträgen manchmal nur eine Handvoll, zum Teil deutlich über 100 Leserkommentare. Diese bieten eine nicht-reaktive Möglichkeit, die Leserschaft von wissenschaftlichen Blogs in unterschiedlichen Situationen zu untersuchen. Es sollte dabei beachtet werden, dass diejenigen, die einen solchen Kommentar hinterlassen, nicht repräsentativ für alle Blogleser sind. Nach Yus (2007) Ergebnissen kommentiert nur etwa die Hälfte der Blogleser. Der wahre Anteil könnte allerdings noch geringer sein, denn die Befragten entschieden selbst, an dieser Studie teilzunehmen, wodurch mitteilsame Personen überrepräsentiert sein könnten. Ebenso wenig können die in der vorliegenden Untersuchung ausgewählten Blogs für die gesamte wissenschaftliche Blogosphäre stehen. Dennoch bietet das gewählte Vorgehen die Möglichkeit, einen bisher weitgehend unbeleuchteten Teil der wissenschaftlichen Kommunikation im Web 2.0 zu erschließen.

Methodische Umsetzung

Alle zu den beiden Fallstudien gefundenen Blogs wurden in einem ersten Schritt hinsichtlich Verständlichkeit für Laien oder Experten, Sachlichkeit und Stil bewertet. Zum Thema Arsen und Bakterien wurden sechs nach diesen Kriterien unterschiedliche Blogs ausgewählt, zum Thema EHEC vier. Leserkommentare zu diesen Blogs wurden quantitativ analysiert, bei bis zu 90 Kommentaren vollständig, darüber hinaus wurden Kommentare von Beginn, Mitte und Ende der Liste ausgewählt. Insgesamt wurden 491 Kommentare analysiert.

In einem mehrstufigen Prozess wurde das Codebuch anhand von zwei Blogbeiträgen entwickelt, die in den hier dargestellten Ergebnissen nicht berücksichtigt sind. Die beiden Codierer erreichten durchgehend gute bis sehr gute Reliabilitätswerte. Krippendorffs (2004) Alpha, das als prozentuale Übereinstimmung zwischen den Codierern gelesen werden kann, lag zumeist zwischen 0,70 bis maximal 0,91, lediglich drei inhaltlich komplexe Kategorien erreichten Werte zwischen 0,61 und 0,67.

Die sprachliche Komplexität der Blogkommentare wurde ebenso beurteilt wie der Ton und der Unterhaltungswert. So lässt sich etwa prüfen, ob die Art des Blogbeitrags sich auf den Stil der Kommentare auswirkt. Soweit aus dem Text erkennbar, wurden die Kommentatoren hinsichtlich ihres Status als Laie oder Experte eingestuft. In einem dritten Schritt wurden Kommunikationsanlässe codiert, z.B. das Anliegen, eine Frage zu stellen, Rat zu geben, Kritik zu üben oder Zustimmung auszudrücken.

In Anlehnung an die von Kjellberg (2010) und Kaye (2005; 2010) in Befragungen identifizierten Motive von wissenschaftlichen Bloggern und Lesern von Blogs wurde auf den Zweck des Kommentierens und, wo möglich, des Lesens des Blogbeitrags geschlossen. Acht mögliche Gratifikationen wurden auf ihr Vorkommen geprüft (ja/nein): sich informieren, unterhalten werden, sich orientieren, Bestärkung für den eigenen Standpunkt erhalten, sich mitteilen, bewerten und eigene Einschätzungen abgeben, mit anderen interagieren sowie andere unterhalten.

Ergebnisse

Die beiden Fallstudien bieten unterschiedliche Anlässe für Blogbeiträge, was sich deutlich in Stil und Tonalität der Blogbeiträge und Kommentare widerspiegelt. Die Blogs zur Arsen-Studie zeichnen sich fast alle durch mittleren bis hohen wissenschaftlichen Anspruch aus und sind zumeist als Fachkommentare einzuordnen. Zum Thema EHEC hingegen finden sich verschiedenartige Beiträge; einige versuchen, das damals aktuelle Geschehen für Laien zu erklären, andere stellen es in einen politischen Kontext. Fast durchgehend ist auch der fachliche Anspruch niedriger.

Der Stil und Grad der Wissenschaftlichkeit in den Kommentaren hängt mit der Art und Weise, wie der Blogger selbst schreibt, zusammen (siehe Tabelle 1). Über beide Fallstudien hinweg kommentieren Leser insgesamt eher in Alltags- als in Fachsprache, der wissenschaftliche Anspruch ist in den Kommentaren also insgesamt niedriger als in den Blogbeiträgen. Je wissenschaftlich komplexer allerdings der ursprüngliche Blogbeitrag formuliert ist, umso anspruchsvoller drücken sich auch die Kommentatoren aus. Einerseits orientieren sich Leser möglicherweise am Stil des Bloggers, andererseits könnte allein die Themenwahl oder der Fokus des Blogs bereits Laien mehr oder weniger von der Lektüre und der Diskussion in den Kommentaren ausschließen.

	Verständlichkeit der Blogbeiträge			
	Alltagssprache	einfacher/ mittlerer wiss. Anspruch	hoher wiss. Anspruch	Gesamt
Verständlichkeit der Kommentare	n = 108 (3 Blogs)	n = 306 (5 Blogs)	n = 70 (2 Blogs)	n = 484
Alltagssprache	87	67	44	68
einfacher/mittlerer wiss. Anspruch	13	23	19	20
hoher wiss. Anspruch		11	37	12
Gesamt	100	100	100	100

Angaben in %

Tab. 1: Verständlichkeit von Leserkommentaren je nach Blogbeitrag; Quelle: eigene Darstellung.

Zu Blogs mit mittlerem oder hohem wissenschaftlichen Anspruch hinterlassen eher Leser Kommentare, die zum jeweiligen Thema selbst über eine gewisse Kompetenz zu verfügen scheinen. Dies drückt sich nicht nur sprachlich, sondern auch inhaltlich aus. Hier muss allerdings angemerkt werden, dass es zum Thema Arsen und Bakterien bei der Hälfte der Kommentare nicht möglich war, den Status der Leser einzuschätzen, bei Blogs zu EHEC ließen sich insgesamt sogar nur 9 % bewerten. Dies liegt zum Teil an der Kürze der Kommentare, an deren nicht-wissenschaftlichem Bezug oder daran, dass die Codierer selbst nicht immer einschätzen konnten, ob ein Leser fachlich wirklich kompetent ist.

Knapp ein Viertel der Leserkommentare zur Arsen-Studie zeichnet sich in Terminologie und inhaltlicher Komplexität durch einfachen bis mittleren wissenschaftlichen Anspruch aus, etwa 12 % sogar durch hohen Anspruch. Jeweils etwa sechs von zehn Kommentaren beziehen sich auf den Blogbeitrag und/oder die dort besprochene Originalstudie, vier von zehn thematisieren außerdem explizit andere Kommentare. Es entsteht bei diesem Thema durchaus ein Diskurs, der sich über mehrere Hundert Kommentare von teils beachtlicher Länge erstrecken kann.

In der EHEC-Fallstudie sind gut drei Viertel der Leserkommentare in Alltagssprache gehalten, nur 10 % zeichnen sich durch hohen wissenschaftlichen Anspruch aus. Hier lösen sich die Kommentare außerdem stärker bzw. schneller vom Blogbeitrag, dafür wird, zuweilen auch kontrovers, unter den Kommentatoren diskutiert. Das Thema ist also sehr viel stärker aufgeladen. Bei beiden Fallstudien spielt Humor hingegen keine große Rolle.

Die Unterschiede in der Leserschaft und in ihrem Kommunikationsverhalten schlagen sich auch im Anlass der jeweiligen Leserkommentare nieder (siehe Tabelle 2). Leser von Blogs zu EHEC äußern häufiger Kritik und wollen eher selbst etwas zum Thema beitragen, stellen aber auch öfter Fragen. In den Kommentaren zur Arsen-Studie wird hingegen häufiger auch Zustimmung geäußert oder z.B. dem Blogger für seinen Beitrag gedankt. Der höhere fachliche Anspruch in diesen Blogs geht auch mit einem neutraleren und höflicheren Umgang einher.

	Arsen-Bakterien	**EHEC**	**Gesamt**
	n = 262	n = 200	n = 462
Zusatz, Ergänzung	56	72	63
Zustimmung	27	13	21
Kritik, Widerspruch	27	31	29
Danksagung, Anerkennung	19	8	14
Frage	11	24	16
Handlungsempfehlung, Rat	8	9	8

Angaben in %, bis zu zwei Codierungen möglich

Tab. 2: Kommunikationsanlässe für Blogkommentare; Quelle: eigene Darstellung.

Bei beiden Fallstudien deuten etwa zwischen 10 und 20 % der Blogkommentare darauf hin, dass Leser wissenschaftliche Blogs nutzen, um sich zu informieren und/oder Orientierung zu erhalten (siehe Abbildung 1). Unterhaltung und Bestärkung für bestehende Ansichten sind, wenn man nach den Kommentaren geht, normalerweise nicht Anlass für die Nutzung. Bloglesern bzw. -kommentatoren ist es vorrangig ein Anliegen, selbst etwas beizutragen, das Interagieren mit anderen ist dem nachgeordnet.

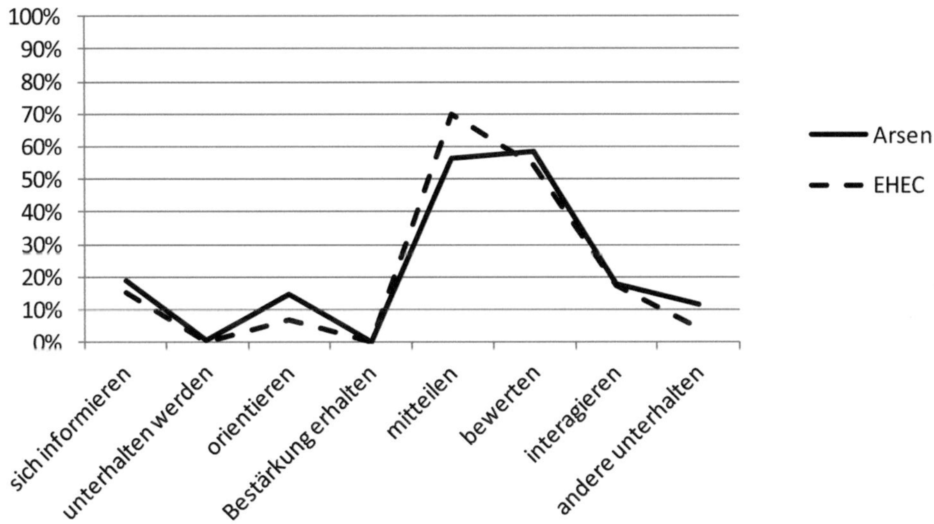

Abb. 1: Gratifikationen von Bloglektüre und -kommentierung; Quelle: eigene Darstellung.

Die Abbildungen 2 und 3 zeigen allerdings, dass es für unterschiedliche Blogs durchaus verschiedene Gratifikationsprofile für die Nutzung geben kann. Bei den meisten Blogs zur Arsen-Studie kommen die Motive Mitteilen und Bewerten etwa gleich häufig vor. Zu diesen eher unter Experten geführten Diskussionen werden also tendenziell neben zusätzlichen Informationen auch eigene Einschätzungen gegeben. Zu EHEC, einem Thema mit sehr viel mehr Dynamik und individuellem Risiko für die Bürger, teilen Leser eher neue Informationen und Entwicklungen mit, halten sich also gegenseitig auf dem Laufenden, ohne so sehr eine eigene Bewertung vorzunehmen. Auch dies passt zu dem mutmaßlich geringeren Anteil an Experten unter den Kommentierenden.

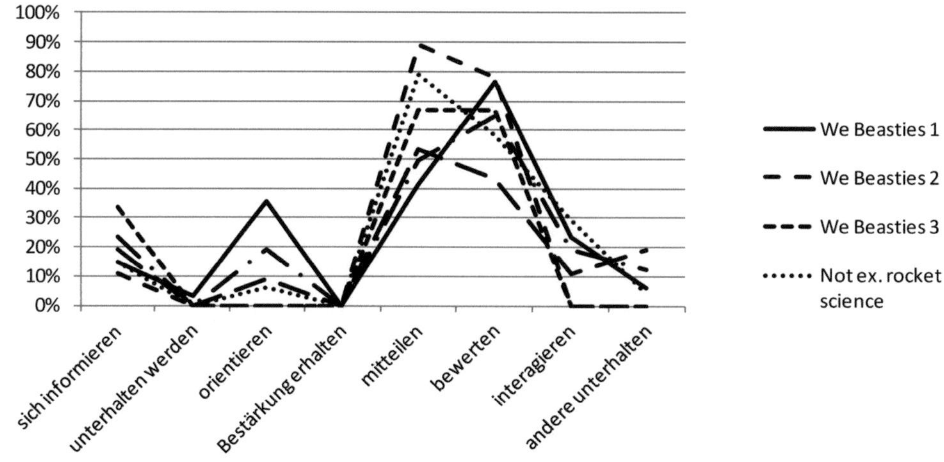

Abb. 2: Gratifikationen von Bloglektüre und -kommentierung, Fallstudie zu Arsen und Bakterien; Quelle eigene Darstellung.

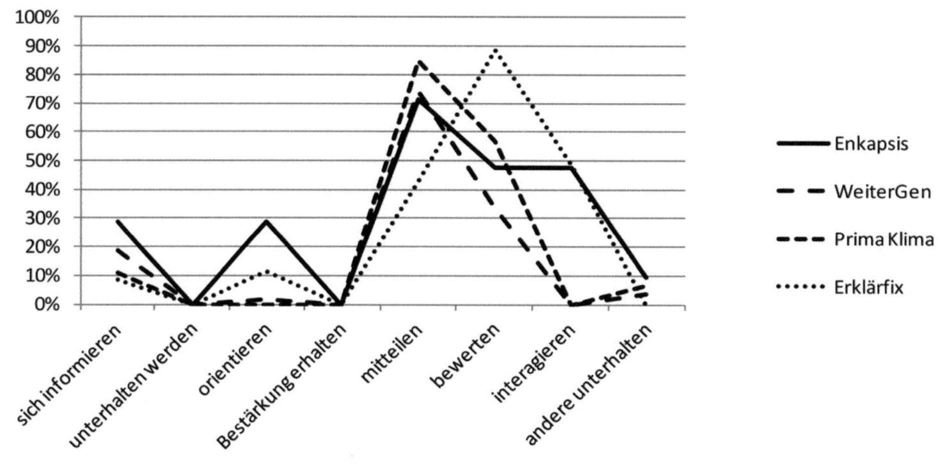

Abb. 3: Gratifikationen von Bloglektüre und -kommentierung, Fallstudie zu EHEC; Quelle: eigene Darstellung.

Fazit & Diskussion

Die Analyse der Leser von wissenschaftlichen Blogs zeigt, dass unterschiedliche Themen und unterschiedliche Arten von Blogs verschiedene Publika anziehen. Das Thema arsenverarbeitender Bakterien wird bspw. überwiegend wissenschaftsnah behandelt. Erläuterungen sowie Kritik der ursprünglichen Studie und ihrer Relevanz finden mit fachlichem Anspruch statt. Die Vermittlung an Laien scheint nicht vorrangiger Kommunikationszweck zu sein, und sie findet, zumindest nach Analyse der Leserkommentare, eher am Rande statt. Anscheinend verlagert sich die hier z.T. recht hitzige fachinterne Diskussion, die sonst eher für Konferenzen und wissenschaftliche Kommentare typisch ist, schlicht in ein anderes Medium und schließt Fachfremde auf die gleiche Weise aus.

Zur EHEC-Epidemie hingegen schreiben Blogger einerseits anders, erklären etwa die Hintergründe des Geschehens oder kommentieren politische Entscheidungen. Dadurch werden sie für die breite Bevölkerung vermutlich interessanter und auch zugänglicher, sodass potenziell Betroffene sich informieren und sich untereinander oder mit dem Blogger austauschen können.

Wissenschaftliche Blogs können also tatsächlich verantwortlich auf akute Krisen reagieren und Erklärungen, Rat oder Unterstützung anbieten. Die explorative Anlage der vorliegenden Untersuchung erlaubt allerdings keine repräsentativen Aussagen zu den Anteilen dieser beiden Arten von Blogs bzw. Blogbeiträgen. Ebenso wenig kann abgeschätzt werden, welche Wirkungen auf das Verständnis oder das Verhalten durch die Lektüre wissenschaftlicher Blogs einsetzen (können). Zukünftige Studien könnten anhand einer breiteren Datenbasis untersuchen, inwiefern die Fokussierung auf wissenschaftsinterne Kommunikation gegenüber der Vermittlung an Laien mit dem gewählten Thema und seiner Komplexität oder auch anderen Faktoren zusammenhängt und wie das Zusammenspiel dieser Merkmale die Leserschaft beeinflusst.

Die Untersuchung verdeutlicht trotz ihres explorativen Ansatzes bereits, mit welchen – zum Teil nicht unproblematischen – Annahmen über ‚die' nicht-fachliche Öffentlichkeit einerseits und die Aufgabe öffentlicher Wissenschaftskommunikation andererseits häufig an das Phänomen wissenschaftlicher Blogs herangetreten wird. Die Vorstellung, Blogs müssten funktional mit der traditionellen Wissenschaftskommunikation in den Massenmedien konkurrieren, stellt sich insofern als verkürzt heraus, als das erste untersuchte Beispiel vielmehr einen Austausch unter Experten, möglicherweise auch zwischen Experten und sehr gut informierten Laien darstellt. Dort, wo Diskussion entsteht, geschieht dies auf Augenhöhe, ohne dass die Blogger etwa in den belehrenden Tonfall eines Experten-Laien-Gesprächs verfallen. Auch in der zweiten, weniger fachlich geprägten Fallstudie zeigen sich Blogger gut in der Lage, Wissen darzustellen und an Laien zu vermitteln. Es wird weniger hitzig zwischen Lesern und Bloggern diskutiert und achtsamer miteinander umgegangen, als es für viele andere Formen computervermittelter Kommunikation typisch ist (vgl. Hardaker 2010).

Das Potenzial wissenschaftlicher Blogs für die Vermittlung wissenschaftlicher Inhalte wird derzeit noch stark aus der Perspektive der Blogger, also der Kommunikatoren diskutiert, ohne die Möglichkeiten für Binnenkommunikation zwischen informierten und interessierten Teilnehmern mit unterschiedlichen Hintergründen auf diesen Plattformen zu berücksichtigen. Angesichts der stattfindenden Interaktionen zwischen Bloggern und ihren Lesern sollte die zukünftige Forschung das Publikum wissenschaftlicher Blogs stärker in den Blick nehmen.

Literatur

Bar-Ilan, Judit (2004): An Outsider's View on ‚Topic-Oriented' Blogging. Paper Presented at the 13th International World Wide Web Conference on Alternate Track Papers & Posters, New York; Onlinedokument http://www.www2004.org/proceedings/docs/2p28.pdf [12.07.2012].

Batts, Shelley A.; Anthis, Nicholas J.; Smith, Tara C. (2008): Advancing Science through Conversations: Bridging the Gap Between Blogs and the Academy. In: PLoS Biology, Jg. 6, H. 9, S. e240; Onlinedokument http://www.plosbiology.org/article/info:doi/10.1371/journal.pbio.0060240 [12.07.2012].

Berker, Thomas (2001): Internetnutzung in den 90er Jahren. Wie ein junges Medium alltäglich wurde. Frankfurt am Main: Campus.

Bonetta, Laura (2007): Scientists Enter the Blogosphere. In: Cell, Jg. 129, H. 3, S. 443-445.

Brossard, Dominique; Lewenstein, Bruce V. (2010): A Critical Appraisal of Models of Public Understanding of Science. In: Kahlor, LeeAnn; Stout, Patricia A. (Hg.): Communicating Science. New York: Routledge, S. 11-39.

Busemann, Katrin; Gscheidle, Christoph (2011): Web 2.0: Aktive Mitwirkung verbleibt auf niedrigem Niveau. In: Media Perspektiven, H. 7-8, S. 360-369.

Colson, Vinciane (2011): Science Blogs as Competing Channels for the Dissemination of Science News. In: Journalism, Jg. 12, H. 7, S. 889-902.

Gregg, Melissa (2009): Banal Bohemia. Blogging from the Ivory Tower Hot-Desk. In: Convergence, Jg. 15, H. 4, S. 470-483; Onlinedokument http://con.sagepub.com/content/15/4/470.full.pdf+html [12.07.2012].

Hardaker, Claire (2010): Trolling in Asynchronous Computer-Mediated Communication: From User Discussions to Academic Definitions. In: Journal of Politeness Research. Language, Behaviour, Culture, Jg. 6, H. 2, S. 215-242.

Kaye, Barbara K. (2010): Going to the Blogs: Toward the Development of a Uses and Gratifications Measurement Scale for Blogs. In: Atlantic Journal of Communication, Jg. 18, H. 4, S. 194-210.

dies. (2005): It's a Blog, Blog, Blog, Blog World. In: Atlantic Journal of Communication, Jg. 13, H. 2, S. 73-95.

Kjellberg, Sara (2010): I Am a Blogging Researcher: Motivations for Blogging in a Scholarly Context. In: First Monday, Jg. 15, H. 8; Onlinedokument http://firstmonday.org/htbin/cgiwrap/bin/ojs/index.php/fm/article/view/2962/2580 [12.07.2012].

Kouper, Inna (2010): Science Blogs and Public Engagement with Science: Practices, Challenges, and Opportunities. In: Journal of Science Communication, Jg. 9, H. 1, S. 1-10.

Krippendorff, Klaus (2004): Content Analysis. An Introduction to Its Methodology, 2. Aufl. Thousand Oaks: Sage.

Luzón, María José (2009): Scholarly Hyperwriting: The Function of Links in Academic Weblogs. In: Journal of the American Society for Information Science and Technology, Jg. 60, H. 1, S. 75-89.

Mortensen, Torill; Walker, Jill (2002): Blogging Thoughts: Personal Publication as an Online Research Tool. In: Morrison, Andrew (Hg.): Researching ICTs in Context. Oslo: InterMedia, S. 249-279.

Puschmann, Cornelius (2012): Blogging. In: Herring, Susan C.; Stein, Dieter; Virtanen, Tuija (Hg.): Pragmatics of Computer-Mediated Communication. Berlin/New York: De Gruyter Mouton, S. 75-100.

Schmidt, Jan-Hinrik (2011): (Micro)blogs: Practices of Privacy Management. In: Trepte, Sabine; Reinecke, Leonard (Hg.): Privacy Online. Heidelberg: Springer, S. 159-173.

Walker, Jill (2006): Blogging from Inside the Ivory Tower. In: Bruns, Axel; Jacobs, Joanne (Hg.): Uses of Blogs. New York: Peter Lang, S. 127-138.

Wang, Xiaoguang; Jiang, Tingting; Ma, Feicheng (2010): Blog-Supported Scientific Communication: An Exploratory Analysis Based on Social Hyperlinks in a Chinese Blog Community. In: Journal of Information Science, Jg. 36, H. 6, S. 690-704.

Wilkins, John S. (2008): The Roles, Reasons and Restrictions of Science Blogs. In: Trends in Ecology & Evolution, Jg. 23, H. 8, S. 411-413.

Willinsky, John (2006): The Access Principle: The Case for Open Access to Research and Scholarship. Cambridge: MIT Press.

Yu, He (2007): Exploring the Chinese Blogosphere: The Motivations of Blog Authors and Readers. National University of Singapore; Onlinedokument http://137.132.14.55/bitstream/handle/10635/13159/Thesis%20heyu.pdf?sequence=1 [12.07.2012].

Web 2.0 im Studium – Hype oder Realität?

Michael Grosch

Einleitung

In diesem Beitrag wird die Web 2.0-Nutzung in Studium und Lehre am Karlsruher Institut für Technologie (KIT) dargestellt. Dabei wird die Perspektive der Nutzer, also der Studierenden und Lehrenden, eingenommen. Hierfür wurde in mehreren Untersuchungen am KIT von 2009 bis 2011 die Nutzung verschiedener Web 2.0-Dienste empirisch erfasst. Die Ergebnisse zeigen, dass es Web 2.0-Angebote gibt, welche ständig, und wiederum solche, die fast nie genutzt werden. Web 2.0-Dienste bilden somit keine Einheit, sondern lassen sich verschiedenen Gruppen zuordnen. Darüber hinaus stellen die Studierenden ebenfalls keine homogene Gruppe dar, sie lassen sich stattdessen in verschiedene mediale Nutzertypen unterteilen.

Die ubiquitäre Verbreitung digitaler Medien in der tertiären Bildung führt insgesamt zu kontinuierlichen Veränderungen der Lernumgebung und beeinflusst ebenso das Lernverhalten der Studierenden. Dies erfordert eine ebenso kontinuierliche Beobachtung und Analyse diesbezüglicher Verhaltensmuster. Die Nutzung von Medien im Studium schließt E-Learning-Angebote, digitale und gedruckte Texte sowie außeruniversitäre Informations- und Kommunikationsangebote ein. Vor allem letztere werden von den Studierenden selbstgesteuert genutzt. Unter diesen Angeboten machen Web 2.0-Dienste wie Google, Wikipedia, YouTube und Facebook einen überwiegenden Nutzungsanteil aus. Sie werden sowohl für die Freizeit als auch fürs Studium häufig in Anspruch genommen (vgl. Grosch 2012; Grosch/Gidion 2011; Smith/Salaway/Caruso 2009). Diese Nutzung erfolgt jedoch nicht gleichförmig über alle Bereiche hinweg: Auf manche Web 2.0-Angebote wird ständig zurückgegriffen, während sich andere wiederum (noch) nicht im Alltag des Studiums etabliert haben. Auch Studierende bilden in ihrer Web 2.0-Nutzung keine homogene Einheit.

Die Nutzung des Web 2.0 im Studium ist ebenfalls Gegenstand der hochschuldidaktischen Debatte. Entsprechende Publikationen wecken oft Erwartungen bezüglich der vermeintlichen Potenziale, die in dieser neuen Generation von Internetangeboten für die Lehre liegen könnten. Gleichzeitig jedoch mangelt es noch an empirischen Belegen für diesen potenziellen Mehrwert. Der Begriff Web 2.0 ist außerdem für die wissenschaftliche Verwendung nicht klar genug definiert. Häufig findet sich eine Charakterisierung, die von einer Erhöhung der direkten Interaktion zwischen den Internetnutzern ausgeht und die Möglichkeit hervorhebt, Inhalte selbst zu erstellen und zu verbreiten (vgl. O'Reilly 2005). Kritiker des Begriffs, allen voran der Gründer des World Wide Web, Tim Berners-Lee, weisen jedoch darauf hin (vgl. Roth 2006), dass diese Eigenschaftszuschreibungen bereits auf die frühe, retrospektiv als Web 1.0 bezeichnete Periode des Internets zutrafen. Wegen des Fehlens einer eindeutigen und allgemein akzeptierten wissenschaftlichen Definition wird hier Web 2.0 in heuristischem Sinne als die Summe von Diensten verstanden, die sich in den letzten zehn Jahren verbreitet haben und allgemein als seine Repräsentanten gelten (Wikipedia, Google, Facebook, Twitter, Weblogs, Podcasts etc.). Dieses Verständnis birgt den Vorteil, dass – im Gegensatz zu den auf Eigenschaftszuschreibungen basierenden Definitionen – eine klare Abgrenzung zum Web 1.0 vollzogen werden kann, da die genannten Angebote allesamt in der Frühzeit des Internets noch nicht existierten. Darüber hinaus kann die Nutzung dieser Angebote direkt empirisch untersucht werden.

Die Etablierung des Web 2.0 wurde in den letzten Jahren zusätzlich durch die Verbreitung von mobilen Computertechnologien (mobiles Internet, UMTS, Smartphones, Notebooks, Netbooks) beschleunigt. Aktuell von Bedeutung ist vor allem die rasante Verbreitung von Tablet-Computern, in Ländern wie den USA bereits in vollem Gange verzögert sie sich in Deutschland dagegen, bedingt durch das generell reservierte Verhalten der Konsumenten gegenüber neuen Informations- und Kommunikations-, kurz IuK-Technologien.

Die Nutzung des Web 2.0 im Studium wurde vor allem im Zusammenhang mit dem E-Learning erforscht, insbesondere in der Anglosphäre. Ein hierbei zutage getretenes Phänomen ist, dass bestimmte Web 2.0-Angebote intensiv für das Studium genutzt werden, während andere universitätsinterne Medienangebote bei den Studierenden auf nur geringen Anklang stoßen. Die Akzeptanz von E-Learning ist in den letzten Jahren zwar leicht gestiegen, rangiert aber insgesamt nur im mittleren bis unteren Bereich der Skala. Eine mögliche Ursache könnte darin liegen, dass Studierende Technologien, die viel Aufwand erfordern, meiden und stattdessen zu Angeboten mit geringem Nutzungsaufwand tendieren (vgl. Kvavik/Caruso 2005, S. 93; Sharpe et al. 2009).

Darüber hinaus zeigt die vergleichende Metaanalyse von Russell (2001),[1] in der ca. 350 Untersuchungen zu E-Learning und Mediennutzung im Studium analysiert wurden, dass die Verwendung von Web 2.0- und E-Learning-Angeboten den Lernerfolg nicht automatisch erhöht. Ehlers (2004) sieht einen wesentlichen Erfolgsfaktor von E-Learning in der Qualität der Mediennutzung, allerdings nicht im Sinne einer ‚Produktqualität', sondern einer Qualität, die sich aus dem subjektiven Gebrauch durch die Studierenden ergibt. Dieser wiederum ist bedingt durch verschiedene interne (individuelle) und externe (situative) Faktoren.

Obwohl mittlerweile auch mehr und mehr externe Web 2.0-Medien in die Forschung über kritische Erfolgsfaktoren der studiumsbezogenen Mediennutzung einbezogen werden, konzentrieren sich die entsprechenden Untersuchungen nach wie vor meist auf formale und hochschulinterne E-Learning-Dienste wie z.B. Lernplattformen (vgl. Papp 2000; Selim 2007; Soong et al. 2001; Volery/Lord 2000). Um je-

1 Siehe auch http://www.nosignificantdifference.org [12.07.2012].

doch die Rolle einzelner Medienangebote (hier der Web 2.0-Medien) im universitären Kontext beurteilen zu können, muss der Blick auf das gesamte Medienensemble gerichtet werden. Dies schließt sowohl externe als auch interne, sowohl Informations- als auch Kommunikationsmedien, sowohl traditionelle als auch neu zum Medienensemble hinzugetretene Angebote ein. Darüber hinaus müssen ebenfalls die möglichen internen und externen Einflussfaktoren auf die Mediennutzung untersucht werden.

Fragestellungen

Die wesentliche Frage für den vorliegenden Beitrag ist, welche Bedeutung den Web 2.0-Angeboten im Kontext des Studiums und des medialen Gesamtensembles zukommt. Aus der zuvor dargelegten Perspektive und der allgemeinen Frage nach der Bedeutung des Web 2.0 für das Studium werden folgende fünf empirisch untersuchbare Forschungsfragestellungen abgeleitet:

1. Wie werden die verschiedenen Web 2.0-Angebote von den Studierenden akzeptiert? Wie verhält sich diese Akzeptanz zur Akzeptanz anderer Medien (Web 1.0, Bibliotheksdienste, E-Learning, IT-Dienste)? Wie lassen sich die Web 2.0-Medien in diesem medialen Gesamtensemble verorten? Gibt es Veränderungen der Akzeptanz im zeitlichen Verlauf?

2. Wie verhält sich die Web 2.0-Akzeptanz der Lehrenden zu derjenigen der Studierenden?

3. Bilden Web 2.0-Medien eine Einheit? Lassen sie sich in Untertypen klassifizieren?

4. Wie wirkt die Web 2.0-Nutzung auf Leistung, Motivation und Konzentration? Lassen sich hier positive oder negative Zusammenhänge nachweisen?

5. Gibt es bestimmte Typen von Studierenden, die Web 2.0-Medien bevorzugen? Falls ja, wie erfolgreich sind diese Typen im Studium?

Methodik

Im Rahmen der Literaturrecherche wurden insgesamt 60 Statistiken und Studien ausgewertet. Unter ihnen waren 25 Studien und Statistiken zur Mediennutzung im Allgemeinen, 10 Studien und Statistiken zur Mediennutzung von Kindern, Jugendlichen und Postadoleszenten und 20 Untersuchungen, die sich explizit mit Studierenden und der Nutzung von Medien im tertiären Bildungsbereich auseinandersetzen. Darunter besonders hervorhebenswert sind die ECAR-Langzeitstudie aus den Vereinigten Staaten (siehe Kvavik/Caruso 2005; dies./Morgan 2004), das britische ‚Google-Generation-Project' (siehe Rowlands/Fieldhouse 2007; JISC 2008) und – besonders im Hinblick auf Zukunftsprognosen zur Mediennutzung – das ‚Horizon Project' aus den USA (siehe Johnson et al. 2004-2011). Im deutschsprachigen Raum liefern die beiden HISBUS-Studien (siehe Kleimann/Weber/Willige 2005; Kleimann/Özkilic/Göcks 2008) wesentliche Daten zur Mediennutzung Studierender.

Auf Basis der Literaturrecherche und qualitativer Experteninterviews mit KIT-Dozenten und Entscheidungsträgern wurde ein eigenes Erhebungsinstrument konzipiert und in verschiedenen Pretests erprobt. Im Juli 2009 wurde am KIT (damals noch Universität Karlsruhe) eine Pilotstudie mittels dieses Fragebogens durchgeführt (siehe Grosch/Gidion 2011; Grosch 2012). Im Jahr 2011 folgte eine erste Anschlusserhebung, die zum ersten Mal ebenfalls die Gruppe der Lehrenden einschloss. Mittlerweile wurde die Untersuchung auf andere internationale Hochschulstandorte in Europa und Asien ausgedehnt. Insgesamt wurden bisher 15 Datenerhebungen in drei Ländern durchgeführt (Stand: Februar 2012), weitere Erhebungen sind bereits angelaufen oder geplant. Der vorliegende Artikel basiert auf den Ergebnissen von drei Befragungen am KIT, einer Studierendenbefragung im Sommer 2009, einer Anschlusserhebung im Sommer 2011 und einer zusätzlichen Befragung der Dozenten, die zeitgleich zur zweiten Studierendenbefragung stattfand. Die Befunde sind allerdings nicht repräsentativ für alle deutschen Studierenden oder Studierende anderer Länder. Die Datenerhebungen wurden in Form von standardisierten Printbefragungen (für die Studierenden) und eines Online-Fragebogens (für die Lehrenden) durchgeführt. Die erste Studierendenbefragung fand im Juni 2009 statt, dabei wurden insgesamt 1.379 gültige Fälle gesammelt. Anschließend wurde das Erhebungsinstrument leicht überarbeitet und aktualisiert. Die zweite KIT-Studierendenbefragung wurde am 25. Juni 2011 abgeschlossen (1.372 gültige Fälle). Die Datenerhebung zur Dozentenbefragung endete am 15. Juli 2011 (142 gültige Fälle). Die Fragebögen enthalten jeweils 43 (1. Version) bzw. 45 Fragen (2. Version) zur Nutzungshäufigkeit von und -zufriedenheit mit bestimmten Mediendiensten im Rahmen des Studiums, darin einbegriffen 13 der hier im Fokus stehenden Web 2.0-Angebote. Des Weiteren wurden insgesamt ca. 50 Fragen zu möglichen Einflussfaktoren auf die Mediennutzung gestellt, die sich auf der linken Seite der folgenden Abbildung befinden:

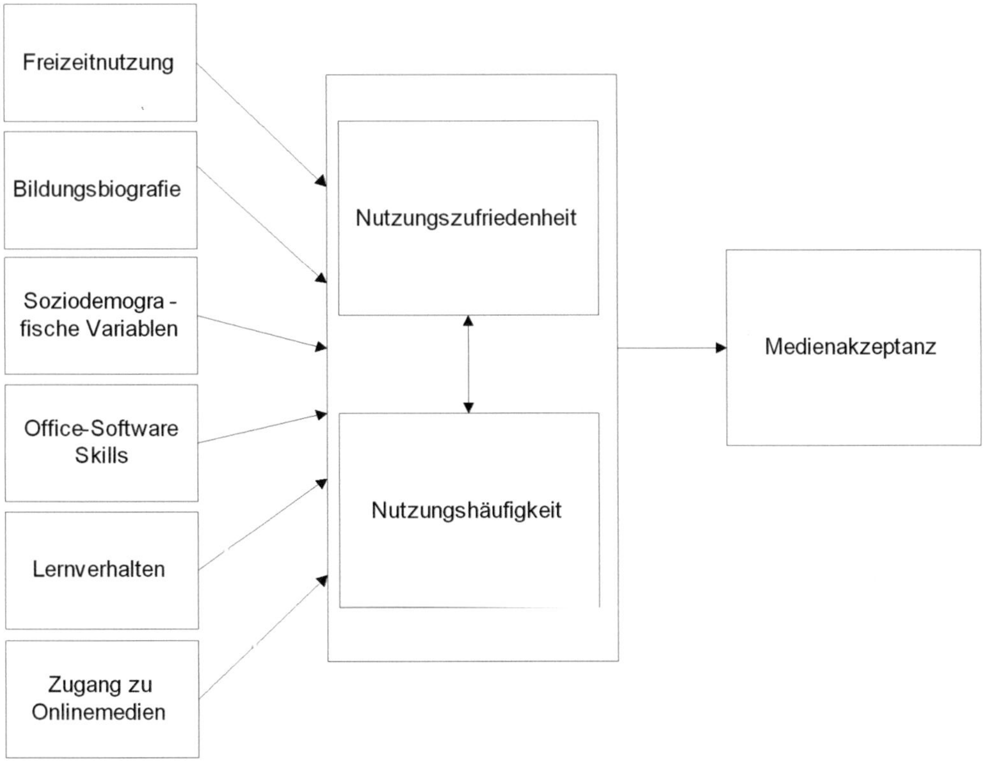

Abb. 1: Überarbeitetes Medienakzeptanzmodell; Quelle: Grosch 2012.

Zur Erörterung der zuvor dargestellten Fragen wurden verschiedene statistische Analysemodelle verwendet. Neben deskriptiven Analysen und Varianzanalysen (Fragen 1 und 2) wurden die zahlreichen Variablen mittels Hauptkomponentenanalysen reduziert (Fragen 3 und 4). Darüber hinaus wurden Mediennutzertypen des Studiums mittels clusteranalytischer Verfahren bestimmt (Frage 5). Basis aller Analysen waren Akzeptanzvariablen, die zu jedem der 43 bzw. 45 Mediendienste aus den beiden Variablen *Nutzungshäufigkeit* und *Nutzungszufriedenheit* per Mittelwertbildung errechnet wurden.

Ergebnisse

Im Folgenden werden die Forschungsfragen in ihrer zuvor formulierten Reihenfolge erörtert. Betrachtet man die Akzeptanz der verschiedenen Web 2.0-Dienste im Rahmen des Studiums, so zeigen sich starke Unterschiede in den Mittelwerten. Web 2.0-Medien gehören gleichzeitig zu den am stärksten (Google-Websuche) als auch zu den am schwächsten (Twitter) akzeptierten Medien des Studiums. Es lassen sich anhand des Akzeptanzgrades drei Gruppen von Web 2.0-Diensten unterscheiden: stark, mittel und schwach akzeptierte Angebote:

stark	mittel	schwach*
Google-Websuche (2)	Instant Messenger (17)	Social-Bookmarking-Dienste (38)
Wikipedia (3)	Videoplattformen (19)	Wikis (39)
	Google Books (20)	Weblogs (41)
	Facebook (23)	andere soziale Netzwerke (nicht Facebook) (42)
	Google Scholar (27)	Twitter (45)
	Google Apps (29)	

Tab. 1: Klassifizierung der Web 2.0-Angebote nach Akzeptanz im Rahmen des Studiums; in Klammern Akzeptanzrang (von 45 Angeboten); Datenbasis: KIT-Studierendenbefragung 2011. (*Die ursprünglich miteinbezogenen Items *Podcasts/iTunes* und *Second Life* wurde aufgrund der schwachen Nutzungswerte (<5 Prozent) in den Pretests zur Pilotstudie wieder aus dem Fragebogen entfernt.); Quelle: eigene Darstellung.

Besonders auffällig ist die extreme Dominanz von Google-Diensten, allen voran der Google-Websuche. Außerdem zeigt sich: Wiki ist nicht gleich Wiki. Während die Wikipedia zu den am stärksten akzeptierten Medienangeboten gehört, rangieren die im Kontext von Lehrveranstaltungen eingesetzten Wikis auf einem der letzten Plätze. Im Vergleich zur Erhebung von 2009 ergeben sich fast keine signifikanten Änderungen in der Akzeptanz von Web 2.0-Angeboten. Eine Ausnahme bildet jedoch Facebook. Das soziale Netzwerk hat im Zeitraum zwischen den beiden Erhebungen die zuvor dominierende Plattform StudiVZ fast komplett verdrängt.

Stellt man die Web 2.0-Akzeptanzwerte der Studierenden denen der Lehrenden gegenüber, so zeigen sich im Kontext des Studiums bzw. der Lehre nur relativ geringe Unterschiede. Google und Wikipedia gehören auch bei den Lehrenden zu den am stärksten akzeptierten Medien. Im Vergleich zu den Studierenden etwas geringer fällt die Akzeptanz von ‚Sozialen Medien' (Videoplattformen, Facebook, Instant Messenger) aus. Deutlicher treten die Unterschiede bei der Freizeitnutzung zutage: Während Studierende Soziale Medien wie Facebook, Instant Messenger und Videoplattformen sehr häufig nutzen, werden sie von den Lehrenden nur sehr selten in Anspruch genommen. Am stärksten zeigt sich dies bei Facebook (Mittelwertunterschied von 2,11 bei einem Wertebereich von 0 bis 4):

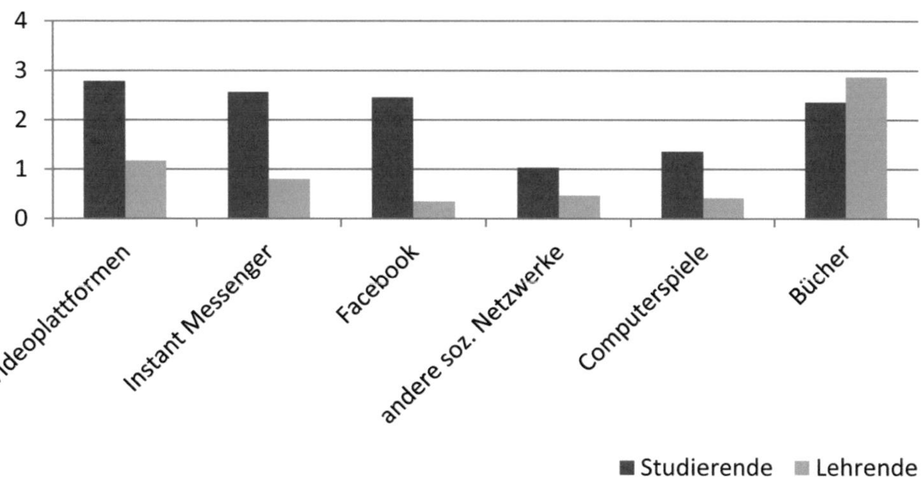

Abb. 2: Freizeitnutzung von Medien (Mittelwert: 0-4; 0=nie; 4=sehr häufig); Quelle: eigene Darstellung.

Während die Web 2.0-Angebote in Tabelle 1 zunächst nach ihrem Akzeptanzgrad in drei Gruppen unterteilt wurden, führt eine multivariate Hauptkomponentenanalyse aller Akzeptanzvariablen zu einer noch aussagekräftigeren Klassifizierung. Diese Medientypologie des Studiums unterteilt alle untersuchten Medienangebote in sechs Typen. Dort werden die Web 2.0-Dienste vier Typen zugeordnet. Der größte Teil der Angebote konzentriert sich auf zwei Typen (ubiquitäre und soziale Medien):

Medientyp	Items
Ubiquitäre Medien	***Google-Websuche***, externe E-Mail (nicht KIT), ***Wikipedia***, Online-Wörterbücher, ***Google Books***, Textverarbeitungsprogramme
Soziale Medien	***Facebook***, ***andere soziale Netzwerke*** (nicht Facebook), ***Twitter***, ***Instant Messenger***, ***Videoplattformen***, ***Weblogs***, ***Social-Bookmarking-Dienste***, ***Google Apps***
Textmedien	Elektronische Fachzeitschriften, gedruckte Fachzeitschriften, Bibliografiesoftware, KIT-Bibliothekskatalog, Kataloge anderer Bibliotheken, ***Google Scholar***, gedruckte Bücher, E-Books
E-Learning-Service	***Wikis***, Lernsoftware, Newsgroups/Internetforen, E-Learning-Angebot des Studiengangs, Onlinematerialien anderer Universitäten (nicht KIT), virtuelle Lehre, Wörterbuchsoftware auf dem Computer, E-Learning-Plattform Moodle
Lehrveranstaltungs-begleitende Medien	lehrveranstaltungsbegleitende Skripte online, lehrveranstaltungsbegleitende Folien online, gedruckte lehrveranstaltungsbegleitende Materialien, E-Learning-Plattform Ilias, Vorlesungsaufzeichnungen
Universitäre Webservice	Interaktive Tests bzw. Selbsttests, Online-Prüfungen, E-Mail-Konto des KIT, Uni-Homepage, Studierendenportal (studium.kit.edu)

Tab. 2: Medientypologie auf Datenbasis der KIT-Studierendenbefragung 2011;
Quelle: eigene Darstellung.

Über die bloße Darstellung und Strukturierung der Web 2.0-Nutzung hinaus scheint von besonderer Bedeutung, welche Effekte die Nutzung solcher Angebote auf die Konzentrationsfähigkeit, Motivation und Studienleistung hat. Während manche Studien von negativen Effekten berichten, führt vorliegende Untersuchung zu keinem solchen Ergebnis: Die übergeordneten Medientypenvariablen (Tabelle 2) weisen hier nur schwache oder keine signifikanten Korrelationen mit den genannten Variablen *Motivation, Konzentration* und *Studienleistung* auf, und die Web 2.0-Angebote selbst zeigen signifikant positive Korrelationen, vor allem mit der Selbsteinschätzung der Motivation und Konzentrationsfähigkeit. Darüber hinaus wurden zwei signifikante und lineare Regressionszusammenhänge mit der Selbsteinschätzung der Studienleistung nachgewiesen:

	B	**SE**	**Beta**	**Sig.**
(Constant)	2,266	0,274		0
Wikis	-0,296	0,117	-0,395	0,014
Wikipedia	0,286	0,126	0,351	0,026

Tab. 3: Signifikante Regressionsbeziehungen zwischen der Akzeptanz von Web 2.0-Diensten und der Selbsteinschätzung der Studienleistung; Quelle: eigene Darstellung.

Das bedeutet: Studierende, die Wikis im Unterricht stärker akzeptieren, haben schlechtere Noten. Studierende, die Wikipedia relativ stark akzeptieren, haben signifikant bessere Noten.

Zuvor hatte die Analyse verborgener Nutzungsmuster der Studierenden mittels multivariater Verfahren zur Formulierung einer Typologie geführt (Tabelle 2). Im Folgenden werden die Studierenden selbst auf Basis ihres Nutzungsverhaltens in Nutzertypen klassifiziert. Da es sich hierbei um eine lernbezogene Nutzertypologie handelt, wurden 22 in der Befragung erhobene Variablen zum Lern- und Studierverhalten ebenfalls in die Analyse einbezogen. Aus einer clusteranalytischen Auswertung der sechs Medientypenvariablen und der zu fünf Lernfaktoren reduzierten 22 Variablen des Lernverhaltens wurden insgesamt sieben Nutzertypen extrahiert:

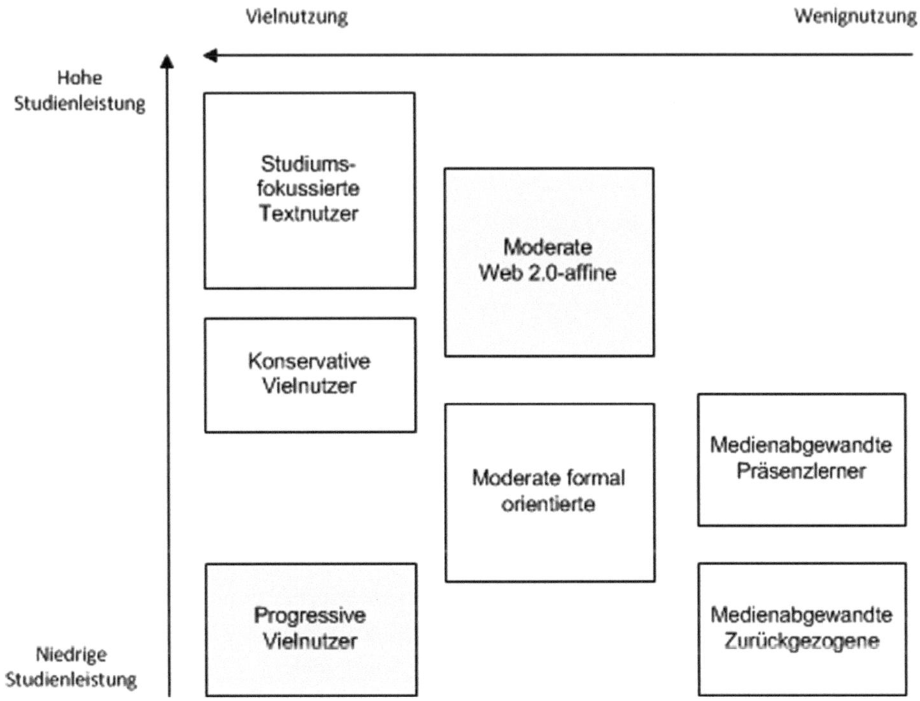

Abb. 3: Mediennutzertypologie; Quelle: eigene Darstellung.

Betrachtet man die Web 2.0-Nutzung, so treten *zwei Typen* mit überdurchschnittlicher Web 2.0-Akzeptanz hervor (grau unterlegt). Sie unterscheiden sich im Wesentlichen dadurch, dass erstens der moderate Web 2.0-affine Typ gleichzeitig auch stark zur Nutzung von Printmedien und lehrveranstaltungsbegleitenden Angeboten tendiert und leicht überdurchschnittliche Studienleistungen aufweist, während zweitens der progressive Vielnutzer diese Angebote unterdurchschnittlich akzeptiert. Stattdessen präferiert er vor allem Web 2.0-Angebote, die von allen anderen Gruppen nur schwach akzeptiert werden, wie bspw. Weblogs oder Twitter. Letzterer Typ weist besonders niedrige Werte bzgl. der Studienleistung auf.

Zusammenfassung und Ausblick

Die Untersuchung deutet insgesamt auf eine differenzierte und intensive Nutzung von Web 2.0-Medien für das Studium hin. Alle Angebote werden überragt von der Google-Websuche und der Wikipedia. Darüber hinaus sind andere Google-Dienste (Scholar, Books, Apps) ebenfalls stark akzeptiert, was insgesamt zu einem Bild der Dominanz von Google-Angeboten nicht nur in der Freizeit, sondern auch im Studium führt. Das Web 2.0 wird dabei nicht im Sinne des allgemein üblichen Verständnisses (aktive Partizipation und Erstellung eigener Inhalte) genutzt, sondern vor allem passiv-rezeptiv.

Die großen Unterschiede der Web 2.0-Akzeptanz zwischen Studierenden und Lehrenden in der Freizeit weisen auf möglicherweise grundsätzlich verschiedene mediale Nutzungskulturen hin. Im Kontext des Studierens und Lehrens jedoch nähern sich beide Gruppen in ihrer Web 2.0-Akzeptanz wieder etwas stärker an. Die hohe Akzeptanz einiger Web 2.0-Angebote seitens der Studierenden legt zunächst nahe, diese Dienste auch in die Lehre und die universitätsinternen Angebote zu integrieren. Die Tatsache jedoch, dass Lehrende dem Web 2.0 deutlich abgeneigter sind als die Studierenden, könnte einen erfolgreichen Einsatz hemmen.

Im Hinblick auf die Ergebnisse bilden die Web 2.0-Angebote keine Einheit. Die vorgenommenen Klassifizierungen der Web 2.0-Dienste und der Medienangebote im Allgemeinen führen zum Schluss, dass es innerhalb des Web 2.0 einen ‚Kerntyp' der sozialen Medien gibt. Der Begriff Web 2.0 hingegen scheint sowohl vor dem Hintergrund der vorhandenen Definitionen als auch der durchgeführten Untersuchung ein Überbegriff von sehr heterogenen medialen Phänomenen zu sein. Deshalb wird dafür plädiert, im Kontext der Nutzung von Medien nicht von Web 2.0-, sondern von sozialen Medien zu sprechen, denn diese zeichnen sich dadurch aus, dass sie die Möglichkeiten des Austauschs zwischen den Nutzern besonders intensiv einbinden. Darüber hinaus scheint die Verwendung der ermittelten Medientypen für die allgemeine wissenschaftliche Diskussion geeignet.

Die gefundenen Zusammenhänge zwischen der Nutzung von Wikis und Wikipedia sowie der Selbsteinschätzung der Studienleistungen stehen der gängigen didaktischen Ansicht, Wikis seien didaktisch sinnvolle Medien und die Wikipedia ein problematisches Medium, konträr entgegen. Sie bergen somit eine gewisse Brisanz. Um die Richtigkeit der Daten zu überprüfen, müssen deshalb weitere Ergebnisse gewonnen werden, was unter anderem aktuell in den laufenden und zahlreichen Anschlusserhebungen geschieht. Die nachgewiesenen Regressionszusammenhänge dürfen außerdem nicht als kausal interpretiert werden (Nutzung von Wikis -> schlechtere Studienleistungen, Nutzung von Wikipedia -> bessere Studienleistungen). Sie könnten eventuell auf latente Variablen zurückzuführen sein. Insgesamt zeigen die Ergebnisse jedoch, dass die Nutzung von Web 2.0-Medien eher positiv als negativ mit den Variablen *Motivation, Konzentrationsfähigkeit* und *Studienleistung* in Beziehung steht, was tendenziell gegen negative Medienwirkungen auf das Studium spricht. Diese positiven Zusammenhänge könnten möglicherweise durch einen allgemeinen aktiven und extrovertierten Lebensstil begründet werden, der sich sowohl in einer intensiveren Mediennutzung als auch in einer besseren Studienleistung ausdrückt. Diese Vermutung wird unter anderem auch durch die entworfene Mediennutzertypologie gestützt, die insgesamt dafür spricht, dass Studierende mit aktivem Lebensstil gleichzeitig auch aktive Mediennutzer sind und zurückgezogene Studierende zugleich auch eine niedrige Mediennutzung aufweisen. Die ermittelten Medientypen und Mediennutzertypen haben sich im Wesentlichen in den Analysen verschiedener Anschlusserhebungen bestätigt.

Eine Integration von Web 2.0-Angeboten im Rahmen von universitären Medienstrategien scheint besonders Erfolg versprechend bei Diensten, die von Studierenden bereits hoch akzeptiert sind. Allerdings kann ein erfolgreicher Einsatz hier an der schwachen Akzeptanz der Lehrenden scheitern, bspw. bei Facebook, Instant Messenger oder YouTube. Bei insgesamt schwach akzeptierten Angeboten ist Vorsicht geboten, da deren Integration von den Studierenden abgelehnt werden könnte. Obwohl Wikis von vielen Lehrenden eingesetzt werden, scheint eine Forcierung der Nutzung im Rahmen einer Gesamtstrategie nicht ratsam, da diese Angebote von den Studierenden nur schwach akzeptiert werden. Gleichwohl bedeutet eine niedrige Akzeptanz bestimmter Web 2.0-Angebote nicht automatisch, dass sie für einen Einsatz in der Lehre ungeeignet wären. Ihre Verwendung kann durchaus erfolgreich geschehen, allerdings scheint hier besondere Aufmerksamkeit bezüglich der didaktischen Begründung, methodischen Einbindung und Motivation der Studierenden geboten.

Neben den hier diskutierten Aspekten der Web 2.0-Nutzung in Studium und Lehre existieren weitere hochschulrelevante Handlungsfelder, beispielsweise im Bereich der Wissenschaftskommunikation und im Hochschulmarketing. Hier eröffnen sich neue Wege der Kommunikation, die es zu erschließen gilt. In diesem Zusammenhang wird die laufende Untersuchung zur Mediennutzung Studierender auf entsprechende Zielgruppen (Öffentlichkeit, Presse, ausländische Studierende, Wissenschaftler u.a.) erweitert. Darüber hinaus findet eine internationale Erweiterung der Studie statt, indem sich Universitäten aus verschiedenen Ländern an der Untersuchung beteiligen.[2]

2 Interessierte Hochschulen können sich an der Mediennutzungsbefragung beteiligen und sind aufgefordert, sich mit dem Autor in Verbindung zu setzen.

Literatur

Ehlers, Ulf-Daniel (2004): Quality in E-Learning From a Learner's Perspective. In: European Journal of Distance, Open and E-Learning, vom 18.05.2004; Onlinedokument http://www.eurodl.org/?p=archives&year=2004&halfyear=1&article=101 [12.07.2012].

Grosch, Michael (2012): Mediennutzung im Studium. Eine empirische Untersuchung am Karlsruher Institut für Technologie. Aachen: Shaker.

ders.; Gidion, Gerd (2011): Mediennutzungsgewohnheiten im Wandel. Ergebnisse einer Befragung zur studiumsbezogenen Mediennutzung. Karlsruhe: KIT Scientific Publishing; Onlinedokument http://digbib.ubka.uni-karlsruhe.de/volltexte/1000022524 [12.07.2012].

JISC (= Joint Information Systems Committee) (Hg.) (2008): Google Generation Project – Information Behaviour of the Researcher of the Future – A Ciber Briefing Paper; Onlinedokument http://www.jisc.ac.uk/media/documents/programmes/reppres/gg_final_keynote_11012008.pdf [12.07.2012].

Johnson, Larry F.; Smith, Rachel S.; Willis, Hank; Levine, Alan; Haywood, Keene (2011): The 2011 Horizon Report; Onlinedokument http://www.nmc.org/pdf/2005_Horizon_Report.pdf [12.07.2012].

ders.; Levine, Alan; Smith, Rachel S.; Stone, Sonja (2010): The 2010 Horizon Report; Onlinedokument http://www.nmc.org/pdf/2010-Horizon-Report.pdf [12.07.2012].

ders.; Levine, Alan; Smith, Rachel S. (2009): The 2009 Horizon Report; Onlinedokument http://www.nmc.org/pdf/2009-Horizon-Report.pdf [12.07.2012].

ders.; Levine, Alan; Smith, Rachel S. (2008): The 2008 Horizon Report; Onlinedokument http://www.nmc.org/pdf/2008-Horizon-Report.pdf [12.07.2012].

ders.; Levine, Alan; Smith, Rachel S. (2007): The 2007 Horizon Report; Onlinedokument http://www.nmc.org/pdf/2007_Horizon_Report.pdf [12.07.2012].

ders.; Smith, Rachel S. (2006): The 2006 Horizon Report; Onlinedokument http://www.nmc.org/pdf/2006_Horizon_Report.pdf [12.07.2012].

ders.; Smith, Rachel S. (2005): The 2005 Horizon Report; Onlinedokument http://www.nmc.org/pdf/2005_Horizon_Report.pdf [12.07.2012].

ders. (2004): The 2004 Horizon Report; Onlinedokument http://www.nmc.org/pdf/2004 Horizon Report.pdf [12.07.2012].

Kleimann, Bernd; Özkilic, Murat; Göcks, Marc (2008): Studieren im Web 2.0. HISBUS-Kurzinformation Nr. 21; Onlinedokument https://hisbus.his.de/hisbus/docs/hisbus21.pdf [12.07.2012].

ders.; Weber, Steffen; Willige, Janka (2005): E-Learning aus Sicht der Studierenden. HISBUS-Kurzbericht Nr. 10; Onlinedokument https://hisbus.his.de/hisbus/docs/HISBUS_E-Learning28.02.2005.pdf [12.07.2012].

Kvavik, Robert; Caruso, Judith Borreson (2005): ECAR Research Study, Nr. 6; Onlinedokument http://net.educause.edu/ir/library/pdf/ers0506/rs/ers0506w.pdf [12.07.2012].

dies.; Morgan, Glenda (2004): ECAR Research Study, Nr. 5; Onlinedokument http://net.educause.edu/ir/library/pdf/ers0405/rs/ers0405w.pdf [12.07.2012].

O'Reilly, Tim (2005): What Is Web 2.0? Design Patterns and Business Models for the Next Generation of Software; Onlinedokument http://www.oreilly.de/artikel/web20.html [12.07.2012].

Papp, Raymond (2000): Critical Success Factors for Distance Learning. AMCIS 2000 Proceedings, Paper Nr. 104; Onlinedokument http://aisel.aisnet.org/cgi/viewcontent.cgi?article=1570&context=amcis2000 [12.07.2012].

Roth, Wolf-Dieter (2006): Web 2.0 ist nutzloses Blabla, das niemand erklären kann. Tim Berners-Lee zum Hype des ‚neuen Web'. In: Telepolis, vom 03.09.2006; Onlinedokument http://www.heise.de/tp/artikel/23/23472/1.html [12.07.2012].

Rowlands, Ian; Fieldhouse, Maggie (2007): Trends in Scholarly Information Behaviour. Work Package I (= Information Behaviour of the Reasearcher of the Future; A British Library/ JISC Study); Onlinedokument http://www.jisc.ac.uk/media/documents/programmes/reppres/ggworkpackagei.pdf [12.07.2012].

Russell, Thomas L. (2001): The No Significant Difference Phenomenon: A Comparative Research Annotated Bibliography on Technology for Distance Education, 5. Aufl. North Carolina State University. Raleigh (North Carolina): IDECC.

Selim, Hassan (2007): Critical Success Factors for E-Learning Acceptance. Confirmatory Factor Models. In: Computers & Education Jg. 49, Nr. 2, S. 396-413.

Sharpe, Rhona; Beetham, Helen; Benfield, Greg; DeCicco, Eta; Lessner, Ellen (2009): Learners Experiences of E-Learning Synthesis Report: Explaining Learner Differences; Onlinedokument http://www.jisc.ac.uk/media/documents/programmes/elearningpedagogy/lxp2finalsynthesis.pdf [12.07.2012].

Smith, Shannon D.; Salaway, Gail; Caruso, Judith Borreson (2009): The ECAR Study of Undergraduate Students and Information Technology, 2009; Onlinedokument http://www.educause.edu/Resources/TheECARStudyofUndergraduateStu/187215 [12.07.2012].

Soong, Benson M. H.; Chan, Hock Chuan; Chua, Boon Chai; Loh, Koah Fong (2001): Critical Success Factors for Online Course Resources. In: Computers & Education, Jg. 36, Nr. 2, S. 101-120.

Volery, Thierry; Lord, Deborah (2000): Critical Success Factors in Online Education. In: International Journal of Educational Management, Jg. 14, Nr. 5, S. 216-223.

Mediennutzung und Einschätzung von Medieneffekten durch Neurowissenschaftler in Deutschland und den USA: Ergebnisse einer Online-Befragung

Joachim Allgaier, Dominique Brossard, Sharon Dunwoody, Yin-Yueh Lo und Hans Peter Peters

In einer Online-Befragung wurden Neurowissenschaftler in Deutschland und den USA nach ihren Informationsquellen zu wissenschaftlicher Berichterstattung gefragt sowie, welche Effekte auf öffentliche Meinung und politische Entscheidungsfindung sie diesen zuschreiben. Es zeigte sich, dass in beiden Ländern die klassischen journalistischen Medien (Zeitungen, Zeitschriften, Hörfunk und Fernsehen) gegenüber den journalistischen Onlinemedien dominieren – sowohl bei der Nutzung als auch hinsichtlich der Zuschreibung von Effekten. Allerdings hatten die Onlinemedien in den USA ein größeres Gewicht. Nicht-journalistische Onlinemedien – also Blogs und virtuelle soziale Netzwerke – spielten in beiden Ländern aus Sicht der befragten Wissenschaftler (noch?) eine vergleichsweise unbedeutende Rolle.

Generell wird angenommen, dass neue Informations- und Kommunikationstechnologien sowohl großen Einfluss auf die Kommunikation und Kooperation von Wissenschaftlern untereinander haben als auch darauf, wie sie ihre Ergebnisse veröffentlichen und verbreiten (vgl. Nentwich 2003; 2009). In zahlreichen Publikationen zum Thema Wissenschaftskommunikation wird zudem davon ausgegangen, dass Innovationen in den Informations- und Kommunikationstechnologien einen starken Einfluss darauf haben, wie Wissenschaft öffentlich kommuniziert wird. Dies gilt insbesondere für die Nutzung des Internets und der Onlinekommunikation (vgl. Bubela et al. 2009). Im Hinblick auf die sogenannten ‚Sozialen Medien' (*social media*) und das Schlagwort Web 2.0 herrscht in diesem Zusammenhang häufig die Meinung, dass auch Wissenschaftler virtuelle soziale Netzwerke (wie z.B. Facebook, LinkedIn, Research Gate etc.) und Blogs (z.B. Tumblr, WordPress oder Posterous) oder Mikroblogs (z.B. Twitter) dazu nutzen, sich über Wissenschaft und Forschung zu informieren bzw. ihre Forschung öffentlich zu kommunizieren (vgl. Chafe 2011; Reich 2011). Bisher gibt es jedoch sehr wenige empirisch gesicherte Daten über die Nutzung von ‚traditionellen' und ‚neuen' Medien durch Wissenschaftler (siehe Research Information Network 2010). Die Frage, ob journalistische und nicht-journalistische Onlinemedien die traditionellen journalistischen Medien in der Außendarstellung der Wissenschaft künftig verdrängen werden (vgl. Brumfiel 2009), ist eng mit dieser Fragestellung verzahnt.

Zudem stellt sich die Frage, wie der Einfluss der neuen Medien auf öffentliche Meinung und politische Entscheidungsprozesse im Vergleich zu den konventionellen Medien einzuschätzen ist und wie Wissenschaftler diesen Einfluss sehen. Letzteres hat vermutlich sowohl Auswirkungen auf die Wahrnehmung von Feedback über ihr Forschungsgebiet als auch auf ihre Wahl der Kommunikationskanäle, um strategische Ziele bei der öffentlichen Vermittlung ihrer Forschung zu verfolgen.

Im Rahmen einer Studie über die Darstellung von Neurowissenschaft in deutschen und US-amerikanischen Medien und ihre Rezeption durch Neurowissenschaftler haben wir zu den genannten Themen eine Online-Befragung unter amerikanischen und deutschen Neurowissenschaftlern durchgeführt, deren Ergebnisse wir in diesem Beitrag darlegen werden. Hierbei waren wir davon ausgegangen, dass sich die Muster der Mediennutzung und die Zuschreibung von Effekten der Berichterstattung bei Neurowissenschaftlern aus diesen beiden Ländern unterscheiden würden.

Methodische Herangehensweise

Um diese Thematik – Mediennutzung sowie Effekte auf öffentliche Meinung und politische Entscheidungsfindung – näher zu beleuchten, wurden 1250 Neurowissenschaftler von uns per E-Mail kontaktiert und gebeten, an einer Online-Umfrage zum Thema teilzunehmen. Die Stichprobe umfasst 500 in Deutschland und 750 in den USA forschende Neurowissenschaftler. (Die unterschiedliche Stichprobengröße resultierte aus den aufgrund früherer Studien erwarteten unterschiedlichen Rücklaufquoten in beiden Ländern.) Das Auswahlkriterium für die Inklusion in die Stichprobe war, acht oder mehr Publikationen in einschlägigen neurowissenschaftlichen Zeitschriften veröffentlicht zu haben. Die Auswahl der neurowissenschaftlichen Zeitschriften basiert auf dem Klassifikationssystem für Neurowissenschaften der Literaturdatenbank Web of Science (ISI Web of Knowledge).

Die Rücklaufquoten – berechnet auf der Basis der effektiven Stichproben, d.h. unter Ausschluss der zum Beispiel aufgrund veralteter E-Mail-Adressen nicht erreichten Adressaten – betrugen 21,3 % (USA) bzw. 32,6 % (Deutschland). Die Auswertungen beruhen auf 126 Rückmeldungen aus den USA und 131 aus Deutschland. Die Befragung wurde Ende 2010 in beiden Ländern in englischer Sprache durchgeführt.

Der Fragebogen beinhaltete drei Themenbereiche:

1. Zum Ersten befragten wir die Teilnehmer nach allgemein informierenden (nichtwissenschaftlichen) Medienquellen, die sie zur Information über wissenschaftliche Themen nutzen.[1]

1 Die Originalfrage dazu lautete: „Some scientists think that science stories in the media or on the internet can influence science-related decisions made by policy makers, while others do not think such stories are influential. Below is a list of sources of science information that might be used by policy-makers. Please indicate for each whether you think that this information source can have a strong influence on political decision-making."

2. Zum Zweiten fragten wir nach der Einschätzung der Teilnehmer bezüglich des Einflusses, den unterschiedliche Medienquellen ihrer Meinung nach auf die öffentliche Meinung über wissenschaftliche Themen haben.[2]

3. Zum Dritten fragten wir nach der Einschätzung der Teilnehmer bezüglich des Einflusses, den unterschiedliche Medienquellen ihrer Meinung nach auf die politische Entscheidungsfindung bei forschungspolitischen Themen haben.[3]

Die Befragten hatten jeweils die Möglichkeit, in einer Liste von Medien diejenigen zu markieren, die sie selbst als Informationsquelle benutzen bzw. denen sie einen starken Einfluss auf die öffentliche Meinung über Wissenschaft und politische Entscheidungsfindung zuschreiben. Die Antwortmöglichkeiten umfassten hierbei folgende Kategorien:

- überregionale Zeitungen (Unterkategorien: Print / Online / Blog)
- Regionalzeitungen (Unterkategorien: Print / Online / Blog)
- Nachrichtenmagazine (Unterkategorien: Print / Online / Blog)
- populärwissenschaftliche Magazine (Unterkategorien: Print / Online / Blog)
- Online-only-Magazine (Unterkategorien: Onlinemagazine / Blog)
- Wirtschaftsmagazine (Unterkategorien: Print / Online / Blog)
- Radio (Unterkategorien: On Air / Online)
- Fernsehen (Unterkategorien: On Air / Online)
- andere Blogs
- soziale Netzwerke

Für die deutsche Teilstichprobe wurde zusätzlich die Kategorie der Boulevardzeitungen (Unterkategorien: Print / Online / Blog) einbezogen, für die es in den USA kein direktes Äquivalent gibt. In Klammern wurden jeweils Beispiele für die Oberkategorien angegeben, die für das jeweilige Land relevant waren. So wurden etwa bei den populärwissenschaftlichen Zeitschriften in Deutschland *Bild der Wissenschaft* und *Spektrum der Wissenschaft* als Beispiele genannt, in der amerikanischen Version des Fragebogens dagegen *Popular Science*, *Scientific American* und *Discover*.

---

2 Die Originalfrage dazu lautete: „Some scientists feel that stories in the media or on the internet can influence the opinions and attitudes of the general population towards science, while others are less certain about that. Below is a list of sources of science information for the public. Please indicate for each whether you think that this information source can strongly influence how the public thinks about science."

3 Die Originalfrage dazu lautete: „Some scientists think that science stories in the media or on the internet can influence science-related decisions made by policy makers, while others do not think such stories are influential. Below is a list of sources of science information that might be used by policy-makers. Please indicate for each whether you think that this information source can have a strong influence on political decision-making."

Ergebnisse

Benutzung unterschiedlicher Medienquellen

Bei der Erhebung wird deutlich, dass Neurowissenschaftler in beiden Ländern journalistischen Medien nach wie vor große Bedeutung als eigene Informationsquellen beimessen.

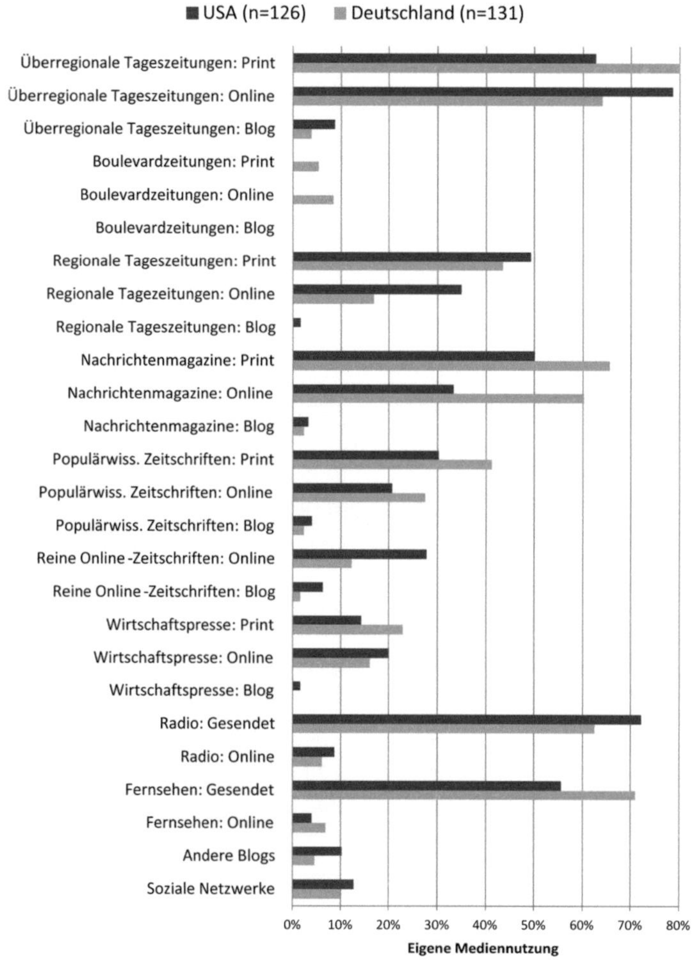

Abb. 1: Eigene Nutzung verschiedener Medientypen zur Information über wissenschaftliche Themen; Quelle: eigene Darstellung.

Nationale Zeitungen in der Print- (USA 63 %; Deutschland 80 %) sowie in der Onlineversion (USA 79 %; Deutschland 64 %) werden von der Mehrzahl der Neurowissenschaftler als Quelle zur Informationsaufnahme über allgemeine wissenschaftliche

Themen benutzt. Auffällig ist hierbei, dass von den in Amerika arbeitenden Neurowissenschaftlern mehr Befragte die Onlineversionen nationaler Zeitungen bevorzugen als in Deutschland, wo hingegen mehr der Befragten die Printversion nationaler Zeitungen lesen. Ebenfalls eine wichtige Rolle als Informationsquelle spielen in beiden Ländern weiterhin der Rundfunk (USA 72 %; Deutschland 63 %) sowie das Fernsehen (USA 56 %; Deutschland 71 %). Gegenüber den USA benutzen in Deutschland darüber hinaus mehr der Befragten die Druck- (USA 50 %; Deutschland 66 %) sowie die Onlineausgabe (USA 33 %; Deutschland 60 %) von Magazinen (wie etwa *Der Spiegel*) als Informationsquelle. Eine ebenfalls wichtige Informationsquelle in beiden Ländern stellen regionale Zeitungen dar. Während diese in Deutschland vor allem in der Printversion gelesen werden (USA 49 %; Deutschland 44 %), liest man diese in Amerika häufiger auch in der Onlineversion (USA 35 %, Deutschland 17 %). In Deutschland rezipieren darüber hinaus mehr der befragten Neurowissenschaftler populärwissenschaftliche Zeitschriften in der Print- (USA 30 %; Deutschland 41 %) sowie in der Onlineversion (USA 21 %; Deutschland 27 %). Zudem lesen hier immerhin noch 23 % der Befragten die Printausgabe (USA 14 %) eines Wirtschaftsmagazins, während unter den Befragten in Amerika 20 % angeben, die Onlineausgabe eines Wirtschaftsmagazins zu lesen (Deutschland 16 %). Insgesamt lässt sich feststellen, dass es in den USA eine größere Affinität zu Onlineversionen von Zeitschriften und Zeitungen gibt als in Deutschland – dies gilt auch für Zeitschriften, die ausschließlich online erscheinen (USA 28 %; Deutschland 12 %). Zudem ist insgesamt augenfällig, dass nur sehr wenige der Befragten in beiden Ländern Blogs von Zeitungen und Zeitschriften oder sonstige Blogs als Informationsquelle nennen. Von den Befragten in Amerika (13 %) benutzen zwar etwas mehr als in Deutschland (10 %) virtuelle soziale Netzwerke wie Facebook oder LinkedIn, alles in allem spielen diese jedoch auch dort eine verhältnismäßig geringe Rolle.

Zuschreibung von Effekten auf die öffentliche Meinung

Was die attribuierten Effekte von unterschiedlichen Medienquellen auf die öffentliche Meinung über wissenschaftliche Themen angeht, ergibt sich folgendes Bild: Generell erreichen alle angeführten Medienquellen wesentlich höhere Werte als bei der vorherigen Frage

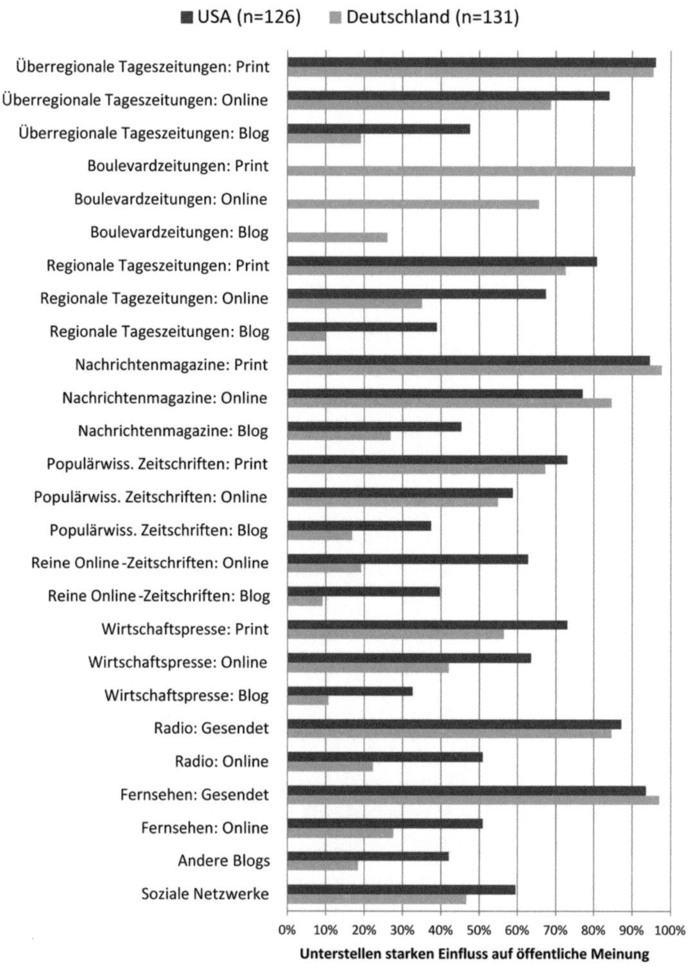

Abb. 2: Verschiedenen Medientypen unterstellter starker Einfluss auf die öffentliche Meinung über Wissenschaft; Quelle: eigene Darstellung.

Interessanterweise liegen hier überregionale Zeitungen in der Printversion (USA 96 %; Deutschland 95 %), Nachrichtenmagazine in der Druckversion (USA 94 %; Deutschland 98 %) sowie das Fernsehen (USA 94 %; Deutschland 97 %) vorne und erzielen die höchsten Werte. Hierbei handelt es sich ausschließlich um traditionelle journalistische Medien. In Deutschland wird zudem den Boulevardzeitungen (als Beispiele wurden hier *Bild* und *Bild am Sonntag* angegeben) ein erheblicher Einfluss auf die öffentliche Meinung zugerechnet (Printversion 91 %; Onlineversion 66 %). Weiterhin wird auch dem Hörfunk von sehr vielen Neurowissenschaftlern in beiden Ländern (USA 87 %; Deutschland 85 %) große Bedeutung in der Beeinflussung der öffentlichen Meinung zugesprochen. Auch die Onlineversionen von nationalen Zeitungen (USA 84 %; Deutschland 69 %) und Nachrichtenmagazinen (USA 77 %; Deutschland 85 %) erreichen noch hohe Werte.

Ebenfalls noch über die Hälfte der befragten Neurowissenschaftler in beiden Ländern schreibt populärwissenschaftlichen Medienquellen in der Printversion (USA 73 %; Deutschland 67 %) sowie in der Onlineversion (USA 59 %; Deutschland 55 %) eine Einflussnahme auf die Meinung der Öffentlichkeit zu. Sehr auffällig ist zudem, dass mehr der in Amerika tätigen Neurowissenschaftler Onlinemedien generell eine höhere Wirkung auf die öffentliche Meinung zuschreiben als die in Deutschland befragten Neurowissenschaftler, so z.B. bei den Onlineversionen von regionalen Zeitungen (USA 67 %; Deutschland 35 %), den Online-only-Magazinen (USA 63 %; Deutschland 19 %) oder auch der Onlineversion von Wirtschaftszeitschriften (USA 63 %; Deutschland 42 %). Obwohl die Befragten Blogs selbst nur relativ selten nutzen (siehe Abb. 1), messen sie ihnen in beiden Ländern recht häufig einen Einfluss auf die öffentliche Meinung bei. Hier kann der gleiche Trend wie bei den Onlinemedien beobachtet werden: Befragte in Amerika geben wesentlich häufiger an, dass Blogs einen Einfluss auf die öffentliche Meinung haben als Befragte in Deutschland – so zum Beispiel bei Blogs nationaler Zeitungen (USA 48 %; Deutschland 19 %) oder bei Blogs regionaler Zeitungen (USA 39 %; Deutschland 10 %). Was den Einfluss auf die öffentliche Meinung über Wissenschaft angeht, wird den virtuellen sozialen Netzwerken auch eine wesentlich gewichtigere Rolle zugeschrieben als bei der Frage nach den eigenen verwendeten Informationsquellen. Auch hier zeigt sich der gleiche Trend, dass Befragte in den Vereinigten Staaten dieser Form der Onlinekommunikation eher einen Einfluss auf die öffentliche Meinung zuschreiben als die Befragten in Deutschland (USA 60 %; Deutschland 47 %).

Zuschreibung von Effekten auf politische Entscheidungsfindung

Bei der Frage nach der Zuschreibung von Effekten unterschiedlicher Medienquellen auf die wissenschaftsbezogenen Entscheidungen politischer Entscheidungsträger findet sich teilweise ein ähnliches Bild wie bei der vorherigen Frage. Fast alle der Befragten in Deutschland sowie in Amerika schreiben den traditionellen journalistischen Medien nach wie vor einen starken Einfluss auf die politische Entscheidungsfindung zu.

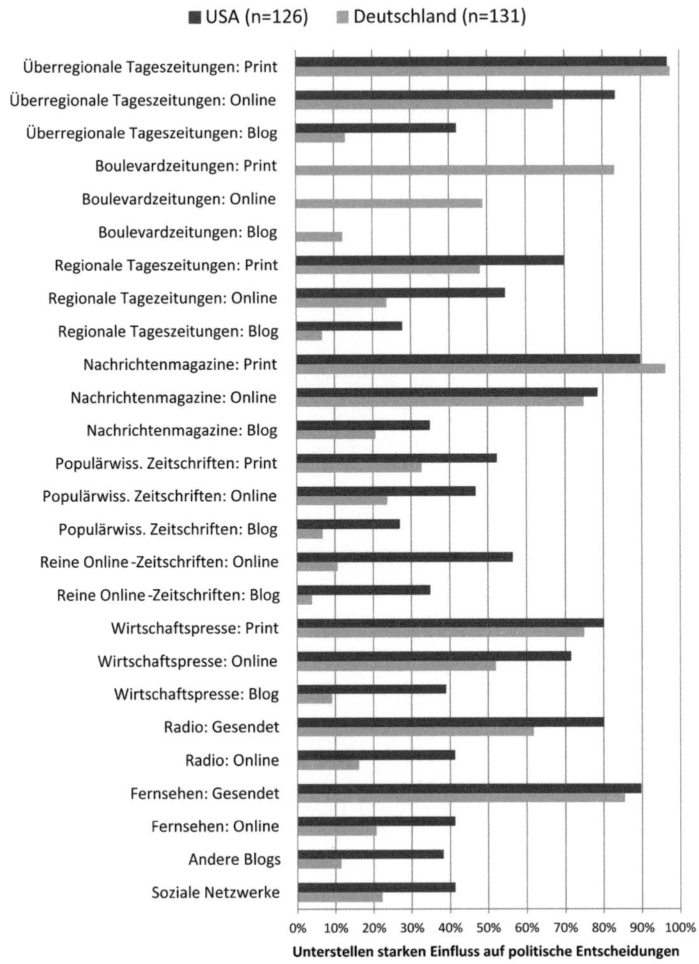

Abb. 3: Verschiedenen Medientypen unterstellter starker Einfluss auf politische Entscheidungsprozesse bei wissenschaftsbezogenen Themen; Quelle: eigene Darstellung.

Dies gilt insbesondere für die Printversionen nationaler Zeitungen (USA 97 %; Deutschland 98 %), gedruckte Nachrichtenmagazine (USA 90 %; 96 %) sowie das Fernsehen (USA 90 %; Deutschland 85 %). In Deutschland rechnen zudem 83 % der Befragten damit, dass auch Boulevardzeitungen (wie *Bild* oder *Bild am Sonntag*) einen starken Einfluss haben. Generell stimmen auch bei dieser Frage wesentlich mehr amerikanische als deutsche Befragte der Aussage zu, dass Onlineversionen von Zeitungen und Magazinen einen starken Einfluss auf politische Entscheidungsträger haben. Das trifft zum Beispiel auf die Onlineversionen von überregionalen Zeitungen (USA 83 %; Deutschland 67 %), Regionalzeitungen (USA 55 %; Deutschland 24 %), Wirtschaftszeitschriften (USA 71 %; Deutschland 52 %) und populärwissenschaftlichen Zeitschriften (USA 47 %; Deutschland 24 %) zu, insbesondere aber auf Online-only-Zeitschriften wie den in den USA weitverbreiteten Online-Zeitschriften *Huffington Post* oder *Slate* (USA 56 %; Deutschland 11 %). Ebenso verhält es sich im Fall der nicht-journalistischen Onlinemedien (Blogs, virtuelle soziale Netzwerke): Sie werden häufiger als einflussreicher Faktor eingeschätzt, als dass sie als eigene relevante Informationsquellen angegeben werden (siehe Abb. 1). Dieser Effekt ist wiederum in den USA wesentlich stärker ausgeprägt als bei Befragten in Deutschland, zum Beispiel bei Blogs nationaler Zeitungen (USA 42 %; Deutschland 13 %) oder bei den übrigen Blogs (USA 38 %; Deutschland 11 %). Bei der Einschätzung des Einflusses von virtuellen sozialen Netzwerken sagen fast doppelt so viele der befragten Neurowissenschaftler in den USA (41 %), dass diese einen starken Einfluss auf die politische Entscheidungsfindung haben als die Befragten in Deutschland (22 %).

Diskussion

Zusammenfassend lässt sich festhalten, dass in beiden Ländern klassische journalistische Medien (Tageszeitungen, Nachrichtenmagazine, Hörfunk und Fernsehen) von den befragten Neurowissenschaftlern nach wie vor bevorzugt genutzt werden und ihnen auch am häufigsten Effekte auf öffentliche Meinung und politische Entscheidungsfindung zugeschrieben werden. Blogs und soziale Netzwerke sind sowohl bei der Nutzung als auch bei der Zuschreibung von Wirkungen immer noch weniger bedeutsam. Hierzu bemerkt Nentwich:

> „Während erste Schritte auf dem Weg der Weiterentwicklung der Cyberscience bereits gesetzt worden sind, erscheinen die möglichen Folgen für die Wissenschaft jedoch nicht wesentlich über das hinauszugehen, was bereits vor dem ‚Hype' des Web 2.0 absehbar war. Im Softwarejargon gesprochen, ist somit durch das Web 2.0 anstelle einer neuen ‚Release Cyberscience 2.0' eher ein ‚Update auf Cyberscience 1.2' zu erwarten." (Nentwich 2009, S.1)

Eine 2010 erschienene Studie des Research Information Network kommt zu einem ähnlichen Ergebnis. Darin wird festgestellt, dass lediglich 13 % der in Großbritannien befragten Forscher regelmäßig Web 2.0-Medienkanäle wie virtuelle soziale Netzwerke in Bezug auf ihre Arbeit nutzen. Dieser Wert deckt sich in etwa mit den in unserer Umfrage erhobenen Daten. Im Licht dieser Ergebnisse erscheint es etwas verfrüht, von einer Verdrängung der alten durch die neuen Medien zu sprechen (vgl. Brumfiel 2009).

In beiden Ländern gilt, dass die Onlinenutzung klassischer journalistischer Medien ähnlich bedeutsam ist wie die Nutzung der gedruckten bzw. gesendeten Ausgabe, nur dass den gedruckten/gesendeten Angeboten immer noch stärkere Effekte unterstellt werden.

Länderunterschiede gibt es in der relativen Bedeutung von Onlinemedien, Blogs und sozialen Netzwerken. Bei den Tageszeitungen greifen die US-Wissenschaftler relativ häufiger auf die Onlineausgabe zurück als die deutschen Wissenschaftler; auch nutzen sie häufiger Blogs und virtuelle soziale Netzwerke. Außerdem tendieren die US-Neurowissenschaftler dazu, den Onlineversionen journalistischer Medien größere Effekte zuzuschreiben als deutsche Wissenschaftler.

Unklar ist, ob sich das hier festgestellte Muster der Mediennutzung und Wirkungszuschreibung in den kommenden Jahrzehnten deutlich ändern wird. Jüngere Neurowissenschaftler tendieren jedenfalls stärker zur Onlinenutzung journalistischer Medien und zur Nutzung von Blogs und sozialen Netzwerken als ältere Forscher. Ob diese Neigung des wissenschaftlichen Nachwuchses tatsächlich zur stärkeren Einbindung von Web 2.0-Anwendungen in den wissenschaftlichen Alltag und in die Praxis der Wissenschaftskommunikation führt, wird sich in den kommenden Jahren jedoch erst noch herausstellen.

Literatur

Brumfiel, Geoff (2009): Supplanting the Old Media? In: Nature, Nr. 458, S. 274-277; Onlinedokument http://www.nature.com/news/2009/090318/pdf/458274a.pdf [12.07.2012].

Bubela, Tania; Nisbet, Matthew; Borchelt, Rick; Brunger, Fern; Critchley, Cristine; Einsiedel, Edna; Geller, Gail; Gupta, Anil; Hampel, Jürgen; Hyde-Lay, Robyn; Jandciu, Eric; Jones, Ashley; Kolopack, Pam; Lane, Summer; Lougheed, Tim; Nerlich, Brigitte; Ogbogu, Ubaka; O'Riordan, Kathleen; Ouellette, Colin; Spear, Mike; Strauss, Stephen; Thavaratnam, Thushaanthini; Willemse, Lisa; Caulfield, Timothey (2009): Science Communication Reconsidered. In: Nature Biotechnology, Jg. 27, Nr. 6, S. 514-518; Onlinedokument http://www.nature.com/nbt/journal/v27/n6/pdf/nbt0609-514.pdf [12.07.2012].

Chafe, Roger (2011): The Rise of People Power. In: Nature, Nr. 472, S. 410-411; Onlinedokument http://www.nature.com/nature/journal/v472/n7344/pdf/472410a.pdf [12.07.2012].

Nentwich, Michael (2009): Cyberscience 2.0 oder 1.2? Das Web 2.0 und die Wissenschaft. Wien: ITA Manuscript.

ders. (2003): Cyberscience: Research in the Age of the Internet. Wien: VÖAW.

Reich, Eugenie Samuel (2011): Best Face Forward. In: Nature, Nr. 473, S. 138-139; Onlinedokument http://www.nature.com/news/2011/110511/pdf/473138a.pdf [12.07.2012].

Research Information Network (Hg.) (2010): If You Build It, Will They Come? How Researchers Perceive and Use Web 2.0; Onlinedokument http://www.rin.ac.uk/our-work/communicating-and-disseminating-research/use-and-relevance-web-20-researchers [12.07.2012].

Evaluation partizipativer Bewegtbildkommunikation. Für eine hybride Methodologie

Heike Großmann und Jesús Muñoz Morcillo

Einleitung

Die Evaluation von Aktivitäten der ‚Öffentlichen Wissenschaft'[1] weist Alleinstellungsmerkmale auf, die den zu evaluierenden Aktivitäten geschuldet sind: Top-down-Kommunikationsinteraktionen zur Vermittlung von Wissen benötigen andere Evaluationsmethoden als dialogorientierte Konzepte. Für die Beobachtung von Änderungen in der Haltung zur Wissenschaft oder die Untersuchung von Wissenserwerb sollte man daher auch unterschiedliche Evaluationsmethoden einsetzen. Die Auswahl einer Methode ist somit sowohl von der Konzeption der Kommunikationsaktivität als auch von den zu messenden Änderungen abhängig. Durch den Einsatz der ‚Neuen Medien' erweitern sich die Möglichkeiten der Datenerhebung, wenn auch nicht unbedingt die Qualität und die Zuverlässigkeit der Daten erhöht werden. Online-Evaluations- und Partizipationsmethoden finden zwar eine gute Referenz in der E-Partizipation. Der Konsultationscharakter der bisherigen Praktiken der E-Partizipation entspricht jedoch nicht den Anforderungen von dialogbasierten Kommunikationsinitiativen im Internet, sodass neue Evaluationsmethoden notwendig werden. Im Fall der Bewegtbildkommunikation eignen sich hybride Vorgehensweisen, die sowohl standardisierte Evaluationsmethoden wie den klassischen Fragebogen als auch Online-Feedbackfunktionen und automatisierte Statistiken berücksichtigen. Das DFG-Projekt ‚InsideScience' zur Produktion und Verbreitung von Wissenschaftsfilmen hat vor diesem Hintergrund einen Evaluationsmethodenmix konzipiert, der der Öffentlichen Wissenschaft in Zeiten des Web 2.0 gerecht werden will. Diese Methoden lassen sich folgendermaßen zusammenfassen:

a. Untersuchung von Userverhalten anhand automatisierter Datenerhebungen und Echtzeit-Statistikdienste auf Webvideo-Plattformen

b. Meinungserfassung durch Interpretation von Kommentaren in verschiedenen Webumgebungen (wie Videoportale, Blogs, Informelle Lernsettings oder soziale Netzwerke)

c. Online-Feedback in den oben genannten Webkontexten

d. ‚Klassische Methoden' wie standardisierte Fragebögen und Leitfadeninterviews im Rahmen von Filmpremieren, Ausstellungen, Workshops und Filmprojekten mit direkter Beteiligung der Zielgruppe

---

1 Zur Erläuterung des Begriffs ‚Öffentliche Wissenschaft' siehe den Beitrag von Caroline Y. Robertson-von Trotha im vorliegenden Band.

Dieser Methodenmix dient sowohl zur Stärkung der Qualitätssicherung des Projektes als auch der Untersuchung bislang wenig beachteter Kommunikations- und Austauschprozesse und möchte somit eine Diskussion über die Evaluationspraxis partizipativer Bewegtbildkommunikation eröffnen.[2]

Bewegtbilder und Wissenschaftskommunikation

Laut einer Studie der Universität Leipzig prognostizieren „neun von zehn Befragten einen Bedeutungszuwachs von Bewegtbild-Content im Netz" (Zerfaß et al. 2008, S. 4). Die Studie zeigt einen markanten Trend unserer Zeit. Die Bedeutung von online angebotenen Videos nimmt ständig zu. Für Journalisten und Marketingexperten sind die interaktiven Medien bereits zu einem festen Bestandteil des Arbeitslebens geworden. Doch wird dieses neue Format von der Wissenschaftskommunikation noch zu wenig genutzt. Um partizipative Bewegtbildkommunikation in diesem Bereich zu fördern, bedarf es außerdem im Vorfeld eines Designs (*ex ante*), das die Prinzipien der Öffentlichen Wissenschaft und die zu erreichenden Ziele, wie Dialog, Bildung und gemeinsame Entwicklung von Wissenschaft und Gesellschaft, berücksichtigt. Die bisherigen Erfahrungen in der E-Partizipation und der Evaluationspraxis von PCST-Aktivitäten[3] liefern nützliche Anhaltspunkte für dieses neue Gebiet der Öffentlichen Wissenschaft.

Der Weg über die E-Partizipation

E-Partizipation wird in einer Studie des Bundesministeriums des Innern wie folgt definiert:

> „[E-Partizipation ist] Teilhabe von natürlichen und juristischen Personen (und ihren Gruppierungen) an politisch-administrativen Prozessen der Entscheidungsfindung mit Hilfe von Informations- und Kommunikationstechnik (IKT)." (ifib 2008, S. 14)

Dabei geht es nicht um Digitalisierung bereits vorhandener Beteiligungsverfahren, sondern um die Entwicklung und den Einsatz neuer technischer Möglichkeiten der Teilhabe für Entscheidungs- und Meinungsbildungsprozesse. Zeitgemäße Beteiligungsverfahren mithilfe von Informations- und Kommunikationstechnologien bieten Bürgern und politischen Institutionen die Möglichkeit, eine neue Verwaltungs- und Entscheidungskultur zu etablieren (vgl. pol-di.net e.V./politik-digital.de 2006). E-Partizipation wäre somit ein Bestandteil der E-Demokratie und betrifft die Grundlagen des gesellschaftlichen und politischen Selbstverständnisses.

---

2 Bisher werden grundsätzlich Evaluationsmethoden eingesetzt, die für traditionelle Formen der Wissenschaftskommunikation konzipiert worden sind (vgl. Neresini/Pellegrini 2008).

3 PCST steht für ‚Public Communication of Science and Technology'.

Dieser Partizipationsbegriff steht jedoch in der Kritik, da er eine starke Hierarchisierung aufweist, die zentrale basisdemokratische Elemente nahezu ausklammert. E-Partizipation wird vor allem als Möglichkeit zur Informierung und Konsultierung der Bevölkerung angesehen; demzufolge würde dieser Interaktionsprozess allein von den Regierenden initiiert. Aber sollte sich die Politik nicht zuerst über die Anregungen, Wünsche und Hoffnungen der Bürger informieren (vgl. Priddat 2002)? Hierfür brauchte man allerdings zuerst einen direkten Dialog.

In der Wissenschaftskommunikation wird oft nach dem hierarchischen Begriff der Partizipation gearbeitet. ‚InsideScience' versucht hier nun eine Brücke zu schlagen, um einen realen Dialog mit der Öffentlichkeit anzuregen. Bildlich ausgedrückt entspricht dieser Kommunikationsversuch einer Besprechung am runden Tisch. Wenn auch in der Wissenschaft bestimmte Entscheidungen von qualifizierten Gremien gefällt werden müssen, so können neue, interaktive Evaluationsmethoden doch zu einer Kultur der Teilhabe beitragen, die eine gemeinsame Entwicklung von Wissenschaft und Gesellschaft unterstützt.

Die Durchführung von E-Partizipation hat zwar viele Vorteile, dennoch muss Grundsätzliches beachtet werden: Es gilt so früh wie möglich viele und unterschiedliche Akteure anzusprechen und auf dem aktuellen Stand zu halten, insbesondere die Zielgruppe, die man erreichen möchte. Beteiligungsgleichheit sollte außerdem geschaffen werden, indem jeder alle nötigen Informationen erhält. Es gilt Offenheit in Bezug auf Lösungen und Wege zu gewähren. Die Moderation muss von neutralen Dritten übernommen werden und sollte unterschiedliche Sichtweisen zusammenführen, sonst entsteht bald Frust und Desinteresse.

Je nach Zweck und Ziel der E-Partizipation lassen sich unterschiedliche Wege nutzen. Beispiele hierfür sind: persönliche Kommunikation (SMS, E-Mail), Einweginformation (Newsletter, Webseiten), Information mit Rückkopplung (Blogs, Umfragen) und Onlinediskurse (Wiki, Foren, soziale Netzwerke). All diese neuen Formen der Information, Kommunikation und Interaktion können zur Stärkung der Demokratisierung der Wissenschaft genutzt werden. Dennoch wurden bisher die meisten Informations- und Kommunikationsmöglichkeiten eher zur Verwaltungsmodernisierung (E-Administration) als zur Partizipation genutzt (vgl. Initiative eParticipation 2005).

Nun scheint die zunehmende Internetnutzung die Beteiligung der Bevölkerung an Entscheidungsprozessen zu erleichtern. Tatsächlich steigt auch die Zahl der engagierten Bürger. Längst ist die Bürgerbeteiligung mehr als nur wahlen zu gehen. Laut der Studie ‚Initiative E Partizipation – Elektronische Bürgerbeteiligung in deutschen Großstädten' ist das grundsätzliche Interesse der Deutschen an Politik als hoch einzuschätzen. Gut drei Viertel der Wahlbevölkerung ab 18 Jahren interessieren sich stark bis sehr stark für Politik. Den Informationen auf den Webseiten des Bundes kommt dabei eine besondere Bedeutung zu. Mehr als 20 % aller wahlberechtigten

Personen geben an, Informationen von Webseiten des Bundes zu bekommen. Gefolgt wird diese Nutzergruppe von der Gruppe derjenigen, die Homepages von Politikern besuchen, Informationsmaterial über das Internet bestellen oder direkt herunterladen (vgl. ifib 2008).

Die Vorteile von E-Partizipation erreichen jedoch nicht alle Bürger. So macht die ,Initiative D 21' aus dem Jahr 2010 darauf aufmerksam, dass zwei Drittel der Deutschen noch nicht in der digitalen Gesellschaft angekommen sind (siehe Initiative D 21 2010). Außerdem ist das Nutzerverhalten im Internet recht unterschiedlich. Bei einer Online-Befragung zum Thema ,Wissenschaftskommunikation online' waren 73 % der Teilnehmer männlich und nur 27 % weiblich (siehe Lederbogen/Trebbe 1999). Die Nutzung des Internets innerhalb der Bevölkerung spaltet sich auf nach verschiedenen Kriterien. Das Internet wird von älteren Menschen, Menschen mit niedrigerem Bildungsgrad, Haushalten mit niedrigem Einkommen und Nichtberufstätigen seltener genutzt. Dagegen nutzen Studenten das Internet von allen Nutzergruppen am häufigsten. Migranten verwenden das Internet insgesamt etwas weniger, obwohl es hier Unterschiede in den Migrantengruppen gibt (siehe ifib 2008). Demnach sollte man bei jeder E-Partizipation-Initiative die aktuellen Internetnutzungszahlen berücksichtigen, um passende Angebote und Methoden für die zu erreichenden Zielgruppen zu konzipieren und die Ergebnisse der Datenerhebung korrekt zu interpretieren.

Darüber hinaus geht es bei der Partizipation im Internet nicht nur um das reine Konsumieren fertiger Angebote, sondern auch um die aktive Beteiligung der User, d.h. um sogenannten *user generated content*. Darunter fallen u.a. Blogs, soziale Netzwerke und Videocommunitys mit Feedback-Tools.

Experten prognostizieren dem *social web* ein starkes und langes Wachstum. Die Kommunikationsgewohnheiten zwischen User und Institutionen werden in diesem Rahmen vom Internet immer stärker vorgegeben. Eine Studie von Booz Allen Hamilton im Dezember 2006 ergab, dass 14,8 % der Deutschen Web 2.0-Angebote nutzen (siehe ifib 2008, S. 33). Doch im internationalen Vergleich hinkt Deutschland weit hinterher. Vor allem die Weblognutzung ist in Deutschland wenig verbreitet, dagegen ist die Online-Enzyklopädie Wikipedia sehr beliebt.

Bei aktiven Nutzern des Internets steht im Gegensatz zu den passiven Nutzern die Kommunikation im Vordergrund. Die passiven Nutzer verwenden hingegen die Internetseiten zur Unterhaltung und Informationssuche. Die ARD/ZDF-Onlinestudie 2007 untersuchte, wie aktiv Onlinenutzer tatsächlich im Web 2.0 sind und lieferte daher gute Anhaltspunkte, wie das Interesse an E-Partizipation aussehen kann.[4] Dabei stellte man fest, dass nur 31 % der User aktive Beiträge verfassen. Die wenigsten

4 Siehe http://www.ard-zdf-onlinestudie.de/index.php?id=282 [12.07.2012].

Menschen, die online unterwegs sind, haben bereits einmal einen aktiven Beitrag verfasst. Umgerechnet schreiben 880.000 Nutzer zumindest gelegentlich in einem Weblog, dabei wird die eigene Homepage am stärksten genutzt (siehe ifib 2008).

Quantität und Qualität des Angebots an Partizipationsmöglichkeiten gelten als wesentliche Faktoren für die Motivation der Bürgerbeteiligung. Auch wenn die Beteiligung noch nicht besonders hoch ist, geht man allgemein von einem wachsenden Trend aus. Leider können an dieser Stelle keine bedeutenden Studien zur E-Partizipation vorgestellt werden. Das Thema ist noch zu neu und die meisten Arbeiten sind Einzelfallstudien. Erst langsam entstehen vergleichende Analysen, beispielsweise bezüglich der Qualität und Evaluationsstandards (siehe ebd.).

Umfragen stellen zurzeit in Deutschland das Herzstück der E-Partizipation dar, dies zeigt sich an der Zahl und der Vielfalt der Angebote. Allerdings gibt es auch markante Schwachstellen bei der E-Partizipation. Gerade im Bereich der Information zeigen internationale Beispiele, dass Deutschland die Möglichkeiten des Internets zur Vereinfachung des Informationszugangs im Rahmen des Informationsfreiheitsgesetzes nicht ausschöpft. Zur Herstellung von Transparenz durch Dritte gibt es zwar einige kreative Ansätze, die jedoch aufgrund knapper Investitionen und eines fehlenden Bekanntheitsgrads die erforderliche kritische Größe für eine nachhaltige Wirkung nicht erreichen.

Vor- und Nachteile beim Einsatz der E-Partizipation zur Durchführung von Studien

Vor diesem Hintergrund lohnt es sich, einige Vor- und Nachteile der E-Partizipation vor Augen zu haben. Zum einen ergeben sich Vorteile, die sich aus dem Medium Internet allgemein ergeben: Zeit- und Ortsunabhängigkeit, Selbstbestimmung von Tiefe und Anschaulichkeit der Inhalte, Möglichkeiten der Visualisierung und Interaktivität, Anonymisierung, schnelle Aktualisierbarkeit, niedrigschwelliger Zugang, schnelle Rückmeldungs- und Vernetzungsmöglichkeiten (vgl. Rosa-Luxemburg-Stiftung 2004).

Der größte Vorteil von Online-Befragungen ist jedoch die sofortige Datenübertragung in eine Datenbank. Die Fehlerquelle bei der Datenübertragung von Online-Evaluationen ist nahezu ausgeschlossen, da die erfassten Daten direkt im Analyseverfahren und in einem nutzbaren Format vorliegen. Damit entfällt die Dateneingabe durch das Evaluatorenteam, was wiederum Zeit- und Kostenersparnis bedeutet. Somit wird nicht nur die quantitative Dateneingabe vereinfacht, sondern auch die qualitative Dateneingabe (vgl. Kuckartz et al. 2009). Die Fragemethoden unterscheiden sich häufig nur wenig von den traditionellen Erhebungsformen.

Es gibt aber auch einige Nachteile. So ist, wie bereits erwähnt, nicht jede Zielgruppe im Internet gleich stark vertreten. Je niedriger der soziale Status, desto weniger Zugriffsmöglichkeiten gibt es, dies wiederum verschlechtert die gesellschaftliche Stellung. Dieser Effekt wird nach dem Bibelzitat „wer hat, dem wird gegeben" als ‚Matthäus-Effekt' bezeichnet, wonach Personen mit guten Voraussetzungen im höheren Ausmaß vom Web 2.0 profitieren (vgl. Schön/Wieden-Bischof/Hilzensauer 2011). Es gibt aber nicht nur ein soziales Gefälle, sondern auch ein Alters- und Geschlechtsgefälle. Männer jüngeren Alters nutzen das Internet mehr als andere Personengruppen. Eine bevölkerungsrepräsentative Stichprobe ist daher per Internet nicht möglich, da bestimmte Gruppen nicht erreicht werden können. Auch weil Verzeichnisse von Internetnutzern fehlen, kann ohnehin keine zufallsbasierte Stichprobe der allgemeinen Bevölkerung auf Basis der Internetteilnehmer gezogen werden (vgl. Gräf 2010).

Andererseits hat sich überraschenderweise schon gezeigt, dass Onlineumfragen dennoch oft zu ähnlichen Ergebnissen kommen wie andere Methoden (z.B. Telefonumfragen). Insbesondere bei Hochrechnungen von 14- bis 59-Jährigen kommt man zu vergleichbaren Resultaten. Der größte Unterschied entsteht bei Befragungen zur Webnutzung, was allerdings fast selbsterklärend ist (vgl. ebd.). Dies begründet auch den Selektionsvorwurf. Im Allgemeinen besuchen nur interessierte Besucher die Umfrageseiten. Darüber hinaus gibt es oft Voraussetzungen für eine Teilnahme, z.B. muss sich der Bürger zuerst entsprechend qualifizieren, um mitreden zu können. Auch muss die Repräsentativität online überprüft werden, sonst dominieren partikulare Interessen (vgl. ifib 2008).

Vorteile einer Online-Befragung sind also die leichte Durchführbarkeit und die leichte Erreichbarkeit von Zielgruppen. Ob die Umfrage repräsentativ ist, ist in erster Linie eine Frage der Stichprobengüte und nicht der Verallgemeinerbarkeit oder der Qualität der Ergebnisse. Eine gute Stichprobengüte entsteht, wenn die gesamte Auswahl die Grundauswahl der Zielgruppe überlappt, wenn also die Verzerrung der Auswahl vermieden ist und die Ausschöpfungsquote entsprechend hoch ist.

Wenn die Abdeckung der Zielgruppe mit dem Internet nicht 100 % beträgt, dann gibt es Personen in der Zielgruppe, die von der Befragung ausgeschlossen sind. Allerdings schränkt dies die Brauchbarkeit nicht unbedingt ein. Man muss lediglich den Zusammenhang zwischen den möglichen Ursachen und den davon abhängigen Folgen berücksichtigen. Sofern diese Bedingungen und Faktoren berücksichtigt werden, macht sich das im Ergebnis nicht bemerkbar. Die Marktforschung nimmt einen Wert von 75 % bei Umfragen als Durchdringungsgrad an, damit diese als verallgemeinerbar gelten. In der Sozialforschung gibt es keine entsprechenden Befunde. Deshalb sollte die Zielgruppe vor der Onlineumfrage auf ausreichende Plausibilitätsüberlegungen geprüft werden.

Bewegtbild und Partizipation

Die Möglichkeit, Bewegtbild zur Partizipation zu nutzen, wird bislang noch wenig wahrgenommen. Viele Einrichtungen scheuen noch den Einsatz etwa aus Angst, nicht professionell genug aufzutreten oder dadurch die traditionelle Deutungshoheit zu verlieren. Dabei haben Journalisten den Trend bereits erkannt. Laut der Studie *Bewegtbildkommunikation im Internet* der Universität Leipzig arbeiten 60 % der Journalisten mit Bewegtbildern, während es in der PR-Branche nur 40 % sind (siehe Zerfaß et al. 2008).

Bewegtbild wird oft institutionell zur Informationsvermittlung verwendet, aber nicht als Mittel zu Kontaktaufnahme und Informationsaustausch. Konnte man bei Wissenschaftssendungen in Echtzeit nur teilnehmen, wenn man anrief oder selbst hinging, hat sich das heute schon geändert: Einige Sendungen lassen sich per Livechat verfolgen, und auf den Internetseiten von zahlreichen Fernsehsendern können Kommentare publiziert werden. Einige Universitäten und Forschungseinrichtungen wagen sich langsam an die Verbreitung ihrer Videoproduktionen im Internet mit der Unterstützung von Web 2.0-Applikationen.

Das ist etwas, das uns heute selbstverständlich erscheint. Dennoch entstehen hierdurch keine öffentlichen Diskussionen, weil man oft die Funktionalität grundlegender Tools wie das Publizieren von Userkommentaren einschränkt oder einfach weglässt. Nicht regulierte oder institutionell nicht gebundene Kommunikationsplattformen sind in dieser Hinsicht viel erfolgreicher.

Evaluationen mit partizipativen Elementen scheitern oft an konzeptuellen Schwachstellen. Das ist leicht verständlich, denn im besten Fall werden die Videos in den sozialen Netzwerken ‚geteilt' und dort ist es mit der heutigen Technologie nicht immer möglich, die genaue Verbreitung der Inhalte zu verfolgen, zumal oft im Vorfeld keine ausgereifte Strategie für die drei Phasen der Evaluation (*ex ante*, *in itinere* und *ex post*) entworfen wird. Außerdem ist man oft auf Technologien zur Datenerhebung wie YouTube Analytics angewiesen, die trotz kontinuierlicher Entwicklung interessante Daten wie z.B. die Kommentare zu einem in Facebook oder anderen Webseiten eingebetteten Video nicht verwalten können. Neue Web 3.0-Technologien könnten in diesem Bereich passende Auswertungstools zur Erfassung der gesamten sichtbaren Vernetzung entstehen lassen. Dennoch werden auch die jetzigen Instrumente der Online-Evaluation von Forschungseinrichtungen und Universitäten längst nicht in ihrem ganzen Potenzial ausgenutzt.

Die obigen Ausführungen über E-Partizipation machen deutlich, dass man auch in dem vorliegenden Bereich ähnliche Probleme und Herausforderungen hat. Um eine möglichst repräsentative Zielgruppe zu erreichen, wird man eine vielfältige Auswahl an Filmbeiträgen anbieten müssen. Allein Hochschulveranstaltungen zu filmen, würde nicht ausreichen. Da eine bevölkerungsrepräsentative Quote im Internet u.a. aufgrund der *digital divide*-Problematik schwer zu erreichen ist, wird man auch im Bereich der Bewegtbildpartizipation ergänzende Offlinemethoden einsetzen müssen. Besonders wichtig ist, dass die Bewegtbildkommunikation von Einrichtungen mit sozialer Verantwortung nicht in die Sackgasse von selbstdarstellenden Konsultationen führen sollte. Die große Herausforderung besteht darin, Methoden zu entwickeln, die zur Betreuung und Auswertung von Open-End-Dialogen mit der Gesellschaft beitragen.

‚InsideScience' und Partizipation: der Methodenmix

Das Projekt ‚InsideScience' befasst sich sowohl mit der Wissensvermittlung aus erster Hand für die Öffentlichkeit als auch mit der Sensibilisierung von Wissenschaftlern und Bürgern gegenüber Forschungsfragen und damit zusammenhängenden sozialkritischen Fragestellungen. Dabei sollen die Folgen der Forschung diskutiert und Erkenntnisprozesse verstärkt in den Vordergrund gerückt werden. Letztendlich sollen nachhaltige Diskurse angeregt werden. Ziel des Projektes ist es, einen verbesserten Dialog zwischen Wissenschaft und Gesellschaft entstehen zu lassen und dabei die Möglichkeiten der Neuen Medien zu erproben, zu reflektieren und zu beurteilen.

Um die Projektziele besser messen zu können, wurde eine projektbegleitende Evaluation durchgeführt. Diese soll vor dem Hintergrund der hier vorgestellten Aspekte der E-Partizipation und mittels hybrider Ansätze helfen, einen besseren Einblick in die Funktionsweise und Potenziale der Kommunikation von Öffentlichkeit und Wissenschaft zu erlangen. Dazu zählt, die Aufnahme- und Interessenbereitschaft der Zielgruppen zu erfragen, die Wirksamkeit und Qualität der Wissensvermittlung zu prüfen sowie wichtige Wirkungszusammenhänge und Kriterien der Wissenschaftskommunikation herauszufinden. Vor diesem Hintergrund wurden die folgenden vier Evaluationsmethoden eingesetzt:

a. Userverhalten anhand automatisierter Datenerhebungen und Echtzeit-Statistikdienste auf Webvideo-Plattformen

Das zurzeit geläufigste kostenlose Tool, um das Userverhalten in der Bewegtbildkommunikation zu dokumentieren, ist der Statistikdienst von Google ‚YouTube Analytics'. Wenn man Videos auf YouTube hochlädt, wird eine große Reihe an Daten über das Verhalten der Internetuser automatisch erhoben, welche ab einer kritischen Masse relativ zuverlässige Interpretationen über die Qualität und Wirkung der angebotenen Inhalte zulassen. Wer mit einem proprietären Videoportal arbeitet, kann auf andere, meist kostenpflichtige Echtzeit-Statistikdienste wie Woopra oder Chartbeat zurückgreifen.

Die Evaluation der ‚InsideScience'-Filme funktioniert primär anhand der Dokumentation von Nutzerverhalten auf YouTube. Mit dieser Methode lassen sich Antworten auf folgende Fragen zu Besucherzahlen, Zuschauerbindung, Interessenentwicklung, Herkunft und Vorlieben der Besucher ermitteln: Wie oft wurde ein Beitrag aufgerufen? Wie oft und an welcher Stelle wurde ein Video abgebrochen (Zuschauerbindung)? Welcher Beitrag wird am häufigsten gesehen? Welche Beiträge werden wie oft weiterempfohlen? Mit welchem Endgerät wurde der Beitrag abgerufen? Aus welchem Land wurde das Video abgerufen? Besitzt der Nutzer selbst einen YouTube-Account, kann man sogar ein paar demografische Daten wie das Geschlecht und die Altersgruppe berücksichtigen.

Allerdings entsteht bei dieser Form der Evaluation eine gewisse Fehlerquote. So kann zum Beispiel ein Account von mehreren Nutzern geteilt werden und die Auswertung verfälschen. Eine punktuell erhöhte Besucherzahl könnte in Verbindung mit aktuellen Ereignissen oder eigenen Aktionen stehen, sodass durchschnittliche Werte zu Fehlinterpretationen führen könnten. Um den gesamten Internetkontext zu berücksichtigen, empfiehlt sich hier, die YouTube-Statistik um die Analyse der Verläufe und geografischen Herkunft betreffender Suchanfragen mittels Diensten wie Google Insights zu ergänzen. So ergibt die Ermittlung des Interesses für den Suchbegriff ‚Higgs-Teilchen' eine plausible Erklärung für die überdurchschnittlichen Besucherzahlen Mitte Dezember 2011 und Anfang März 2012 für den Filmbeitrag *Wie bitte entsteht überhaupt Masse? Die Suche nach dem Higgs-Teilchen*, denn gerade in diesen Zeiträumen wurde in der Presse weltweit über neue Befunde zur Entstehung der Materie berichtet. Dies sind aber Phänomene, die in der klassischen Evaluationspraxis auch berücksichtigt werden sollen. Unabhängig vom Fokus der Evaluation muss man vergleichende Methoden einsetzen, um die Ergebnisse von YouTube-Statistiken möglichst zuverlässig zu validieren.

b. Meinungserfassung durch Interpretation von Kommentaren in verschiedenen Webumgebungen wie Videoportale, Blogs, informelle Lernsettings oder soziale Netzwerke

Neben Blogs und Videoplattformen bieten Nachrichtendienste und Fernsehsender vermehrt die Möglichkeit, Kommentare über die angebotenen Inhalte zu publizieren. Seit 2007 findet man auf YouTube eine Strukturierung der oft unübersichtlichen Kommentare anhand von Userbewertungen, sodass die ersten Kommentare die vorherrschende Meinung oder die relevantesten Fragestellungen darstellen. Nicht alle Webplattformen greifen auf diese usergenerierte Kommentarselektion zurück. Die Gründe dafür könnten im Falle von Nachrichtendiensten in der Bewahrung der unparteiischen Berichterstattung liegen. Tatsache ist aber, dass die Strukturierung von Kommentaren zur Orientierung und Ermittlung von mehrheitlichen Meinungsbildern beiträgt, selbst wenn manche Diskussionen womöglich dadurch aus dem Zusammenhang gerissen werden. Jedenfalls wird somit der Userstimme mehr Gewicht im Web eingeräumt.

Um die Grundlage für Diskussionen zu schaffen, hat ‚InsideScience' neben der YouTube-Kommentarfunktion eine moderierte Kommentarfunktion auf dem ‚InsideScience'-Weblog sowie die Facebook-Kommentarfunktion auf dem ‚InsideScience'-Facebook-Account und in den eigenen Wissensräumen eingesetzt. Je nach Aktualität eines Themas werden Filme in Blogbeiträgen redaktionell aufbereitet und zur Diskussion gestellt. Die Verfolgung und Bewertung der Einträge gibt Eindrücke über die Meinungsbildung und Interessenentwicklung der Besucher.

Für die Moderation der Kommentare sind sowohl ein *social media*-Beauftragter als auch die betreffenden Autoren und ggf. die am Film beteiligten Wissenschaftler zuständig. Sofern eine kritische Masse an Kommentaren erreicht wird, kann eine Bestandsaufnahme der herrschenden Meinungen oder Fragestellungen gemacht werden. Die hierdurch gewonnenen Daten werden dann mit den über standardisierte Formulare und Leitfadeninterviews im Rahmen von Workshops, Offline-Evaluationen und Veranstaltungen gewonnenen Daten verglichen.

Eine ähnliche Methode gilt für Kommentare, die mittels Kommentar-Plug-ins auf proprietären Plattformen wie dem ‚InsideScience'-Wissensraum, einem informellen Lernsetting mit Web 2.0-Integration, ermittelt werden. Da die Äußerung von Kommentaren auf freiwilliger Basis in einem informellen Rahmen geschieht, ist eine Validierung mit gezielt ermittelten Daten notwendig, um zuverlässige Aussagen über Wirkung, Qualität und Defizite der angebotenen Themen zu machen.

c. Online-Feedback in verschiedenen Webumgebungen wie Videoportals, Blogs, informelle Lernsettings und soziale Netzwerke

Wenn auch die Web 2.0-Kultur vornehmlich durch den freien Informationsaustausch geprägt ist, sind Online-Kontaktformulare und standardisierte Onlineformulare zur Feedback-Generierung für die Bewegtbildkommunikation nicht zu unterschätzen. Diese ermöglichen eine direkte Kontaktaufnahme, ohne die Echtzeitpublikation der Daten zu implizieren und liefern Forschenden der Öffentlichen Wissenschaft kontinuierlichen und fundierten Input, der den oft informellen Charakter von spontanen Kommentaren ausgleicht.

Sofern man keine gezielte Online-Befragung durchführt, sollten standardisierte Formulare so einfach konzipiert sein, dass zufällige Besucher diese auch wahrnehmen. Die Wissensräume von ‚InsideScience' bieten deshalb je nach Darstellungskontext (Online- oder musealem Auftritt) entweder ein Kontaktformular (online) oder ein vereinfachtes standardisiertes Formular (Museum) an. Sofern diese Datenerhebungen nicht im Rahmen von Veranstaltungen und Online-Events vorgenommen werden, sollte man im Falle einer andauernden Datenerhebung externe Faktoren wie das Zeitgeschehen berücksichtigen. So können z.B. auffällige Meinungsänderungen besser interpretiert werden.

d. ‚Klassische Methoden' wie standardisierte Fragebögen und Leitfadeninterviews im Rahmen von Filmpremieren, Ausstellungen, Workshops und Filmprojekten mit direkter Beteiligung der Zielgruppe

Im Rahmen der Tagung ‚Public Science und Neue Medien. Die Rolle der Web 2.0-Kultur in der Wissenschaftsvermittlung' wurde eine repräsentative Auswahl der von ‚InsideScience' produzierten Filme zum Thema Teilchenphysik – darunter auch drei von Schülern produzierte – gezeigt und mit standardisierten Umfrageformularen evaluiert. Den Ergebnissen der Umfrage kann man zunächst entnehmen, dass die Filme einen hohen visuellen Anspruch haben und zum Wissenserwerb gut bis sehr gut beitragen. Die Einsetzbarkeit dieses Wissens im Alltag, um sich beispielsweise über die Auswirkung neuer SUSY-Theorien auf die Forschung am LHC zu unterhalten,[5] wäre jedoch allein mit diesen Filmen noch nicht erreicht. Bei sozialkritischen Beiträgen sieht es dagegen besser aus.

Die vergleichende Analyse der unterschiedlichen Filmformate anhand der Kriterien Verständlichkeit, ästhetische Qualität, Kenntnisgewinn und Sympathie lieferte weitere Erkenntnisse: Filmformate, die in die Komplexität der Teilchenphysik einführen, brachten einen mittleren Kenntnisgewinn, ohne an Zuschauersympathie besonders einzubüßen. Letzteres könnte auf die überdurchschnittliche ästhetische Qualität der Beiträge zurückzuführen sein, die trotz der thematischen Schwierigkeit den Film für Fachfremde sehenswert macht. Beiträge mit Alltagsbezug und allgemeinen Fragestellungen erhielten die besten Ergebnisse in Sachen Kenntnisgewinn und Verständlichkeit. Diese Beobachtungen sind auf die Schülerfilme übertragbar. Auf die Frage nach der Verständlichkeit wurden zwar alle Schülerfilme sehr positiv benotet, der Kenntnisgewinn-Index bei dem Beitrag *Elementarteilchen – noch nie gehört?*, in dem es um das komplexe Innere des Atoms geht, verzeichnete dagegen vergleichsweise bescheidene Werte.

Den demografischen Daten kann man grundsätzlich entnehmen, dass Männer sich eher als Frauen zutrauen, nach der Sichtung der ‚InsideScience'-Filme ein Gespräch über Teilchenphysik führen zu können.

Eine Zuschauergruppe verfasste auf eigene Initiative einen ausführlichen Feedback-Text und im Rahmen der Tagung wurde eine Diskussion mit den Experten durchgeführt, sodass die geplante Durchführung von Leitfadeninterviews ausgelassen wurde. Die Interpretation der hierbei erhobenen Daten kann nach und nach durch online ermittelte Daten validiert werden, sofern diese nach ähnlichen Zielkriterien erhoben werden oder sich interpretieren lassen. Das ist der Fall bei der standardisierten Online Feedbackfunktion in den proprietären Wissensräumen, die nach ähnlichen Zielkriterien (Qualität, Wissenserwerb und Sympathie-Index) konzipiert ist.

5 LHC steht für Large Hadron Collider. Es handelt sich dabei um den ringförmigen Teilchenbeschleuniger am Europäischen Kernforschungszentrum CERN. SUSY-Theorien sind supersymmetrische Theorien der Elementarteilchenphysik.

Punktuell lassen sich aber auch einige der über YouTube Analytics erhobenen Daten mit den Umfrageergebnissen der Filmpremiere abgleichen. So lässt die Zuschauerbindung darauf schließen, welche Beiträge trotz hohen Schwierigkeitsgrads eine überdurchschnittliche Quote generieren. Manchmal helfen die Kommentare der Besucher weiter, um den bisher angenommenen Schwierigkeitsgrad oder die visuelle Qualität eines Beitrags zu bestätigen oder ggf. infrage zu stellen.

Ein paradigmatisches Beispiel des hier vorgestellten Methodenmix stellt das Projekt ‚InsideScience an Schulen' dar. Um das Interesse für Teilchenphysik unter Schülern zu fördern, wurde dieses praxisorientierte Projekt ins Leben gerufen. Dabei mussten sich Schüler in einem Videobeitrag selbstständig mit einer schwierigen Fragestellung auseinandersetzen. Das grundlegende Prinzip dabei sollte sein, dass Lernende vom Sammler der Informationen zum selbst gestaltenden Designer des Lernangebots werden (vgl. Proske/Damnik/Körndle 2011). So erlernten sie Fähigkeiten zum effizienten Umgang mit Medien und zur selbstständigen Aufarbeitung und Darstellung von schwierigen oder kritischen Sachverhalten.

Interessant für den vorliegenden Text ist die Vorgehensweise bei der Auswertung der Schülerfilme. Neben den bisher kommentierten Methoden wurden standardisierte Formulare eingesetzt, um die Schülerfilme zunächst innerhalb der aus drei Teams bestehenden Arbeitsgruppe nach Kriterien wie Qualität, Verständlichkeit und Wissenserwerb zu bewerten. Zusätzlich bekamen die Schüler direktes Feedback vom ‚InsideScience'-Team. Die Filme wurden auch im Rahmen der Filmpremiere vom Publikum mittels Formular bewertet. Nun läuft die Auswertung weiter über Onlinekanäle, sodass man zum Schluss mit zuverlässigen Evaluationsdaten über alle für das Projekt relevanten Kriterien wie Qualität, Wissenserwerb, Verständlichkeit, Sympathie-Index und Diskussionsfähigkeit rechnen darf.

Ausblick

Anhand der Erfahrungen in der E-Partizipation und in der Evaluationspraxis von PCST-Aktivitäten wurde ein Methodenmix präsentiert, der sowohl die formalen Aspekte der Filmproduktion von ‚InsideScience' als auch die Diskussionsfähigkeit der Filmbeiträge zu untersuchen versucht. Die dialogorientierte Evaluation stellt in diesem Rahmen immer noch eine Herausforderung dar, die nur durch die Öffnung von Feedback-Kanälen und die aktive Einbeziehung von *user generated content* in Form von Kommentaren, Bewertungen und interaktiven Veranstaltungen anzugehen ist. Durch den Einsatz von Online- und Offline-Evaluationsmethoden kann man einerseits nahezu alle Bevölkerungsgruppen erreichen, andererseits wird auch qualitatives Feedback generiert, das man allein durch die Beobachtung von Userverhalten im Internet nicht bekommen würde. Von den Ergebnissen dieser Evaluationsmethoden hängen die Konzeption und Verbreitungsstrategie neu zu produzierender Filme ab.

Die Möglichkeit der Partizipation sollte andererseits nicht zur Akzeptanzbeschaffung für eine Technik oder zur situationsadäquaten Umsetzung von Maßnahmen dienen. Es sollte sich nicht um reine Wissensvermittlung oder PR-Maßnahmen handeln, sondern um die aktive Auseinandersetzung mit dem Thema, die eine demgemäße Partizipations- und Kooperationskultur entstehen lässt. Auch wenn immer wieder der Wirkungsgrad der Partizipation beklagt wird, hat diese eine *soft power*, die für die Entwicklung von Gesellschaften nicht zu unterschätzen ist. Die Möglichkeit mitzubestimmen, schafft es immer wieder, Menschen zu bewegen. Die Formen der Partizipation haben demzufolge ein hohes Potenzial, soziales Lernen zu initiieren und zu katalysieren. Partizipative Aktivitäten werden zwar oft partikularen Interessen untergeordnet, aber da soziale Strukturen prinzipiell dynamisch sind, hängen die Entwicklung der Partizipationskultur und die Realisierung nachhaltiger Konzepte vom Einsatz aller Akteure ab. Zwar wird die Partizipation die hierarchischen und wettbewerblichen Handlungsmodi nicht ersetzen oder zur schnellen Umsetzung weitreichender Nachhaltigkeitstransformationen führen. Es besteht jedoch immer die Chance, dass durch eine breite Anwendung vielfältige Impulse für die gesellschaftliche Kommunikation über die große Herausforderung einer nachhaltigen Entwicklung ausgelöst werden. Durch die Gestaltungskompetenz von Bürgern wie Akteuren und das Potenzial zur kooperativen Verständigung wird ein wichtiger Beitrag zur Unterstützung nachhaltiger Transformationsprozesse geleistet (vgl. Heinrichs 2005).

Gerade in der nachhaltigen Wissenschaftskommunikation sind partizipative Kommunikationswege noch nicht erforscht. Viele zögern, neue Instrumente und Methoden zu nutzen. Es gilt die Scheu vor dem Neuen zu verlieren, Internetformate zu nutzen und mit klassischen Interaktionsformen zu verbinden. Im Hintergrund steht immer die Frage: Wie können Öffentlichkeit und Wissenschaft so kommunizieren, dass sinnvolle Diskurse entstehen? Die Evaluation der interaktiven Medien wird es zeigen. Sicher ist, dass man sich nicht dem Zeitgeist verschließen kann. Neue Medien bieten viele Möglichkeiten der Partizipation. Die Evaluationspraxis verändert sich bereits durch die Web 2.0-Kultur. Wir stecken noch in den Anfängen, nun müssen wir nur sehen, dass es zeitgemäß und transparent vorangeht.

Literatur

Gräf, Lorenz (2010): Online-Befragung. Eine praktische Einführung für Anfänger (= Sozialwissenschaftliche Methoden, Bd. 3). Berlin: LIT.

Heinrichs, Harald (2005): Herausforderung Nachhaltigkeit: Transformation durch Partizipation? In: Feindt, Peter H.; Newig, Jens (Hg.): Partizipation, Öffentlichkeitsbeteiligung, Nachhaltigkeit. Perspektiven der politischen Ökonomie (= Ökologie und Wirtschaftsforschung, Bd. 62). Marburg: Metropolis, S. 43-64.

ifib: Institut für Informationsmanagement Bremen GmbH (Hg.) (2008): E-Partizipation – Elektronische Beteiligung von Bevölkerung und Wirtschaft am E-Government. Studie im Auftrag des Bundesministeriums des Innern, Ref. IT 1; Onlinedokument http://www.ifib.de/publikationsdateien/ifib-zebralog-e-partizipation-lang.pdf [12.07.2012].

Initiative D 21 (Hg.) (2010): Digitale Gesellschaft. Die digitale Gesellschaft in Deutschland – Sechs Nutzergruppen im Vergleich. Eine Sonderstudie im Rahmen des (N)ONLINER Atlas; Onlinedokument http://www.initiatived21.de/wp-content/uploads/2010/03/Digitale-Gesellschaft_Endfassung.pdf [12.07.2012].

Initiative eParticipation (Hg.) (2005): Elektronische Bürgerbeteiligung in deutschen Großstädten 2005. Zweites Website-Ranking der Initiative eParticipation; Onlinedokument http://www.initiative-eparticipation.de/Studie_eParticipation2005.pdf [12.07.2012].

Kuckartz, Udo; Ebert, Thomas; Rädiker, Stefan; Stefer, Claus (2009): Evaluation online. Internetgestützte Befragung in der Praxis. Wiesbaden: VS Verlag.

Lederbogen, Utz; Trebbe, Joachim (1999): Die Rezeption von Wissenschaft im Netz. Ergebnisse einer Online-Befragung; Onlinedokument http://www.home.uni-osnabrueck.de/ulederbo/Ergebnisse.pdf [12.07.2012].

Mai, Manfred (2011): Technik, Wissenschaft und Politik. Studien zur Techniksoziologie und Technikgovernance. Wiesbaden: VS Verlag.

Neresini, Federico; Pellegrini, Giuseppe (2008): Evaluating Public Communication of Science and Technology. In: Bucchi, Massimiano; Trench, Brian (Hg.): Handbook of Public Communication of Science and Technology. New York: Routledge, S. 237-248.

pol-di.net e.V./politik-digital.de (Hg.) (2006): Studie. ePartizipation in Großbritannien und Deutschland. Eine Bestandsaufnahme. Im Auftrag von British Council Berlin; Onlinedokument http://politik-digital.de/wp-content/uploads/british_council-berlin_studie.pdf [12.07.2012].

Priddat, Birger P. (2002): Zivilisierungsfortschritte: Demokratisierung der Wissensgesellschaft und professioneller Staat. Erste Skizzen zur Konzeption eines „virtuellen Staates“. In: Heinrich-Böll-Stiftung; Poltermann, Andreas (Hg.): Gut zu wissen. Links zur Wissensgesellschaft. Münster: Westfälisches Dampfboot, S. 66-78.

Proske, Antje; Damnik, Gregor; Körndle, Hermann (2011): Learners-as-Designers: Wissensräume mit kognitiven Werkzeugen aktiv nutzen und konstruieren. In: Köhler, Thomas; Neumann, Jörg (Hg.): Wissensgemeinschaften. Digitale Medien – Öffnung und Offenheit in Forschung und Lehre (= Medien in der Wissenschaft, Bd. 60). Münster: Waxmann, S. 198-208.

Rosa-Luxemburg-Stiftung (Hg.) (2004): Neue Tendenzen bei Bürgerbeteiligungsprozessen in Deutschland. Veränderte Rahmenbedingungen, Praktiken und deren Auswirkungen; Onlinedokument http://www.brangsch.de/partizipation/dateien/StudieBuergerbetEnd.pdf [12.07.2012].

Schaeffer, Roland (Hg.) (1990): Ist die technisch-wissenschaftliche Zukunft demokratisch beherrschbar? Beiträge zum Kongress der Heinrich-Böll-Stiftung (= Das Wirkliche liegt immer etwas weiter als das Aktuelle, Bd. 2). Bonn/Frankfurt am Main: Heinrich-Böll-Stiftung.

Schön, Sandra; Wieden-Bischof, Diana; Hilzensauer, Wolf (2011): Links-up – Lernen 2.0 für einen inklusive Wissensgesellschaft. In: Köhler, Thomas; Neumann, Jörg (Hg.): Wissensgemeinschaft. Digitale Medien – Öffnung und Offenheit in Forschung und Lehre (= Medien in der Wissenschaft, Bd. 60). Münster: Waxmann, S. 126-135.

Stuber, André (2005): Wissenschaft in den Massenmedien. Die Darstellung wissenschaftlicher Themen im Fernsehen, in Zeitungen und in Publikumszeitschriften. Aachen: Shaker.

Zerfaß, Ansgar; Mahnke, Martina; Rau, Harald; Boltze, Alexander (2008): Bewegtbildkommunikation im Internet – Herausforderungen für Journalismus und PR. Ergebnisbericht der Bewegtbildstudie 2008; Onlinedokument http://www.bewegtbildstudie.de/Bewegtbildstudie2008-Ergebnisbericht-UniLeipzig.pdf [12.07.2012].

Die Autorinnen und Autoren

Joachim Allgaier ist wissenschaftlicher Mitarbeiter am Institut für Neurowissenschaften und Medizin im Institutsbereich Ethik in den Neurowissenschaften (INM-8) des Forschungszentrums Jülich und Honorary Fellow an der School of Journalism and Mass Communication der University of Wisconsin-Madison, USA. Der in diesem Band publizierte Beitrag stellt eine Studie vor, die Teil eines Projektes des Forschungszentrums Jülich in Kooperation mit der University of Wisconsin-Madison ist. **Dominique Brossard** ist Professorin am Department of Life Sciences Communication der University of Wisconsin-Madison. **Sharon Dunwoody** ist Evjue-Bascom Professorin an der School of Journalism and Mass Communication der University of Wisconsin-Madison. **Yin-Yueh Lo** ist wissenschaftliche Mitarbeiterin am Institut für Neurowissenschaften und Medizin im Institutsbereich Ethik in den Neurowissenschaften (INM-8) des Forschungszentrums Jülich und Doktorandin am Institut für Publizistik- und Kommunikationswissenschaft der Freien Universität Berlin. **Hans Peter Peters**, der Leiter des Projektes, ist Kommunikationswissenschaftler am Institut für Neurowissenschaften und Medizin im Institutsbereich Ethik in den Neurowissenschaften (INM-8) des Forschungszentrums Jülich und Honorarprofessor für Wissenschaftsjournalismus an der Freien Universität Berlin.

Stephan Breuer studierte Berufspädagogik, Journalismus und Angewandte Kulturwissenschaft am Karlsruher Institut für Technologie (KIT). Seit 2010 arbeitet er am ZAK | Zentrum für Angewandte Kulturwissenschaft und Studium Generale des Karlsruher Instituts für Technologie (KIT) im Wissenschaftskommunikationsprojekt ‚InsideScience'. Dort befasst er sich mit den didaktischen Aspekten von virtuellen Lehr-Lernwelten und der Konzeption von internetgerechten Filmformaten. Zu seinen fachlichen Schwerpunkten gehören Mediendidaktik, Lehr-Lernwelten und systemisch-konstruktivistische Pädagogik.

Monika Fleischmann studierte Modedesign, Bildende Kunst, Theater-, Film- und Medienwissenschaft in Zürich, Berlin und Wien. Sie war 1987 Mitbegründerin und stellvertretende Vorsitzende des ART+COM e.V. in Berlin. Von 1997 bis 2007 leitete sie die Abteilung für Medienkunst und Informationstechnik, das MARS – Exploratory Media Lab des GMD-Instituts für Medienkommunikation. Von 2002 bis 2007 war sie im Aufsichtsrat der Kulturveranstaltungen des Bundes in Berlin (KBB) und Beraterin des deutschen Kulturstaatsministeriums. Seit 2008 arbeitet sie als ‚Research Artist' am Fraunhofer-Institut für Intelligente Analyse- und Informationssysteme IAIS in Sankt Augustin bei Bonn. Zeitgleich wurde sie 2008 zur Honorarprofessorin für digitale Medien und interaktive Medienkunst der Hochschule Bremen berufen. Prof. Monika Fleischmann arbeitet in Partnerschaft mit dem Architekten Wolfgang Strauss an Medienkunst-Installationen wie ‚Berlin, Cyber City/Home of the Brain', die 1992 mit der Goldenen Nica der Ars Electronica ausgezeichnet wurde. Ihre Arbeiten – darunter ‚Liquid Views', ‚Rigid Waves', ‚Semantic Map', ‚Energie_Passagen', ‚medienfluss' – wurden international ausgestellt und vielfach ausgezeichnet. Die Medienkunst-Plattform ‚netzspannung.org' zählt zu den meistgenutzten Onlinearchiven für Lehr- und Lernmaterialien. 2001 zählte das *TIME Magazine* die Medienkünstlerin zu den „People to Watch".

Michael Grosch studierte Pädagogik, Philosophie und Musikwissenschaft an der Universität Karlsruhe (TH). Anschließend arbeitete er als Redakteur und Autor für den Südwestrundfunk (Ressorts Wissenschaft und Wirtschaft) und war am Aufbau eines Journalismusstudiengangs an der Universität Karlsruhe (TH) beteiligt. Von 2004 bis 2009 war er mit der Umsetzung des audiovisuellen Medienkonzepts der neu gegründeten 24-Stunden-Bibliothek des Karlsruher Instituts für Technologie (KIT) und dem Aufbau eines Zentrums für Wissenschaftskommunikation betraut. Dr. Michael Grosch, der über die Mediennutzung von Studierenden promovierte, ist wissenschaftlicher Mitarbeiter am Institut für Allgemeine Pädagogik und Berufspädagogik des Karlsruher Instituts für Technologie (KIT) und im Bereich der empirischen Bildungsforschung tätig.

Heike Großmann studierte Europäische Kultur- und Ideengeschichte mit dem Schwerpunkt Neuere und Neueste Geschichte am Karlsruher Institut für Technologie (KIT). Während ihres Studiums arbeitete sie unter anderem für das Zentrum für Evaluation- und Besucherforschung (ZEB), das in einem Kooperationsabkommen 2003 zwischen der Fakultät für Geistes- und Sozialwissenschaften der Universität Karlsruhe (TH) und dem Badischen Landesmuseum als Dienstleister für Museen und kulturelle Institutionen gegründet wurde. Sie war am ZAK | Zentrum für Angewandte Kulturwissenschaft und Studium Generale am Karlsruher Institut für Technologie (KIT) beschäftigt, wo sie für die Veranstaltungsorganisation und begleitende Evaluation des DFG-geförderten Projekts ‚InsideScience' zuständig war.

Alexander Herrmann studierte zunächst Dramaturgie an der Ludwig-Maximilians-Universität in München. Er wirkte an mehr als 100 Filmen in den verschiedensten Positionen mit und realisierte über zehn eigene Projekte als Autor, Produzent und Regisseur. Unter anderem finden sich darunter Imageclips für Firmen wie Audi sowie die Dokumentation *Trouble – Teatime in Heiligendamm*, die 2008 auf dem ‚Cinema for Peace Festival' in Berlin mit dem ‚Most Valuable Movie Award' ausgezeichnet wurde. Ein weiteres Studium der MultiMediaArt an der Fachhochschule Salzburg schloss er mit einer These zu epischen Erzählformen im Mainstream-Film ab. Anschließend bildete er sich im Atelier Ludwigsburg-Paris weiter, wo er sich mit dem internationalen Koproduzieren von Filmen und Medieninhalten beschäftigte. Derzeit arbeitet er an der Filmakademie Ludwigsburg im Bereich ‚Interaktive Medien', forscht an kollaborativen Prozessen und ist Lektor für die Universal Studios in London. Zusammen mit Andreas Kapsner geht er seit 2008 unter dem Namen *nifu.tv* neue Wege auf dem Gebiet der Stoffentwicklung und der Medienproduktion.

Andreas Kapsner studierte an der Ludwig-Maximilians-Universität in München Logik, Wissenschaftstheorie, Philosophie und Indologie sowie an der Universitat de Barcelona, wo er 2011 zur philosophischen Logik promovierte. Dr. Andreas Kapsner ist postdoktoraler ‚Visiting Fellow' am Munich Center for Mathematical Philosophy (MCMP) und Mitglied der LOGOS-Forschungsgruppe in Barcelona. Seine Forschungsthemen sind die Sprachphilosophie und die Logik, aber auch die Rechtsphilosophie und verschiedene Schulen der asiatischen Philosophie. 2009 verwirklichte er als Autor und Koproduzent den Dokumentarfilm *Shogi* (*nifu.tv*). Die Arbeit an dem vorliegenden Aufsatz wurde von der Alexander von Humboldt-Stiftung finanziell unterstützt.

Mina Kianfar studierte Rechtswissenschaft an der Humboldt-Universität zu Berlin mit Schwerpunkt in Europäisierung und Internationalisierung des Privat- und Wirtschaftsrechts sowie im Immaterialgüterrecht. Das Rechtsreferendariat absolvierte sie in Berlin, Seoul und Karlsruhe. Seit September 2011 promoviert sie am Karlsruher Institut für Technologie (KIT) bei Prof. Dr. Thomas Dreier zum Thema ‚Das virtuelle Hausrecht', gefördert durch ein DFG-Stipendium.

Matthias Kohring studierte Publizistik- und Kommunikationswissenschaft sowie Politikwissenschaft und Germanistik an der Westfälischen Wilhelms-Universität Münster, wo er 1996 über die Funktion des Wissenschaftsjournalismus promovierte. Von 1996 bis 1998 war er wissenschaftlicher Mitarbeiter im Studiengang Angewandte Medienwissenschaft der TU Ilmenau. Seit 1998 arbeitete er als wissenschaftlicher Assistent im Bereich Medienwissenschaft an der Friedrich-Schiller-Universität Jena, wo er sich 2004 mit einer Arbeit über Vertrauen in Journalismus habilitierte und zum Oberassistenten ernannt wurde. Er leitete mehrere DFG- und EU-Forschungsprojekte zur Risikokommunikation über Biotechnologie und zu Vertrauen in Medien. 2006 wurde er zum Professor für Kommunikationswissenschaft an der Westfälischen Wilhelms-Universität ernannt. Seit 2010 ist Dr. Matthias Kohring Professor für Medien- und Kommunikationswissenschaft an der Universität Mannheim. Seine Forschungsschwerpunkte sind Öffentliche Kommunikation, Vertrauen und Wissenschaftskommunikation.

Corinna Lüthje studierte Angewandte Kulturwissenschaften (Sozial- und Kulturgeschichte, Musikwissenschaft, Medien und Öffentlichkeitsarbeit) an der Universität Lüneburg. 2008 promovierte sie an der Universität Hamburg in Kommunikationswissenschaft mit einer Arbeit zur symbolischen Machtausübung von Massenmedien. Sie ist wissenschaftliche Mitarbeiterin am Institut für Journalistik und Kommunikationswissenschaft (IJK) an der Universität Hamburg und Koordinatorin des interdisziplinären Forschungsprojekts ‚StarG – Sturmfluten als regionale Geohazards' im Exzellenzcluster für Klimaforschung (CliSAP). Im Rahmen ihres Habilitationsprojekts beschäftigt sich Dr. Corinna Lüthje mit der Transformation von Wissenschaftskommunikation durch Medienwandel (Mediatisierung: ‚Science 2.0') in Verbindung mit soziokulturellem Wandel (post-normale Wissenschaft). Ihre Arbeitsgebiete sind neben Wissenschaftskommunikation und Mediatisierung auch Kultur- und Mediensoziologie, auditive Kommunikation (Radio), soziale Erinnerung, Methodologie (rekonstruktive Sozialforschung) sowie Fragen der inter- und transdisziplinären Zusammenarbeit.

Merja Mahrt studierte Publizistik- und Kommunikationswissenschaft sowie Französische Philologie an der Freien Universität Berlin und der Université Michel de Montaigne Bordeaux 3. Von 2005 bis 2009 war sie wissenschaftliche Assistentin am Lehrstuhl Medienwissenschaft der Zeppelin Universität Friedrichshafen. Seit Oktober 2009 arbeitet sie als wissenschaftliche Mitarbeiterin am Institut für Sozialwissenschaften der Heinrich-Heine-Universität Düsseldorf. 2010 promovierte sie in Sozialwissenschaften an der Universiteit van Amsterdam mit einer Arbeit über Werte und Mediennutzung. Dr. Merja Mahrt ist Sprecherin der Nachwuchsforschergruppe ‚Wissenschaft und Internet' der Heinrich-Heine-Universität. Zu ihren Forschungsinteressen gehören soziale Funktionen und Wirkungen von Massenmedien, insbesondere Online- und Offlinemedien im Vergleich.

Anna Moosmüller studierte an der Justus-Liebig-Universität Gießen Mittlere und Neuere Geschichte, Fachjournalistik, Politikwissenschaft und Polnisch. Nach einem PR-Volontariat war sie als freie Redakteurin für Zeitschriften und (Online-)Medien tätig. Seit 2010 arbeitete sie als Onlineredakteurin im Projekt ‚InsideScience' am Karlsruher Institut für Technologie (KIT) und untersuchte dabei moderne Disseminationsstrategien und Trends in der Wissenschaftskommunikation.

Jesús Muñoz Morcillo studierte klassische Philologie in Salamanca und Würzburg sowie Kunstwissenschaft und Medientheorie an der Hochschule für Gestaltung (HfG) Karlsruhe, wo er mit einer interdisziplinären Studie zur Ekphrasis in der Lyrik des postmodernen Dichters Aníbal Núñez abschloss. Aktuell promoviert er über das Werk des Medienkunstpioniers Stephan von Huene. Seit 2009 arbeitet er als Lehrbeauftragter für verschiedene Einrichtungen, darunter die HfG und die Akademie für Wissenschaftliche Weiterbildung (AWWK), sowie am ZAK | Zentrum für Angewandte Kulturwissenschaft und Studium Generale des Karlsruher Instituts für Technologie (KIT) im Bereich Öffentliche Wissenschaft. Er koordinierte das DFG-geförderte Projekt ‚InsideScience'. Zu seinen Schwerpunkten zählen die Kommunikations- und Sprachtheorie, der Bereich Kunst und Technik und die digitale Überlieferung von Medienkunst.

Cornelius Puschmann studierte Anglistik und Informationswissenschaft an der Heinrich-Heine-Universität Düsseldorf und der University of California Berkeley. 2006 erhielt er den Magister Artium mit einer Arbeit zu den historischen Romanen Don DeLillos. Seine Promotion erfolgte 2009 im Fach Anglistik an der Universität Düsseldorf. Seit 2007 ist er wissenschaftlicher Mitarbeiter am dortigen Lehrstuhl für englische Sprachwissenschaft. Die Forschungsschwerpunkte von Dr. Cornelius Puschmann liegen in der computervermittelten Kommunikation und computergestützten Analyseverfahren sowie dem domänenspezifischen Sprachgebrauch und der Korpuslinguistik.

Christiane Riedel studierte Kunst- und Architekturgeschichte mit einem Schwerpunkt auf der Kunst des 20. Jahrhunderts bis zur Gegenwart sowie Literaturwissenschaft. Von 1992 bis 1997 war sie Geschäftsführerin des Deutschen Werkbunds Baden-Württemberg, der sich mit der Gestaltung der Umwelt im Bereich Architektur, Städtebau und Design beschäftigt. Anschließend war sie von 1997 bis 2002 in derselben Position für den Niedersächsischen Forschungsverbund tätig. Seit 2002 leitet sie die Geschäfte des ZKM | Zentrum für Kunst und Medientechnologie.

Caroline Y. Robertson-von Trotha studierte Soziologie, Politologie, Philosophie und Geschichte an den Universitäten Heidelberg und Karlsruhe (TH). Sie promovierte zum Thema ‚Ethnische Identität und politische Mobilisation' und habilitierte sich 2004. Sie ist Mitglied in zahlreichen Kommissionen und Ausschüssen, u.a. im Fachausschuss Kultur der Deutschen UNESCO-Kommission, dessen stellvertretenden Vorsitz sie von 2008 bis 2010 innehatte. Sie ist Gründungsdirektorin des ZAK | Zentrum für Angewandte Kulturwissenschaft und Studium Generale des Karlsruher Instituts für Technologie (KIT), stellvertretende Sprecherin des KIT-Kompetenzbereichs ‚Technik, Kultur und Gesellschaft' und Sprecherin des KIT-Kompetenzfeldes ‚Kulturerbe und sozialer Wandel' sowie wissenschaftliche Leiterin und Beauftragte des KIT-Präsidiums für das ‚Kompetenzzentrum für kulturelle Überlieferung – digital Karlsruhe' (KÜdKa). Prof. Dr. Caroline Y. Robertson-von Trotha war Mitinitiatorin und leitete das DFG-geförderte Projekt ‚Öffentliche Wissenschaft in Sonderforschungsbereichen: Inside Science'. Zudem ist sie Herausgeberin der Schriftenreihen ‚Kulturwissenschaft interdisziplinär' und ‚Problemkreise der Angewandten Kulturwissenschaft'. Ihre Forschungsschwerpunkte sind Transdisziplinärer Kompetenzerwerb, Theorie und Praxis der Öffentlichen Wissenschaft, Multikulturalität und Integration, Kulturwandel und Globalisierung sowie Internationalisierung der Hochschulen.

Klaus Rümmele studierte die Fächer Germanistik, Anglistik und Politikwissenschaft an der Albert-Ludwigs-Universität in Freiburg und an der University of Ulster in Coleraine/Nordirland. Am Karlsruher Institut für Technologie (KIT) promovierte er über die Text-Bild-Beziehungen im Werk Rolf Dieter Brinkmanns. Er leitet die Abteilung Neue Medien in der Dienstleistungseinheit Presse, Kommunikation und Marketing (PKM) am KIT. Im Projekt ‚InsideScience' koordinierte Dr. Klaus Rümmele die Produktion und Verbreitung der Filme.

Stephan Schwan studierte Psychologie an der Universität Tübingen, wo er 1992 auch promovierte und sich im Jahr 2000 habilitierte. 2002 wurde er als Universitätsprofessor für E-Learning an die Universität Linz berufen, wo er bis 2004 Leiter der Abteilung für Sozial- und Wirtschaftspsychologie war. Seit 2004 arbeitet er als Professor in Tübingen für Lehr- und Lernforschung am Institut für Wissensmedien, dessen stellvertretender Direktor er ebenfalls ist. Prof. Dr. Stephan Schwan leitet zudem die Arbeitsgruppe ‚Wissenserwerb mit Cybermedia', die sich mit den perzeptuellen und kognitiven Prozessen bei der wissensbezogenen Nutzung von dreidimensionalen und interaktiven Bildmedien (Cybermedien) sowie deren nutzerorientierter Gestaltung befasst. Seine Forschungsschwerpunkte sind die kognitive Verarbeitung dynamischer Bildmedien, das Lernen in virtuellen Realitäten sowie der Wissenserwerb in Museen und Ausstellungen.

Wolfgang Strauss ist Architekt und Medienkünstler. Er war 1987 Mitbegründer von ART+COM e.V. in Berlin und initiierte und leitete dort das ‚Raumlabor'. Seit 1997 leitet er die künstlerisch-wissenschaftliche Forschung der Mensch-Computer-Interaktion am Fraunhofer MARS – Exploratory Media Lab. Neben der Wahrnehmung internationaler Lehraufträge und Gastprofessuren veröffentlichte er bislang mehr als 100 wissenschaftliche Arbeiten sowie künstlerische und theoretische Abhandlungen und erhielt zahlreiche Auszeichnungen – darunter die Goldene Nica für ‚Interaktive Kunst' der Ars Electronica. Seine gemeinsam mit seiner Partnerin Monika Fleischmann entwickelten Arbeiten wie z.B. ‚Berlin, Cyber City/Home of the Brain', ‚Liquid Views' und ‚Energie_Passagen' werden als grundlegende Werke interaktiver Kunst rezipiert und weltweit an renommierten Museen präsentiert. Weitere umfangreiche Projekte wie das Medienkunst-Archiv ‚netzspannung.org' oder das bio-sensorische ‚PointScreen Interface' für berührungslose Interaktion sind im Rahmen seiner Arbeit entstanden. Seit 2009 ist Wolfgang Strauss Gastprofessor für ‚Experimentelle Interaktion' im Masterprogramm an der Universität Siegen. Er versteht das künstlerische Interface als interaktive Inszenierung eines Ausdrucks von Inhalt, Form und Erzählung mit digitalen Mitteln: Das Interface als evokatives Informationsobjekt und Interaktivität als Prozess einer Denkbewegung.

Martin Warnke studierte Mathematik und Physik an der Freien Universität zu Berlin sowie an der Universität Hamburg. 1984 promovierte er in Theoretischer Physik und nahm anschließend seine Tätigkeit an der Leuphana Universität Lüneburg auf. 2008 habilitierte er sich ebendort in Informatik/Digitale Medien. Seit 2010 ist er Hochschullehrer an der Fakultät Kulturwissenschaften des Instituts für Kultur und Ästhetik digitaler Medien (ICAM), dessen Direktor er zudem ist. Dr. Martin Warnke forscht auf dem Gebiet der Geschichte und Theorie digitaler Medien und der digitalen Dokumentation komplexer Artefakte der bildenden Kunst. Er ist Sprecher des DFG-Projektes ‚Meta-Image' und Mitbegründer der ‚HyperKult'-Workshop-Reihe. Überdies war er Sprecher des Fachbereichs ‚Informatik und Gesellschaft' der Gesellschaft für Informatik e.V., ist in der International Federation for Information Processing (IFIP) tätig und Mitglied des wissenschaftlichen Beirats der *Zeitschrift für Medienwissenschaft*.